Stéphane Roger

Qu'avez-vous à dire ?

MARABOUT

Sauf mention contraire, toutes les illustrations sont adaptées par Stéphane Roger.
Page 288-290, © Mark Yokoyama, CC-BY-NC-ND 2.0 ; page 347, © shutterstock.

Sommaire

Nous savons tous parler. Mais savons-nous prendre la parole ? Et quand nous la prenons, que voulons-nous offrir à celles et ceux qui nous écoutent ? Qu'avons-nous à leur dire ?

Avant-propos

Chacun a quelque chose à dire. Toujours. Passionné par les conférences TED, j'ai fait de l'accompagnement mon métier, en particulier à la prise de parole. Aux côtés des divers intervenants, j'ai pu constater que cet exercice de préparation de l'oral est finalement une bonne occasion de passer du temps sur ce qui est important pour soi, dans son métier, ses relations, ses loisirs, bref un ou plusieurs pans de sa vie.

Vous trouverez dans ce livre des outils de prise de parole, pas seulement pour amener votre prise de parole à avoir de l'impact (même si toutes ces techniques, approches et méthodes le permettent), mais surtout pour que ces outils vous aident à trouver ce que vous avez vraiment à dire.

Quand une personne est totalement inspirée, maîtrise totalement son sujet, est complètement alignée avec ses valeurs et ce qu'elle veut transmettre, alors oui, son discours remplit bien tous les critères techniques. Il serait dommage de faire un discours bien ficelé dont le propos vous importe mais qui vous ressemble peu. Le but est de voir dans votre contexte particulier comment le modèle présenté dans ce livre et ces techniques peuvent vous aider à cerner, faire émerger, voire révéler le sujet qui vous tient à cœur à ce moment-là, auprès de ces auditeurs-là. Pour une prise de parole authentique.

Préambule

Chacune de nos lectures laisse une graine qui germe.
Jules Renard

Il était une fois...

Nous sommes le lundi 9 avril 2012, dans une maison juste à côté de Paris. Je suis en train de dessiner sur un paper board. Autour de moi, il y a quatre personnes, intervenants à la conférence que j'organise en juin. Nous travaillons sur leur prise de parole. Le programme de la journée est de s'entraîner ; ils disent ce qu'ils ont écrit, le font devant nous comme si c'était pour de vrai, et chacun donne ses retours, ses impressions, ses analyses, ses ressentis. Cela fait plusieurs semaines qu'ils travaillent et que je les accompagne, car nous voulons tous que ce soit bien.

Il faut dire que nous avons mis la barre haut.

La conférence que j'ai décidé d'organiser est une conférence TEDx, c'est-à-dire au format des conférences TED et sous licence officielle. À l'époque, ces conférences ont révolutionné la prise de parole en public et*

* Les conférences TED sont nées en 1984 dans la Silicon Valley et sont disponibles gratuitement sur Internet depuis 2007. Si les sujets étaient à l'origine concentrés sur la technologie, l'*entertainment* et le design (d'où leur nom, qui reprend les initiales de ces trois disciplines), ils se sont ouverts, depuis 2000, à la philosophie, aux sciences, à l'architecture, à l'éducation, à la psychologie, etc. Ces conférences incarnées sont devenues une référence incontournable de la prise de parole en public.

cumulent aujourd'hui presque 1 milliard de vues. Un record. Ce qu'elles ont de particulier ?

Les intervenants abordent un sujet en moins de 18 minutes, d'une manière nouvelle, peu ou pas connue, et le partagent avec le public en parlant à la fois à notre tête et à nos tripes. Ils parlent de l'idée, d'eux-mêmes parfois, de nous auditeurs souvent. Le principe est de mettre sur scène « les idées qui méritent d'être partagées », phrase qui est la devise de TED.

La manière de prendre la parole est particulière et demande un travail en amont, une préparation à laquelle à l'époque personne n'est habitué. En janvier 2012, quand je commence à travailler le sujet, je regarde de nombreuses vidéos et de nombreux tutoriels proposés par TED, je lis également de nombreux articles afin de comprendre en quoi cette prise de parole est différente. Je regarde aussi plusieurs dizaines de talks, nom anglophone de ces interventions filmées dont je commence à comprendre quelques rouages.

À la fin, j'ai plusieurs pages qui me servent de premiers repères : où aller, comment y aller, quelles embûches éviter, quel tremplin prendre, sur quelles fondations bâtir un talk. Cela m'aide à comprendre et m'a demandé de nombreuses heures de lecture et visionnage. Cela pourrait aussi aider les intervenants. Mais je préfère qu'ils passent 10 heures à travailler leur talk plutôt qu'à décortiquer mes notes. En plus, comme elles sont dans un certain ordre, j'ai peur que les intervenants reprennent cet ordre au lieu de suivre celui qui leur serait plus naturel. Je me dis alors qu'il ne faut pas de mots, mais des images. Ces images seront les supports leur permettant de trouver leurs mots à eux, rien qu'à eux. Me vient l'idée de dessiner sur une feuille blanche, qui sera leur feuille de route, et sous mon crayon apparaissent six dessins.

Ce lundi 9 avril 2012, ce sont ces six mêmes dessins que je reproduis sur le paper board. Ils guident notre journée, notre travail, la prise de parole de chacun, faite ainsi à sa manière, avec ses mots à soi et son style propre.

Le mois suivant, quatre intervenants nous ont rejoints et nous travaillons toujours avec ces six dessins. Le 7 juin 2012, huit intervenants se succèdent sur la scène de TEDxVaugirardRoad, avec de très beaux talks, qui continuent encore d'être vus et partagés.

Depuis, j'utilise toujours cette feuille de route comme base de travail pour accompagner les intervenants à préparer une conférence, une prise de parole interne ou externe, une présentation stratégique, etc. Une idée à partager en somme, quels qu'en soient la nature et le contexte.

Au fil des années, j'ai continué à apprendre sur la prise de parole, à affiner cette pratique, à l'enrichir pour la mettre au profit des personnes que j'accompagne. Après de nombreuses heures à travailler le sujet, après plusieurs centaines de personnes accompagnées, après avoir vu plus de 1 000 TED Talks, je me suis rendu compte que tout était contenu dans ces dessins que m'avait soufflés l'intuition. Depuis cette première fois, ils n'ont cessé de s'enrichir, de gagner en profondeur et en densité.

Aujourd'hui, je partage avec vous ces six dessins qui ont fait voyager bien plus qu'on ne l'aurait cru les personnes avec qui je les ai utilisés. Ils m'ont permis aussi d'aller bien plus loin que je ne l'imaginais, jusqu'à écrire ce livre. Ils sont une feuille de route qui vous est offerte, pour une prise de parole ou tout autre usage que vous choisirez d'en faire.

Il était une intention et un parti pris

Ce livre a pour intention de planter une graine et de vous aider à la faire germer.

La graine de ce que peut être une prise de parole différente, authentique, qui vous ressemble, tout en gardant en tête vos objectifs.

C'est un parti pris fort de faire un livre dont le style et la structure se rapprochent bien plus de la prise de parole que d'un livre classique. Avec le but de vous mettre tout de suite dans le bain, dans un rythme et une certaine manière de présenter, dire et amener les choses, qui ressemblent parfois (souvent) à l'oral. C'est une autre manière d'entrer dans le sujet, une nouvelle grille de lecture, une nouvelle modélisation, une navigation différente pour ouvrir des horizons dont vous disposerez ensuite à votre guise.

Ce qui est présenté ici n'est pas une méthode, mais une tentative de modèle. L'intention de ce livre n'est pas d'apprendre la technique du geste, mais d'apprendre le geste.

« Si tu veux construire un bateau, ne rassemble pas tes hommes et femmes pour leur donner des ordres, pour expliquer chaque détail, pour leur dire où trouver chaque chose… Si tu veux construire un bateau, fais naître dans le cœur de tes hommes et femmes le désir de la mer. »

Antoine de Saint-Exupéry

Les pages qui suivent aspirent à faire naître le désir et la sensation d'une prise de parole réussie. Après, bien sûr, il y a les éléments techniques, mais comme pour la construction d'un bateau, votre prise de parole ne sera que plus belle et plus investie si vous la concevez non pas en suivant chacun des détails expliqués ici, mais en suivant votre élan. Les pages à venir sont peuplées d'informations sur les aspects techniques, avec des exemples et illustrations, quelques exercices aussi, un lexique pour pouvoir retrouver les thématiques abordées dans les différents chapitres. Ce qui importe ici est le mouvement auquel vous donnerez forme. Les éléments présentés dans ces pages ont un double objectif : vous donner à voir la prise de parole de plus près, avec plus de finesse, et vous permettre d'aller chercher en vous ce que vous avez à dire (ou plutôt ce que vous devriez dire).
Cela peut paraître déroutant et l'a été à un moment ou à un autre pour des personnes que j'ai accompagnées dans ce processus. Ce cheminement permet d'amener la prise de parole ailleurs, de vous emmener vers un ailleurs qui pourtant vous ressemble, et pourra aussi emmener votre auditoire.

I
Le Modèle

« Un dessin vaut mille mots »

Commencer un livre par ces mots de Confucius est d'une saveur toute particulière. D'autant plus quand il est question de prise de parole, de mots à choisir et à dire. Pourtant, l'origine de ce livre vient d'une feuille blanche où, un jour de 2012, ont émergé six dessins.

Mon intention à l'époque était simple : comment aider les speakers qui allaient prendre la parole sur la scène de la première édition de TEDxVaugirardRoad ? Quelle feuille de route leur donner sur laquelle ils n'aient qu'un regard à jeter pour savoir comment poursuivre le travail de leur talk ?

J'avais lu beaucoup d'articles, regardé moult vidéos, échangé avec quelques organisateurs, assisté à TEDxRépubliqueSquare (mon tout premier TEDx !), et je cherchais à faire cette page simple qui serait la boussole de mes speakers.

Comme je voulais que cet ancrage soit plus émotionnel que cognitif, plus sensoriel qu'analytique, j'ai opté pour le dessin. Et j'ai commencé à tracer des figures, l'une, puis l'autre, puis l'autre, jusqu'à la dernière.

Au final, six dessins se sont naturellement posés sur le papier et m'accompagnent depuis.

Le plus étonnant a été de constater que, depuis cette époque, tout ce que j'ai pu lire, apprendre, pratiquer, affiner et même développer auprès des nombreuses personnes accompagnées s'inscrit dans ces dessins, leur apportant au fur et à mesure une plus grande densité et une plus grande profondeur.

Les voici ci-dessous, déroulés au fur et à mesure que je les dessine aux speakers. Ce sont eux qui structurent tout ce livre.
Dans la partie I, vous allez les découvrir dans le même ordre que les intervenants.

Dans la partie II, certains aspects plus techniques seront détaillés afin d'aller un cran plus loin et peuvent se référer à un ou plusieurs dessins.

Le Cadeau

Une prise de parole est avant tout un cadeau. Quelque chose que vous offrez à l'auditoire. Pas pour lui plaire ou vous faire plaisir, mais parce que vous pensez que vraiment il faut que vous offriez cela aux auditeurs.
C'est une posture de don gratuit. Vous ne le faites pas pour vous, vous le faites pour eux. Qu'ils vous encensent ou vous vilipendent ensuite, peu importe finalement. Idéalement, vous leur faites ce cadeau parce que, d'une certaine manière, ce n'est pas possible pour vous de ne pas leur dire ce que vous avez à leur dire.

L'Histoire

Le dessin figure un parchemin sur lequel on voit des lignes écrites.
Une prise de parole, c'est une histoire. Avec un début, un milieu et une fin.
Parce que, depuis toujours, les êtres humains entendent des histoires, en racontent et en ont besoin. Elles nous structurent et nous font apprendre. Il y a un avant et un après l'histoire, une transformation. Et c'est passé par un chemin. Celui que vous avez à raconter.

Écrire

Le dessin représente une plume, pour écrire. À un moment de la préparation de votre talk, il faudra l'écrire, à la virgule près. Non pas pour le réciter ensuite par cœur, surtout pas, mais pour vérifier que votre propos est logique et se tient. Si la forme orale rend possible bon nombre d'approximations en termes de logiques ou de raccourcis, la forme écrite ne laisse pas passer grand-chose. Écrire permet d'identifier ce qui est à ajuster et de le rectifier.

Le Temps

Le dessin représente à la fois une montre et un chronomètre. Une prise de parole est en effet liée à deux temps : celui de sa durée et celui de sa préparation.

Pour la durée, il faut compter entre 3 et 18 minutes pour une prise de parole au format TEDx. Le temps qui vous est donné est à respecter, ce qui implique de vous entraîner à dire votre intervention dans ce temps imparti et de la chronométrer

Pour le temps de la préparation, comptez 20 heures au moins. Et pas d'une traite, car il y a un vrai bénéfice et une réelle nécessité à l'itération, c'est-à-dire à travailler, retravailler puis retravailler encore votre talk.

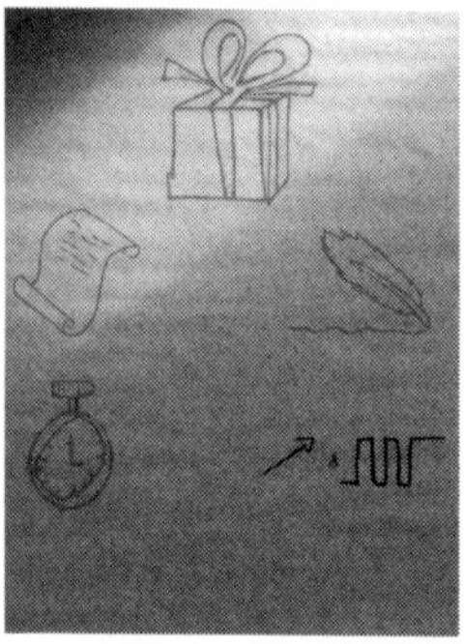

Montée & Contraste

Une histoire, ça commence en bas et ça finit en haut. «*End on high*», disent les Américains. «Finir au firmament», «la fin au top», dirait-on en français.
Pour saisir la portée de l'histoire, les contrastes sont nécessaires. Entre le début et la fin, et au cours du récit.
Pour voir la différence entre «le monde tel qu'il est» et «le monde tel qu'il pourrait être», et mieux la comprendre.

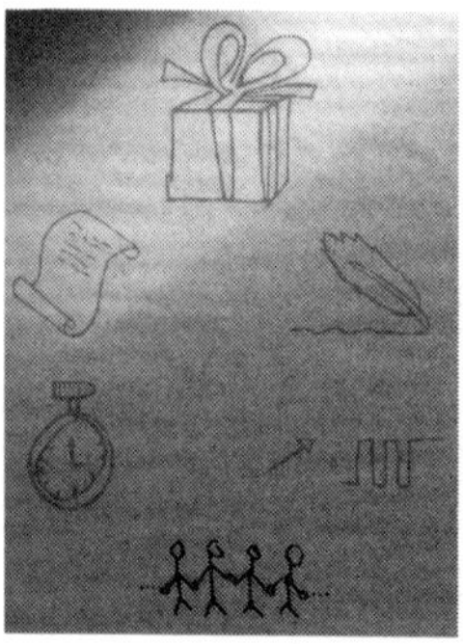

Ensemble

Le dessin montre des personnages qui se tiennent la main avec, sur les extérieurs, des pointillés qui illustrent que la chaîne humaine continue.
Une prise de parole, pour être entendue, a besoin de l'être par toutes les personnes présentes: en premier lieu vous-même. Y compris la part de vous enfant, pleine d'envies et d'enthousiasme. Veillez à lui parler «pour de vrai», avec des mots qu'elle comprendra.
Parce que cette part de vous écoutera, alors la même part présente en chacun de vos auditeurs vous écoutera à son tour. Puis les auditeurs dans leur entier.
Enfin, parce que vous serez ensemble avec vous-même et avec les auditeurs dans la salle, vous serez aussi relié aux spectateurs qui regardent la vidéo sur Internet. La connexion sera là et l'internaute en sera la prolongation naturelle.

Quel axe éditorial ?

Une fois les six dessins posés, la carte est là, visible dans son entier. Ils forment une structure, dessinent ensemble un modèle. Ayant travaillé quinze ans dans l'édition de logiciels grand public, je me suis demandé si ce modèle pouvait aussi parler de l'axe éditorial. L'axe au sens de ligne directrice, d'éléments non négociables pour la personne qui s'exprime.

Il est apparu évident que, pour ce TEDxVaugirardRoad 2012 que je montais, il s'agissait de l'axe Cadeau/Ensemble. Pour cet événement-là, avec ce format-là, à ce moment-là, j'étais prêt à négocier sur certains aspects, mais pas sur ces deux-là.

La mise en lumière de cet axe montre que différents styles sont possibles. Pour les amateurs de storytelling, par exemple, ce serait plutôt l'axe Histoire-Montée & Contraste, racontant une histoire tout en utilisant des effets pour lui donner du relief (mais on peut oublier le Cadeau ou Ensemble). Dans un environnement très technique, cela pourrait être l'axe Écriture-Temps, pour respecter une certaine volonté de précision, de rigueur (quitte à moins alimenter le côté Histoire). Dans d'autres environnements encore, on pourra travailler autour de l'axe sur Cadeau-Temps-Montée & Contraste, etc. Tout dépend du contexte et de la personnalité de celui qui prend la parole.

Comment utiliser ces dessins ?

Avoir cette feuille sous les yeux, c'est avoir une vue globale des éléments à nourrir. Votre style sera déterminé par la manière et l'intensité particulière avec laquelle vous alimenterez chacun d'eux, les équilibrerez entre eux.

Chacun de ces six dessins est un élément à nourrir. Non pas des cases à cocher, mais des dimensions à soigner, à votre façon, en accord avec le contexte dans lequel vous évoluez. Une prise de parole qui marque, émeut, voire transforme, est une composition constituée de ces six éléments. Leurs agencements, intensités, et personnalités sont de votre ressort.

L'ordre suivi dans ce livre ne sera pas nécessairement celui que vous adopterez pour travailler votre prise de parole, et c'est très bien ainsi. Ces six dessins sont justement là pour éviter une méthode linéaire qui ne correspond pas à tout le monde. Certains auront besoin de commencer par Écrire, d'autres par le Temps, d'autres encore par le Cadeau… Tous les ordres sont possibles, y compris celui de suivre celui présenté dans ce livre.

Représenter le modèle de manière symbolique (des dessins plutôt que des mots) alimente la part visuelle et globale au lieu de ne nourrir que la dimension analytique de nos cerveaux : cela permet un autre type de réflexion. À chacun de se l'approprier et de parcourir ces six dimensions à sa façon.

Après les images, passons maintenant aux mots. À mesure que vous avancerez dans votre lecture ou quand vous l'aurez terminée, revenez à ces six dessins et voyez de quelle manière ils se colorent de vos réflexions.

1

Le Cadeau

Les gens oublieront ce que vous avez dit. Les gens oublieront ce que vous avez fait. Mais les gens n'oublieront jamais ce que vous leur avez fait ressentir.
Maya Angelou

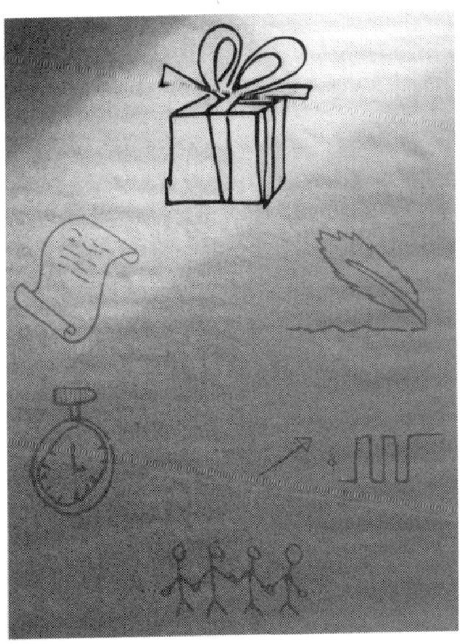

Une prise de parole est avant tout un cadeau fait à un auditoire. Si cela peut sembler bateau, c'est sans doute la partie la plus compliquée de toute prise de parole. Pourquoi ? Parce qu'elle ne relève pas de la seule technique. Pourtant, ce point va tout changer dans ce que vous allez dire et la manière dont vous allez le dire, il va dessiner la trame de votre propos, lui insuffler un mouvement que vont ressentir les auditeurs. Dès la première minute.

Le cadeau que vous fait l'auditoire

La prise de parole n'est pas un cadeau à sens unique. Elle est une réponse à un autre présent qui vous est fait par l'auditoire.

Qu'on en ait conscience ou non, les personnes qui vous écoutent vous font le plus grand cadeau qui soit et que l'argent ne peut acheter. Quelque chose de si précieux qu'il nous manque régulièrement : du temps et de l'attention.

Le temps est une ressource limitée. Nous courons tous plus au moins après lui. Et si nous ne le faisons pas, c'est que nous en avons appris la valeur, la rareté et à quel point il est précieux. Donner du temps, c'est donner un morceau de sa vie à l'autre. Un morceau qu'on pourrait occuper à autre chose ou avec quelqu'un d'autre. Toute prise de parole a pour objectif de toucher plusieurs personnes, qui toutes vous donnent de leur temps. De leur temps de vie. Cumulé, cela fait vite un temps assez impressionnant.

Pour un livre ou une conférence qui prend 2 heures à lire ou écouter et dont le public est de 400 personnes, cela représente 50 jours éveillés de vie. Si c'est la vidéo sur Internet d'une conférence de 15 minutes et qu'elle est vue 5 000 fois, cela représente plus de 75 jours éveillés. Qui n'aimerait pas avoir des jours gratuits donnés ainsi ?

Considérer de cette manière le temps de vie offert permet d'éviter de croire que le public donne peu (15 minutes) par rapport au temps que vous avez pu mettre à travailler votre prise de parole. Oui, la comparaison des ratios individuels est toujours inégale, car de votre côté le travail de préparation représente énormément de temps. En même temps, la nature de l'exercice fait que les ratios n'ont pas pour but d'être égaux. Tout cadeau est reçu immédiatement, sans effort, quelle que soit la quantité de travail fournie en amont par la personne qui l'offre. Si nous attendons quelque chose du public en retour du temps passé à travailler, nous ne sommes pas dans une logique de cadeau, mais plutôt dans la quête de reconnaissance. La démarche n'a pas la même saveur, la même tonalité. Si nous sommes concentrés sur la recherche de reconnaissance, alors mécaniquement nous ressentirons beaucoup moins à quel point le public nous offre des morceaux de vie.
La prise en compte du temps passé de votre côté interviendra peut-être, mais uniquement dans un second temps : lorsque les personnes auxquelles vous vous adressez auront apprécié ce qui leur a été offert, une fois qu'elles auront reçu et apprécié le cadeau que vous leur avez fait.

Être dans une vraie posture de don

C'est ici que l'on touche du doigt la partie souvent la plus compliquée pour l'orateur dans une prise de parole en contexte professionnel. Pour forcer à dessein le trait, je différencierais ainsi le cadeau et le don.

- Le but du cadeau peut être de plaire : par le contenu offert, par ce que représente le cadeau, par le regard social porté sur ce cadeau ou ceux qui reçoivent ce cadeau, parce que offrir un tel cadeau à une personne dit de la relation entre ces deux personnes.
- Le but du don est de « donner » : le don passe d'une main à une autre, la personne qui reçoit ne doit rien à l'autre en retour et peut faire absolument ce qu'elle veut avec ce qui lui a été

donné – il n'y a pas de compte à rendre ni de comptabilité à tenir.

Si je vais au bout de ce qu'est une posture idéale de don, je dirais qu'il s'agit de donner de tout son cœur, de telle manière que l'autre puisse recevoir. Tout en étant complètement d'accord avec le fait que le récipiendaire reçoive ou refuse le don qui lui est fait, y compris de manière vindicative. Un cadeau peut être fait pour soi, un don authentique est fait pour l'autre. En posture de don, c'est adressé à l'autre. L'énergie est mise au service de l'autre, du public, pour informer, transmettre, célébrer. Parce que l'on a à cœur d'offrir un cadeau, de faire passer un message.

Dans un mariage arrive presque toujours le moment où les uns et lès autres prennent la parole pour célébrer les mariés. Cela peut prendre différentes formes: film, projection de photos, chanson, discours. Il y a souvent ceux qui viennent pour «faire le show» pour eux, parce qu'ils ont l'occasion de monter sur scène. Ils peuvent être très bons, agréables et amusants. Pour autant, la trace laissée sera faible. Et il y a les autres, ceux qui parlent d'une manière parfois un peu gauche, maladroite, qui bégayent, rougissent, mais qui viennent avec cette intention: «Je ne peux pas ne pas vous dire à quel point ces deux personnes sont formidables.» Ils sont sur scène non pour eux-mêmes, mais pour les mariés. Et à la fin on applaudit le cadeau fait plus que la performance. En général, ce sont ceux dont on se souvient des années plus tard.

Une générosité à trouver dans la vulnérabilité

Une prise de parole faite en posture de don demande de prendre un risque: celui de la vulnérabilité. D'aller à l'endroit où le sujet que nous traitons est important pour nous. Donc l'endroit précis où nous n'avons pas du tout envie d'être contredits. Être au clair sur ce qui est essentiel au plus profond de nous nous amène à aborder le sujet différemment, à vouloir le traiter avec toute notre implication,

à refuser de transiger sur nos fondamentaux, à mettre en exergue cet essentiel.
D'une part, la vulnérabilité permet une connexion d'une autre nature avec le public. Brené Brown l'explique merveilleusement bien dans son TED Talk « La Puissance de la vulnérabilité » (à voir sur www.qavad.fr/BreneBrown). Elle y détaille l'étude qu'elle a réalisée sur l'impact de la vulnérabilité et illustre comment celle-ci change positivement la manière dont nous allons percevoir une personne.
D'autre part, le public vous offre du temps et de l'attention. C'est un beau cadeau de lui offrir en retour, dans le travail réalisé en amont, cette intensité, cette prise de risque. Le public a pris le risque de vous offrir un morceau de vie, vous prenez de votre côté le risque de lui offrir un vrai morceau de vous.
Comment trouver l'équilibre dans ce qui peut être déstabilisant ? Déjà en différenciant clairement blessure et vulnérabilité. La blessure est l'endroit où ça fait mal. La vulnérabilité est l'endroit où c'est précieux.
Est-ce pour autant un endroit où nous sommes faibles, sans moyen, débordés par le pathos et qui ne pourrait s'accommoder que de sujets larmoyants ? Eh bien non, c'est précisément le contraire. Si le sujet est précieux pour vous, s'il vous tient à cœur, alors vous allez mettre toute votre énergie pour être à son service, déployer toutes vos capacités et compétences. Quitte à en développer de nouvelles pour porter ce propos. Suivant le caractère de chacun, un sujet qui tient à cœur peut être traité de manière scientifique, rationnelle, émotionnelle, drôle, visuelle, littéraire, familière, enthousiaste, triste, effrayante… Tout est possible.
L'alliance de ce qui est précieux pour vous et de qui vous êtes forme un cocktail unique. Sa singularité permet un partage qui lui aussi sera unique.

Le pasteur américain Mark Gungor a à cœur que les couples soient heureux et les accompagne depuis des années en riant (avec ses séminaires « Laugh Your Way ») pour leur permettre de vivre dans la joie leur chemin. Le bonheur des couples est précieux pour lui, le rire est précieux pour lui.

Or il a constaté que, lorsque quelqu'un parle en public, soit c'est drôle et on passe un bon moment mais on ne se souvient plus de ce qui a été dit, soit le contenu est vraiment intéressant mais l'expression aride et le propos lourd à digérer.

Il a alors décidé d'allier les deux. Depuis plus de dix ans, il anime des séminaires de couples qui sont aussi des one man shows *désopilants ! Dans une vidéo de 20 minutes (www.qavad.fr/MarkGungor), il décrit les comportements différenciés des cerveaux masculin et féminin avec une qualité didactique qui donne des clés de lecture aux deux conjoints. ET il fait rire toute la salle et une bonne partie des internautes devant leur écran.*

Pour Mark Gungor, le couple est quelque chose de formidable. Animé de cette conviction et d'un enthousiasme profond, il tient à donner aux auditeurs des éléments utiles aux couples pour aller mieux et vivre bien. C'est cela son cadeau. Et comme ce dernier n'est pas négociable, il sait dans quel sens travailler sa prise de parole. Il est allé chercher ou a créé des manières de voir, de comprendre, d'exposer la vision du monde de chaque sexe, qui parlent à un maximum de personnes, tout en étant drôle.

Les cadeaux de la science et de la technique

Comment trouver le cadeau quand le sujet n'est pas émotionnel mais scientifique ou technique ? Et plus encore, comment trouver la chaleur de la vulnérabilité au milieu des équations ou des énoncés techniques, souvent perçus comme froids et même glacials pour qui n'est pas passionné par le sujet ? En quoi est-ce encore un cadeau ?

La connaissance est un immense cadeau, quel que soit son domaine. Notre civilisation est d'ailleurs construite sur cette approche. Car la connaissance nous permet de comprendre le monde, de le rendre intelligible, de pouvoir le penser, d'identifier des leviers pour éventuellement agir dessus. C'est un cadeau dont la valeur n'est pas à sous-estimer. Depuis des siècles, nous éprouvons d'ailleurs beaucoup de respect pour les « savants », les anciens, celles et ceux qui savent des choses que nous ne savons pas et peuvent aider, intéresser, faire avancer notre compréhension du monde, voire changer nos vies. La découverte de la pénicilline ou de la pasteurisation ont ainsi permis à de nombreuses personnes de vivre, l'astronomie a mis en lumière que la Terre n'est pas le centre de l'univers (découverte hérétique en son temps mais qui débouche sur une meilleure compréhension de l'univers et de ses origines), la micro-informatique a révolutionné notre quotidien.

La dimension cadeau du propos technique ou scientifique ne réside pas tant dans la connaissance elle-même que dans les perspectives qu'elle ouvre. Ces nouveaux horizons peuvent concerner aussi bien notre vie, la compréhension de notre pensée ou de nos émotions, le fonctionnement de notre société ou d'autres domaines encore.

Pour trouver où est le cadeau, il faut aller chercher le lieu de l'émerveillement. Là où le sujet technique ou scientifique tient à cœur. Oui, *tenir à cœur*, car c'est de cœur qu'il s'agit. Le cœur du sujet pour la personne qui s'exprime réside dans son propre cœur.

Ici, ce ne sont pas vos principes qui doivent vous guider, mais l'élan de joie, de poésie, de calme, d'émerveillement en vous qui fait que ce sujet, ce propos vous habite, vous touche de cette manière et pas autrement. Les réponses à ces questions sont éminemment personnelles ; la manière particulière dont le sujet va faire « vibrer » l'orateur va teinter son propos et permettre éventuellement aux auditeurs d'être potentiellement émerveillés à leur tour.

Les trois exemples qui suivent, pris sur une période trente ans, montrent qu'on peut partager sa passion pour les sciences, avec de grandes différences de style.

> *Dans les années 1980, Michel Chevalet parlait régulièrement de science au journal télévisé, en format chronique, donc très court. Habillé en costume cravate, il décrivait de manière très claire ce que voulait dire telle ou telle avancée scientifique, et les horizons qu'elle ouvrait. Le spectateur comprenait de quoi il était question et avait appris quelque chose. Le style du présentateur était classique, pour autant son enthousiasme pour le sujet abordé était perceptible.*

Depuis les années 2000, l'émission « C'est pas sorcier » traite de sujets scientifiques en 30 minutes. On n'est plus dans les 2 à 5 minutes d'une chronique destinée aux adultes, mais dans un format beaucoup plus long, pour une population beaucoup plus jeune. L'équipe a à cœur que la science soit comprise de ce jeune public et cherche donc à la rendre attirante, accessible. De fil en aiguille est née la formule gagnante d'un nouveau type de narration. En studio, un animateur (Fred) explique les principes avec des maquettes qui donnent l'impression d'avoir été construites en classe par des enfants (tout en étant toujours très précises). Puis un autre animateur (Jamy) emmène le spectateur sur le terrain voir l'application pratique, et cela donne un dialogue vivant.

Dans les années 2010, Internet s'est démocratisé, l'accès à l'information scientifique aussi. Surtout, le partage d'information à grande échelle est devenu possible. Florence Porcel crée alors « La Folle Histoire de l'univers » (www.qavad.fr/FlorencePorcel). Sa double formation (elle a étudié le journalisme… et la comédie musicale !) n'a que peu de rapport avec la science. Elle est pourtant une femme passionnée de science, plus particulièrement de tout ce qui touche à l'espace. Son enthousiasme communicatif imprègne tous les canaux qu'elle utilise : podcast, chronique radio, vidéo YouTube ou livre. Elle est émerveillée par les défis et questions qu'offre l'espace et par la manière dont leur résolution change notre quotidien. Il faut l'entendre raconter avec fougue l'invention du lait pour bébés grâce à l'exploration spatiale pour comprendre tout l'enjeu de cette invention et adhérer à son enthousiasme.

Avoir à cœur le partage de la connaissance est à mon sens la condition première qui donne à l'orateur l'énergie de faire en amont le travail de compréhension et de recherche pour traiter et illustrer son propos. Plus le sujet est technique et éloigné de ce que connaît l'audience, plus le travail préparatoire est conséquent, donc plus il est important d'identifier ce qui vous passionne, vous intéresse réellement dans le sujet, afin de pouvoir le partager. Cette touche personnelle est le lieu de votre vulnérabilité, là où c'est important pour vous. Le public peut alors être spectateur de votre point de vue, comprendre ce dont vous parlez, et ce bien au-delà de la seule adhésion.

Partager plutôt que « con-vaincre »

Quand on envisage le message partagé comme un cadeau fait à l'auditoire, on sort de la conception classique de la prise de parole comme démonstration, où le but est de convaincre l'autre, c'est-à-dire de le faire changer d'opinion. Et je vois trois raisons de sortir de cette conception.

- Étymologiquement, le verbe « convaincre » vient de *convicere*, qui veut dire « prouver la culpabilité de… », ce qui induit que nous serions coupables ! Mais de quoi ?
- Qui veut être un « con-vaincu » ? Au-delà du jeu de mots un peu vaseux, notre oreille entend aussi cette orthographe. Alors autant l'éviter.
- Enfin, cela met l'échange dans un rapport de force où les parties ont peur de perdre toutes les deux, ce qui ne facilite pas l'écoute, car on écoute alors pour contre-argumenter et non pour entendre.

La personne qui parle est bien sûr convaincue, sinon elle ne prendrait pas le temps de travailler son propos, de le rendre clair, etc. Mais il importe peu que l'auditoire soit convaincu *in fine*.

Si votre mouvement est de convaincre un public, suivant le simple principe action/réaction, celui-ci va aller dans la résistance et n'écouter que pour mieux pouvoir identifier les points de désaccord. À l'inverse, proposer des manières de voir auxquelles il n'avait pas pensé, qu'il n'aurait pas imaginées possibles, lui permet de faire son choix. Chaque personne qui écoute fait un choix par sa propre volonté, elle ne se soumet pas à la volonté d'une autre.

Un cadeau a besoin d'être fait de manière à pouvoir plaire à l'autre. Si vous cherchez à convaincre l'autre que ce cadeau va lui plaire pour telle et telle raison, il n'aura pas (du tout !) la même saveur. Et si vous avez un doute, imaginez-vous à la place du destinataire qui reçoit un cadeau dont on veut à tout prix le convaincre qu'il lui plaît ! La sensation est rarement agréable…

La question à se poser face à un public n'est pas « Comment les convaincre ? », mais : « Comment leur donner les moyens de voir ce que je vois, de partager avec eux cette joie/cet appétit/cet émerveillement que je ressens ? »

Avez-vous déjà essayé de faire manger à un enfant un plat qu'il n'aime pas ? Lui donner des arguments nutritionnels, culturels, le punir s'il ne mange pas, le récompenser, tout cela ne va pas éveiller le désir chez lui de goûter. Et encore moins d'apprécier. Mais si vous lui parlez de ce qui est important pour vous, sans une seconde vouloir à tout prix qu'il mange ce plat qu'il refuse, si vous lui dites quel plaisir ce plat vous procure, les saveurs que vous y appréciez, la manière dont son parfum vous fait voyager, pourquoi vous l'aimez, ce qu'il vous rappelle, à quoi cela correspond dans les choses qui comptent pour vous (vos valeurs), etc., alors l'enfant aura des éléments nouveaux pour voir ce plat autrement. Il aura (ou pas) envie de le manger, mais son regard aura pu s'enrichir. Oui, pour lui qui aime les nuggets, une belle salade au chèvre sur croûtons aillés avec une huile d'olive corsée n'est sans doute pas le rêve, mais il aura eu les moyens de comprendre en quoi elle l'est pour vous.

UN cadeau, rien qu'un seul

Supposons que, pour arriver à cerner ce que vous avez à dire, l'exploration du plaisir, de la passion, de la joie, de la vulnérabilité, de la générosité ait été féconde. Il peut y avoir alors beaucoup de sujets et d'idées sur la table. Parmi ces sources de motivation interne, qui sont peut-être devenues des gisements, il est nécessaire de prendre le temps de faire un tri attentif de cette nouvelle matière pour n'en garder que les pépites. Et plus particulièrement une pépite. Et une seule.

Pourquoi ?

Parce que, émotionnellement, recevoir un gros cadeau ou plusieurs petits cadeaux, ce n'est pas la même chose.

Parce que, pour l'émetteur comme pour le récepteur, il est plus simple de retenir une seule idée plutôt que trois ou quatre. Vous marquerez ainsi bien plus votre auditoire, qui vous sera en outre reconnaissant de ne pas l'avoir submergé de trop de choses différentes à retenir, aussi intéressantes soient-elles.

Enfin, parce que si 100 % de votre énergie est mobilisée sur UN cadeau plutôt que sur trois, l'énergie déployée sera plus concentrée, le propos plus tenu. Plutôt que trois cadeaux auxquels vous ne pourriez, pour chacun d'eux, ne consacrer que 33 % de votre énergie et de votre temps, ce cadeau unique recevra toute votre attention. Il n'en sera que plus beau et plus précieux.

Concrètement, cela veut dire que votre texte peut se résumer en une ou deux phrases. Pas plus. Que votre propos tourne autour d'un noyau dur dont le reste n'est que l'illustration, le chemin pour y accéder ou les conséquences de cet élément central et vital que vous exprimez. De même qu'il n'y a qu'une graine pour faire un arbre, il n'y a qu'une seule idée, qu'une seule histoire à nourrir, qu'un seul propos au centre de ce que vous allez partager.

Toute prise de parole réussie suit ce principe.

Et cela se sent en particulier pour les prises de parole de moins de 20 minutes, qui laissent peu de temps aux digressions. Quand vous avez 15 minutes pour parler*, chaque phrase doit alimenter un seul propos, sous peine d'avoir un récit moins tenu, un propos plus dilué. Donc perçu comme diffus, flou ou alambiqué. Trouver ce noyau, cette essence, ce tronc principal permet « d'aligner » tout le texte pour aller dans le même sens. Cela n'empêche pas quelques digressions mais toutes doivent n'avoir d'autre but que nourrir ce que vous racontez, ce que vous voulez partager avec le public.

* Pour écrire un article en 2 500 mots ou une courte nouvelle, on retrouve le même mécanisme.

Les prises de parole, les TED et TEDx Talks les plus regardés ou les conférences les plus marquantes tous tournent autour d'une seule idée, d'un seul cadeau qui, résumé, peut paraître assez simple, presque trop parfois. Pourtant, c'est ce qui en fait toute la force. Dans la célèbre allocution de Martin Luther King, « I Have a Dream », l'idée est tout entière contenue dans cette phrase qui scande son propos et qui a donné depuis son titre à ce discours : le rêve d'une Amérique unie entre Noirs et Blancs (www.qavad.fr/MLK). Comme il ne parle que de cela, le pasteur peut alimenter son propos, son histoire à foison, et nous emmène, nous embarque même, dans sa vision d'une Amérique que chacun peut alors se représenter. Cette manière de procéder rend cette peinture très attirante. Sans doute aussi parce que rien dans ce tableau ne dessine autre chose que cette Amérique espérée, tellement plus belle que l'Amérique réelle dans laquelle Luther King vit au moment où il s'exprime.

Choisir la pépite à travailler

Le cas de figure le plus contraignant est celui d'une prise de parole courte : soit 15 minutes à l'oral ou 2 000 mots à l'écrit. Si vous prenez la parole sur tel ou tel sujet, c'est que vous avez beaucoup à en dire. Comment résumer, comment synthétiser pour faire tenir tout cela en si peu de temps ? Le secret est le suivant : ne résumez jamais, ne synthétisez pas.

Résumer consiste à dire en moins de mots tout ce que l'on voudrait dire. Quitte à rendre le propos un peu indigeste, d'ailleurs. Ou à faire que chaque mot soit vital à la compréhension, ce qui amène de l'exactitude, mais qui rend aussi la mémorisation impossible tellement le contenu est dense.

Le mouvement à suivre est exactement l'inverse de celui du résumé où l'on essaye de prendre toutes les pépites pour les fondre en une seule plus petite. Exercice ardu et souvent peu satisfaisant, car on perd la richesse de la variété, des détails, de la finesse.

Au lieu de condenser, nous allons choisir.

Parmi toutes ces pépites présentes, même si certaines sont liées, laquelle voulons-nous travailler ? Laquelle voulons-nous offrir à l'auditoire ? Laquelle avons-nous vraiment envie de lui faire contempler, pour qu'il reparte avec, voire la diffuse à son tour ? Laquelle avons-nous vraiment envie qu'il découvre ?

Comme il ne peut y en avoir qu'une, choisissez celle qui importe pour cette prise de parole. Les pépites liées qui nourrissent le même propos trouveront alors leur place.

Une intervenante à une conférence TEDx voulait parler du stress en donnant de nombreuses informations, car elle trouvait que c'était formidable de connaître son fonctionnement, à la fois d'un point de vue académique et dans la vie courante. Elle avait aussi à cœur que les personnes qui allaient découvrir ces informations puissent les utiliser pour mieux identifier et lire leur propre état de stress, afin de mieux y réagir et finalement aient des options pour devenir moins stressées.

Quand s'est posée la question du cadeau, c'était très clair pour elle : il s'agissait de la connaissance sur les mécanismes du stress, qui était passionnante. Je lui ai alors demandé si elle était prête à ce que le public se souvienne du mécanisme du stress mais ne sache pas comment y faire face ni comment gérer autrement les situations difficiles. Or c'était tout le contraire qu'elle voulait : elle voulait offrir au public de nouvelles manières de réagir en situation de stress pour que leur vie soit plus agréable. La question s'est alors posée autrement : il s'agissait de savoir si elle était O.K. pour que l'auditoire oublie les mécanismes du stress mais sache clairement quelle nouvelle option est disponible en situation de stress. Il fallait donc choisir, comme cadeau, la connaissance ou la pratique. Il convenait bien sûr de traiter ces deux sujets, mais s'astreindre à ne choisir qu'un seul cadeau a permis de mettre l'accent sur celui-ci et d'organiser autrement le reste du contenu pour le mettre au service de ce cadeau précis et le nourrir. Concrètement, l'équilibre est passé à 60 % de pratique contre 40 % de théorie au lieu de l'inverse. Ce qui n'était pas négociable, c'était le cadeau d'une compréhension claire, nette et précise des situations génératrices de stress

et des moyens d'y faire face, préféré à une connaissance pointue sur le placement de l'amygdale dans le cerveau.
Choisir avec cette exigence LE cadeau permet de savoir où concentrer ses efforts, ce qui hiérarchise naturellement les autres données qui deviennent naturellement un sujet connexe, annexe ou superflu. On peut alors travailler son matériau avec plus de précision et de finesse.

Prendre la parole sur un sujet, choisir la pépite sur laquelle vous allez passer du temps est un travail de deuil. Deuil de ce que vous ne direz pas, deuil de tout ce que vous savez et ne pourrez pas partager avec le public dans telle occasion précise, deuil des autres sujets pourtant passionnants que vous ne pourrez pas traiter. En avoir conscience permet de ne pas nier la réelle difficulté du choix à faire dans tout ce que vous avez à dire.
Ce travail de choix et de deuil vous permet d'identifier les autres pépites que vous ne traiterez pas cette fois-ci, ce qui crée un terreau idéal pour d'autres prises de parole tout aussi passionnantes.
Dans les séances préparatoires d'une prise de parole en public, une phrase revient souvent chez les intervenants : « Mais j'ai trop de choses à dire ! » C'est là que le travail de choix (et de deuil) commence. Quand une personne intervient, elle a souvent le matériau pour plusieurs prises de parole. La question est de savoir laquelle de ses trois, quatre ou huit interventions possibles elle veut faire avec tel public précis.

OUTIL

Pour écrire, choisir et ne rien perdre de ses idées. Il y a trois natures d'informations :

- **la liste des points que vous allez aborder (structurée ou non en plan ou histoire) ;**

- ce que vous écrivez ;
- ce à quoi vous pensez en écrivant.

Avoir pour cela trois espaces (trois feuilles ou cahiers ou trois documents informatiques, ou un mélange des deux) permet de faire le tri sans en perdre une miette.

Pour écrire ce livre, j'ai toujours eu trois documents ouverts en même temps : un avec le plan global pour savoir où j'en suis dans mon plan et quelle est la prochaine étape, un autre avec les pages que je suis en train d'écrire et un troisième avec les notes/idées qui me viennent sur les autres sujets. L'idée qui tambourine dans ma tête est ainsi traitée et elle est, au passage, classée pour savoir quelle partie elle va nourrir dans mon livre et quelle est la prochaine étape. Cela me permet par exemple de rester concentré sur le cadeau, objet de la présente partie, même si j'ai très envie de parler des autres parties dès maintenant !

Ce que vous avez à dire est souvent ce que vous ne voulez pas dire

Si nous avons envie de prendre la parole sur un sujet, nous avons *a priori* déjà travaillé le sujet en question, professionnellement ou personnellement, parfois les deux. Nous avons évolué dans notre apprentissage de ce sujet jusqu'à une certaine pratique voire maîtrise, dans un contexte spécifique. Sans même le vouloir, notre esprit a pris un pli dans la manière de traiter et de parler de ce sujet. Notre cerveau, très économe en énergie, a optimisé le coût énergétique de cette façon de faire, sans que nous en ayons vraiment conscience. Il est ainsi très simple, voire de bon ton, d'utiliser le jargon de sa profession. C'est très pratique et c'est aussi un facteur d'intégration dans son environnement quotidien, mais le jargon est aussi un raccourci qui évite de redéfinir les termes.

Quand vous prenez le temps de faire une prise de parole en public, d'une certaine manière c'est pour dire autre chose que ce qui se raconte près de la machine à café ou en réunion. C'est pour prendre une voie différente de votre chemin mental habituel afin d'offrir autre chose à l'auditoire.

Une question pratique permet de trouver un autre chemin : qu'est-ce qui vous a motivé pour travailler autant sur ce sujet ? En quoi le chemin que vous avez emprunté, ou la manière dont vous l'avez emprunté, est unique ?
Les réponses à ces questions sont souvent personnelles, elles trouvent leurs racines dans notre histoire ou sont l'expression de nos valeurs. C'est pour cela que, en général, nous ne voulons pas les partager, les jugeant anecdotiques ou sans intérêt.
Or c'est cette spécificité, la manière singulière dont nous avons investi un sujet, qui rendra notre prise de parole unique. Parce qu'elle sera teintée de ce que nous sommes, nous et personne d'autre.
En préparation, j'entends très souvent cette remarque : « Il y a quelque chose qui m'a marqué (ou qui me tient à cœur) mais dont je ne parlerai pas sur scène. » Dans plus de 80 % des cas, c'est précisément par là qu'il faut commencer.
Ce dont vous voulez parler *a priori*, c'est d'un sujet que vous maîtrisez. Parce que vous avez de la matière, des références, des éléments tangibles et « objectifs ». Cela fait en effet partie des raisons pour lesquelles vous allez prendre la parole. Mais pour que cette prise de parole soit unique, marquante, singulière, qu'elle ne puisse être faite que par vous, il est nécessaire que vous l'habitiez comme personne d'autre ne peut l'habiter. Que vous la portiez comme personne d'autre ne peut le faire. Ce qui veut dire offrir à voir pas juste une motivation, mais une source de motivation. Pas uniquement un élan, mais ce qui motive et anime cet élan.
Ce que vous voulez dire est en général le reflet de votre expertise, tandis que ce que vous ne voulez pas dire est souvent l'expression de votre personne. C'est parce que l'expertise trouve sa source dans la personne que vous êtes qu'il importe de partir de vous, sinon il manque un bout. Et ce bout est ce qui permet au public de se relier à l'orateur, à l'orateur d'offrir une prise de parole unique et singulière.

Psychologue à Harvard, Amy Cuddy était jusqu'en 2012 une enseignante parmi d'autres, travaillant dans une université prestigieuse, certes, mais inconnue en dehors de ce petit cercle des professeurs de Harvard. En 2012, elle participe à la semaine

TED à Édimbourg (à voir sur www.qavad.fr/amycuddy). Parmi les 100 interventions programmées, la sienne sort vraiment du lot et fait se lever toute la salle pour une ovation. L'idée qu'elle expose est pourtant simple : votre posture physique influence qui vous êtes. Amy Cuddy a fait des recherches sur ce sujet avec ses étudiants et elle mesure l'influence de notre posture sur la sécrétion des hormones du stress (cortisol) et de l'agressivité positive (testostérone). L'idée est très intéressante, très bien racontée et embarque l'auditoire. Surtout, Amy Cuddy est allée un cran plus loin quand elle a raconté sa propre expérience.

Enfant très intelligente, elle a eu un accident qui a touché ses facultés cérébrales, lui arrachant une partie de ce qu'elle était : l'accident a redéfini son identité autour de la sensation de perte (de ses facultés intellectuelles hors norme) et elle s'est trouvée atteinte par le syndrome de l'imposteur. Pendant ses études, une de ses professeures lui a dit de faire comme si elle en était capable et, ainsi pressée, cela lui a permis de réussir ses études supérieures. Devenue professeure, elle a accompagné une étudiante qui manquait de confiance en elle et qui, à son tour, a réussi.

Au-delà du partage d'une expérience personnelle, Amy Cuddy a montré grâce à cette histoire qu'une posture particulière favorise la réussite et que c'est reproductible. Désormais, elle n'est plus le sujet de l'expérience, mais celle qui la conduit.

Au départ, Amy Cuddy ne voulait pas parler de cet épisode personnel, non scientifique et qui l'exposait personnellement. Pourtant, en le racontant, elle a pu marquer profondément les esprits. L'étude qu'elle a menée par la suite a montré qu'il est possible, simplement, de changer en mieux. Témoigner à la fois de ce qu'elle a elle-même vécu et de ce qu'elle a pu observer en incitant d'autres personnes à adopter cette posture physique, loin de lui enlever de la crédibilité et de la légitimité, l'a rendue plus proche du public. Nous nous souvenons plus facilement de cette belle histoire et, pour le coup, recevons un cadeau plus grand. En même temps, le résultat de l'étude est une donnée intéressante, parce que démontrée. L'histoire personnelle et l'exposé de l'expérience se conjuguent pour nous

prouver que ça marche. Et nous sommes d'autant plus convaincus que la personne qui en parle tient un propos clair et limpide.
En parlant de sa vulnérabilité, Amy Cuddy souligne en quoi ce sujet lui tient à cœur, et elle fait alors au public si forte impression que celui-ci l'accepte avec joie et gratitude.
Ce TED Talk est devenu en quelques mois le deuxième le plus vu au monde et totalise à ce jour plus de 45 millions de vues.

D'une manière contradictoire en apparence, c'est souvent le sujet dont nous ne voulons pas parler qui est le plus intéressant. Pour l'auditoire et en tant qu'idée ou incarnation particulière. Certaines remarques reviennent souvent dans la bouche des intervenants lors du travail de préparation: «Ça n'intéresse personne», «Je n'ai pas envie de parler de moi», «Ce point ouvre des perspectives extraordinaires, mais comme ce n'est pas encore prouvé scientifiquement, nous travaillons comme si c'était vrai et avons déjà trouvé des choses intéressantes», «Je ne dois pas en parler dans l'entreprise, c'est le sujet qui fâche». À chacune de ces objections, il est intéressant d'étudier ce qui est en jeu pour la personne qui va prendre la parole pour lui permettre de voir si cela ne vaudrait finalement pas le coup d'explorer plus avant le sujet en question. Ne serait-ce que dans le travail en amont. Il peut être intéressant de voir où cela mène et si cette approche ne donne pas finalement plus de chair, de densité et d'intérêt à votre propos.
Si le but de votre prise de parole est de faire du business, de servir les intérêts du public, de lui dire ce qu'il attend, dire ce que vous ne voulez pas dire peut sembler contre-indiqué. Ça l'est parfois*. Explorer en amont ce que serait votre prise de parole si vous parliez de ce dont vous ne voulez pas parler permet d'identifier en quoi ce que vous préférez taire pourrait avoir plus d'impact, en quoi cela

* Si votre entreprise vend des serveurs informatiques, dire que vous ne croyez pas aux serveurs n'est pas tellement indiqué… Mais, partant de là, pour être entendu tout en traitant votre sujet, vous pouvez dire: «Au vu de l'évolution technologique, se demander quels seront les serveurs de demain et aller jusqu'à explorer sérieusement la piste de leur potentielle disparition est un enjeu majeur et stratégique.»

pourrait répondre à ces questions auxquelles l'auditoire n'ose pas répondre, voire aux questions qu'il n'ose pas se poser (parce que trop confrontantes).

Ce qui est en jeu avec le cadeau

Recevoir un cadeau fait émerger des ressentis, des sentiments, des réflexions. Et ce dans des ordres différents suivant les personnes. Le sentiment général vient aussi de la manière dont on va percevoir l'élan de la personne qui nous fait ce présent. Consciente ou pas, cette perception colore la façon dont nous allons ressentir ce qui nous est dit.

Pour une prise de parole en public, le langage non verbal fait passer beaucoup de messages, surtout quand il n'est pas maîtrisé, parce qu'il illustre de fait notre état intérieur, notre intention.

L'intervenant qui cherche à impressionner son public, à lui montrer à quel point lui-même est exceptionnel (au lieu de montrer comment l'idée qu'il présente peut aider son auditoire), aura naturellement une posture et des intonations différentes de celle d'un orateur qui a à cœur de partager une bonne nouvelle avec le public.

> *Dans la vie courante, quand quelqu'un vous annonce qu'il a un nouveau travail fantastique, même si les mots sont identiques, on sent tout de suite la différence entre celui qui se pavane d'avoir décroché ce job, ce qui montre qu'il est un crack, et celui qui se réjouit d'avoir ce boulot parce que le projet est passionnant et qu'il se sent privilégié, donc plein de gratitude. Celui-ci va nous sembler plus sympathique, donc plus proche de nous que le premier.*
>
> *Prenons un autre exemple, celui d'un grand voyageur qui est allé dans un pays lointain infesté de moustiques et qui va parler des précautions à prendre, car ces insectes sont porteurs de maladies. Une personne centrée sur elle-même va faire valoir son grand courage et sa volonté, peu lui importe que le public n'entende pas le message de précaution. La personne centrée sur le public lui dit de faire bien attention, ce qui compte pour elle c'est d'avertir le public*

du danger des moustiques, pas qu'il retienne avec quel courage elle a pu gérer ce problème.

La question sous-jacente que se pose tout auditoire face à la personne qui parle est la suivante : « Est-ce qu'elle a à cœur de m'aider, de me transmettre quelque chose dont elle estime qu'il est important que nous en ayons connaissance ? »

Les intervenants qui sont dans la posture de « Je ne peux pas ne pas vous le dire » ou « Hé ! les copains, j'ai un truc important à vous dire » vont se centrer sur leur propos plutôt que sur leur personne, donc inviter l'auditoire à les écouter plutôt que de chercher à le persuader que c'est eux qui ont raison.

Avoir un vrai cadeau est un enjeu qui amène à se positionner par rapport à son auditoire, dans une attitude qui va provoquer de la confiance et non de la défiance.

Pour une prise de parole en public, même si l'auditoire se limite à quatre personnes, la qualité de cette intention se mesure très facilement : il suffit d'écouter la qualité des silences. Sont-ils circonspects, rétifs, impatients, enveloppants, attentifs, émus ou irrités ? Toutes les variations sont possibles et donnent une indication sur la manière dont le public reçoit ce qu'on lui offre.

L'enjeu pour le public est de savoir si vous vous servez de lui ou si vous lui faites vraiment un cadeau. Est-ce que vous l'utilisez ou est-ce que vous voulez lui rendre service ? Il vous sera toujours plus reconnaissant dans le second cas, votre propos passera mieux et restera plus longtemps gravé dans son esprit.

ASTUCE POUR LES CONFÉRENCES PUBLIQUES

Mettez-vous face à des personnes que vous connaissez, et parmi elles, prenez-en une ou deux qui vont vous écouter, en restant centrées sur ce qu'elles sentent de votre intention. Voulez-vous les con-vaincre, leur transmettre une information, être généreux, etc. ?

Vous pouvez aussi vous filmer et montrer la vidéo sans le son à des proches, en leur demandant ce qu'ils perçoivent de votre intention.

En quoi ce que vous dites est un cadeau pour le public ?

Se poser régulièrement cette question est un outil précieux*. Et savoir si ce que vous dites constitue vraiment un cadeau pour le public dépend en grande partie de la composition du public en question**. Chaque public est spécifique : il a des habitudes, des envies et des repères qui lui sont propres. C'est selon ce canevas qu'il lira et recevra ce que vous lui offrez. Cela détermine des attentes et des ouvertures possibles, et aussi des points de blocage certains. Tout dépend de ce que vous visez comme amélioration pour CE public. Une façon de savoir si ce que vous donnez à entendre est un cadeau, vous pouvez vous poser cette question : « Pour les personnes présentes, en quoi leur vie est mieux après le cadeau qu'avant ? » Parce que les auditeurs auront passé un bon moment ? Parce qu'ils auront appris quelque chose ? Parce qu'ils se sentiront plus sensibles à un sujet qui les touche, plus intelligents, plus humains ? Ou parce que vous leur avez offert un moment de qualité hors du temps ? Que vous leur avez simplifié la vie en leur expliquant des choses compliquées ou en leur offrant des outils pour mieux faire ce qu'ils veulent faire ? Ou encore donné des possibilités et des informations qu'ils pourront modéliser pour entreprendre quelque chose qui jusque-là leur semblait impossible ?

Le succès de la personne qui parle n'intéressera que partiellement l'auditoire, car il risque de se sentir étranger à cette réussite, avec des pensées négatives comme « Il a réussi et moi pas ». Ce qui va intéresser l'auditoire et chaque individu qui le compose est de savoir comment celle ou celui qui parle a fait pour réussir. Quel

* Il est ici principalement question de prise de parole en public, mais on retrouve une dynamique du même ordre dans tout écrit : article, interview, livre.

** Cela ne veut pas dire que votre prise de parole est destinée à un seul public et qu'elle y restera cantonnée. Mais elle a pour but de se tenir au plus près des personnes auxquelles vous vous adressez à un instant T. Si vous redites la même chose plus tard à d'autres personnes, pensez à prendre le temps de vous demander ce que vous avez à ajuster pour ce public.

était le problème à dépasser et surtout comment elle ou il y est parvenu ? Quelle manière de faire, quelle idée concrète lui a permis de résoudre la difficulté et de réussir ? Ce qui compte, ce n'est pas tant le chemin parcouru (même s'il fait partie du décor et pose l'ambiance, la couleur du récit) que la manière de faire chacun des pas qui conduisent au terme du voyage.

Si vous ne vous contentez pas d'exposer une manière de faire, mais que vous expliquez comment cette manière de faire permet de résoudre un problème, alors vous faites un vrai cadeau à votre public. Parce que vous en avez explicité le fonctionnement, le public peut modéliser cette manière de faire et l'adapter à sa propre situation. C'est l'explicitation des articulations de la pensée et de l'enchaînement des actes qui va augmenter la probabilité que le public se saisisse du cadeau pour ensuite l'intégrer.

Un cadeau jusque dans la manière d'offrir au public

L'autre partie du cadeau que l'on a souvent tendance à négliger est la manière de l'offrir. Dans tout cadeau, le cérémonial qui entoure le don fait partie du cadeau et prépare son destinataire à le recevoir. Souvenez-vous de ce qui s'est passé pour vous quand vous avez reçu un cadeau qui vous a marqué et plu, ou quand vous en avez offert un qui a marqué son destinataire. La personne qui reçoit se contente d'accueillir ce qui lui est offert. Ce n'est pas à elle de faire en sorte que ce qu'elle reçoit soit un cadeau.

Quand on invite des amis pour un dîner somptueux, on ne va pas faire les courses, mettre le couvert, sortir un bon vin et dire à ses invités, une fois arrivés, de faire la cuisine. Ou alors le cadeau n'est pas une invitation à dîner (ce qui veut dire venir et déguster ce qui a été préparé à votre intention), mais une invitation à faire la cuisine. C'est toujours un cadeau, mais différent. Et pour qu'il soit apprécié, sa nature ne doit pas être découverte au dernier moment d'autant plus si les invités se retrouvent obligés de fournir un effort. Exposer les choses au moment de l'invitation permet à chacun de ne pas subir un contre-pied désagréable.

De la même manière, c'est la personne qui prend la parole qui doit faire le travail de préparation, de mise en forme, de présentation du propos.

Tout le travail réalisé en amont relève de la démarche du don.

Certains diraient qu'on « mâche le travail », alors qu'il s'agit de rester dans la logique du cadeau, y compris dans la manière de l'offrir. Si c'est un cadeau qui est fait à l'auditoire, alors nous ne pouvons rien exiger de lui.

Parfois cette générosité peut déborder, à vouloir « mettre les petits plats dans les grands ». La question est de savoir si ce *tout ce que vous* dites est vraiment adapté au contexte. Au public et à ses attentes d'une part, au dispositif de prise de parole d'autre part. Est-ce que ce dispositif est adapté à ce que vous racontez ET au public ? Est-ce que le public s'attend à quelque chose ou espère être surpris ? S'at-tend-il à un certain décorum, à une manière spécifique de parler, à un ton particulier ? Connaître les réponses à ces questions permet non pas de s'adapter mais de cerner ce qui est audible pour le public, délimitant la zone dans laquelle vous allez pouvoir vous exprimer, en restant dans le cadre défini ou en jouant avec ses limites.

Une porte vers l'authenticité

Après tous ces questionnements, cette recherche sur ce que vous voulez vraiment offrir à votre auditoire, vous avez dégagé quelque chose qu'il vous tient à cœur de partager et, idéalement, de transmettre. Même si ce n'est pas encore formulé très clairement (voire pas du tout clairement, d'ailleurs), vous ressentez ce que vous avez envie d'offrir *à ce public-là, dans cette prise de parole-là.*

Outre la motivation à bien travailler, être dans cet élan du cœur offre un autre avantage : cette honnêteté du cœur est une porte vers l'authenticité de votre propos. Un sujet qui vous tient à cœur est, à certains égards, plus difficile à traiter (justement parce qu'il vous tient à cœur) ; en même temps cette implication vous permet d'aller plus en profondeur sur ce qu'il est important, pour vous, de partager. Cela augmente la part d'authenticité dans la prise de parole.

Tout sujet, tout propos qui nous tient vraiment à cœur ET que l'on veut offrir est une porte vers plus d'authenticité de notre propos.

Le «ET» dans la phrase précédente est central. Si un sujet nous tient à cœur au point qu'on veut convaincre les autres à tout prix, au besoin avec toute sa hargne et tous les artifices nécessaires, alors il n'y a pas d'authenticité dans la prise de parole. Être authentique, c'est dire ce qui est important pour soi, en prendre la responsabilité, et assumer et accepter que celle-ci soit entendue ou rejetée.

Pour certains, cela ne posera aucun problème; pour d'autres, ce sera plus difficile. Le savoir et garder l'authenticité comme point de repère apportent un indicateur supplémentaire sur la dimension du cadeau dans la prise de parole.

Le choix des mots, des exemples cités, des articulations logiques, du style, des visuels éventuels, tout cela sera teinté de cette authenticité, et le public ne peut pas ne pas y être sensible. Les prises de parole les plus authentiques sont celles qui marquent le plus l'auditoire. Parce qu'il ressent cette authenticité.

De même qu'il ressentira quand vous n'êtes pas authentique et cherchera alors à savoir où est le coup fourré.

Entrepreneur à succès, Rick Elias a réalisé un TED Talk pour parler non pas de sa réussite mais du jour où il s'est dit qu'il allait mourir (www.qavad.fr/ricelias). Il partage trois leçons qu'il a apprise de ce moment si particulier, dont celle-ci: qu'il ne cherche plus à avoir à raison, mais qu'il choisit d'être heureux. Ce changement de posture dans sa vie se voit dans sa prise de parole. Il ne tente pas de nous convaincre qu'il a raison. Il cherche avant tout à partager quelque chose qui a radicalement changé sa vie en mieux. Et si, par ce partage, il peut nous permettre d'atteindre quelque chose du même ordre tout en nous évitant l'expérience de frôler la mort, alors son objectif est atteint. Sinon tant pis, il aura fait sa part du travail et à chacun sa route. Comme il est authentique, il ne cherche pas à avoir raison; l'équation ne se pose pas en ces termes. Il cherche seulement à partager, à offrir quelque chose qui lui tient à cœur.

Choisir la posture du don, choisir l'authenticité, c'est choisir des passerelles permettant d'être relié autrement à son public. Donc de pouvoir le marquer autrement. Être dans le don et l'authenticité sont des clés pour y parvenir, comme le résume bien cette maxime :

Ne laisse jamais le succès te monter à la tête ;
ne laisse jamais l'échec te descendre au cœur*.

Créer l'écrin qui entoure le cadeau

Une fois que le cadeau est pressenti ou même défini, comment le mettre en lien avec les cinq autres dessins qui forment la trame de ce livre ?
Chacun de ces cinq dessins constitue l'écrin du cadeau, ce qui l'enveloppe et nous permet de l'apprécier, dans tous les sens du terme :

- L'Histoire (chapitre 2) : c'est ce qui emmène le public jusqu'au cadeau et lui permet de repartir avec.
- Écrire (chapitre 3) : est-ce que chaque paragraphe, chaque phrase nourrit mon cadeau ?
- Le Temps (chapitre 4) : à l'oral ou à l'écrit, le temps alloué est limité, c'est ce qui donne un contenant temporel, ce qui permet d'avoir un déroulé dans un espace clairement délimité.
- Montée & Contraste (chapitre 5) : ils permettent de structurer le récit, avec une situation d'origine et une fin différentes, tout en appréciant le changement.
- Ensemble (chapitre 6) : faire en sorte que son propos puisse parler à chacun.e, ce qui passe par la manière de mettre en mot et en scène son propos.

* Ziad Abdelnour. En version originale : « *Never let sucess get to your head, never let failure get to your heart.* »

2

L'Histoire

Ce ne sont pas les perles qui font le collier, c'est le fil.
Gustave Flaubert

Une prise de parole est aussi une histoire. Avec un début, un milieu et une fin. Avec des personnages aussi : êtres humains, animaux, ou bien projets, idées. Ils vont vivre des aventures, des changements, vont évoluer plus ou moins bien, pour arriver à un état différent de celui de départ. L'avantage des histoires, c'est que nous savons tous les écouter ; elles appartiennent aux traditions humaines et se sont conjuguées à l'oral bien avant de devenir écrites. Par ce moyen puissant, les auditeurs apprennent et retiennent les informations importantes : les dangers à affronter, les manières appropriées d'y faire face, les usages, la culture. Les histoires sont le moyen le plus efficace pour transmettre une information à un auditoire, qu'il s'agisse d'un récit de vie ou d'une idée. Faire une prise de parole en racontant une histoire, c'est à la fois s'inscrire dans la lignée du conte et de la transmission et répondre à un attendu plus ou moins formulé de la part du public (auquel il est parfois difficile de déroger).

Une question de « neuro-ergonomie »

Notre cerveau est organisé pour accueillir les histoires. Raconter une histoire n'est pas un savoir inné qui ne demande aucun apprentissage, pourtant toutes les cultures humaines – oui, absolument toutes – racontent et aiment les histoires. Il y a des histoires dans toutes les langues, dans toutes les traditions, dans toutes les régions du monde, aussi reculées soient-elles. Comme si notre espèce et notre cerveau avaient évolué de telle manière qu'absolument tous les groupes humains ont créé du langage et des histoires. Quand notre cerveau reçoit du langage, il va d'une certaine manière chercher à le traiter comme une histoire, à retrouver une trace d'histoire dans ce qu'il entend (qu'on le veuille ou non). Donc, au lieu de donner à son auditoire des informations qu'il va ensuite traiter et remodeler pour les mettre dans les cases d'une histoire, autant lui proposer tout de suite un matériau adapté. De même qu'il est plus agréable et efficace de confier à un gaucher une paire de ciseaux adaptée, nous allons donner à l'auditoire une manière d'entendre adaptée à la manière dont il va recevoir l'information.

> *En 1949, Joseph Campbell sort un livre fondateur pour la compréhension moderne de ce qu'est une histoire:* Le Héros aux mille et un visages. *Professeur de mythologie comparée, cet Américain a étudié tous les groupes humains qu'il a pu rencontrer, en Orient comme en Occident et jusque dans les lieux les plus reculés, et il a constaté que tous avaient des mythes, matérialisés sous forme d'histoires. Il a aussi remarqué que toutes ces histoires utilisaient peu ou prou les mêmes archétypes et, surtout, les mêmes structures. C'est ce qu'on a appelé le « monomythe » : une histoire, c'est toujours la même chose. Plus tard, un étudiant en cinéma va faire une synthèse en sept pages du livre touffu de Campbell et ces pages deviendront la base de ce qu'on appelle « le voyage du héros » (*Hero's Journey*), pour aider à écrire des scénarios de film. En utilisant cette grille de lecture*, on se rend compte que toutes les grandes histoires (films, livres, prises de parole) suivent de près, voire strictement, cette structure.*

Une histoire et UNE SEULE

Une prise de parole, c'est une histoire. Une *seule*. Pas douze. Ni deux. Juste une.

Parce qu'une histoire est le fil qui nous permet de relier tous les éléments, ce fil dont parle Flaubert. Avoir une seule histoire est plus facile à retenir pour l'auditoire : c'est avoir un seul guide à suivre pour la construction de la prise de parole. Autre avantage, pour l'orateur cette fois : une seule histoire est plus facile à retenir que deux, trois, voire plus. La mémorisation se fait sur l'enchaînement plutôt que sur le détail de chaque étape.

---

* Le sujet est approfondi au chapitre 8, « Le voyage du héros », p. 243.

Plus la prise de parole est courte (en temps ou en nombre de mots), plus il est évident qu'on ne peut pas tout raconter. Quand elle s'allonge, la règle d'une histoire et une seule va permettre de construire un propos tenu, qui ne part pas dans tous les sens au risque de perdre l'auditoire en chemin, de garder un élan qui nourrit en permanence la même histoire.
Tout film, tout roman, toute prise de parole réussis ne racontent qu'une seule histoire à la fois. Qu'il s'agisse d'une présentation de projet ou d'entreprise, de parler d'un propos scientifique ou d'une expérience personnelle, il y a tellement à dire qu'on a souvent tendance à raconter tous les aspects et détails. Or tous ne sont pas utiles, tant s'en faut. Ce qui est dit est utile si cela abonde l'histoire choisie, si cela la fait avancer, si cela améliore la connaissance du sujet par le public.

> *À 25 ans, quand Victor Hugo écrit sa préface à* Cromwell, *il remet en cause le principe des trois unités de la dramaturgie classique : unité de temps, de lieu et d'action. Autrement dit, une pièce de théâtre de l'époque classique devait normalement se dérouler sur une seule journée, dans un seul lieu et ne traiter que d'une seule action. De ces trois unités, le jeune Hugo n'en retient qu'une seule, qu'il considère comme centrale : l'unité d'action. Cette dernière est le cœur du récit car « c'est elle qui marque le point de vue du drame », de ce qui est en train de se passer.*
> *Et même si plusieurs événements se produisent en même temps, tous font partie d'un seul ensemble cohérent. Ce que décrit très bien Victor Hugo : « L'œil ni l'esprit humain ne sauraient saisir plus d'un ensemble à la fois. [...] Il ne peut pas plus y avoir trois unités dans le drame que trois horizons dans un tableau. »*

Il y a plusieurs corollaires à l'histoire unique. D'abord, il va falloir identifier les différents éléments que vous voulez raconter. Puis, au sein de cette matière, voir quel est l'unique élément que vous allez choisir.
Ensuite, il y a un travail de deuil à faire (je l'ai déjà dit), surtout dans le cas d'une prise de parole courte sur un projet qui vous tient à

cœur depuis des années. Il s'agit de dire adieu à tout ce que vous ne direz pas, aux informations que vous ne donnerez pas, aux histoires passionnantes que vous ne raconterez pas (et il y en a forcément si vous avez passé autant de temps sur le sujet). Vous ne les raconterez pas à ce moment-là, non parce qu'elles ne sont pas intéressantes, mais parce qu'elles n'entrent pas dans votre propos du moment.

> *Professeur d'histoire et auteur du best-seller mondial* Homo sapiens, *Yuval Noah Harari y retrace le trajet de l'humanité avec une nouvelle grille de lecture, en cherchant à comprendre les mécanismes qui ont rendu possible cette ascension improbable. Couvrant un large spectre de données, d'informations, de recherches qu'il a analysées ou produites, Harari a donc matière à quoi parler pendant des heures sur le sujet.*
> *Quand il prend à la parole en 2015 (www.qavad.fr/harari), à TED, il dispose de 17 minutes seulement, alors que la lecture de son livre prendrait 14 heures en continu. Pour ce talk, il a donc dû choisir la seule histoire qu'il voulait raconter à ce moment-là, pour nous la transmettre. Concrètement, il pourrait faire 10 ou 20 talks différents vu tout le matériau dont il dispose. Ce qui va rendre le talk intéressant et digeste, c'est qu'il va se concentrer sur un seul aspect : l'être humain est le seul animal capable de coopérer à grande échelle, car il est capable d'imaginer des histoires et d'y croire. Tant que tout le monde croit à la même histoire (par exemple, qu'un papier imprimé vaut quelque chose qu'on appelle l'argent), tout le monde obéit aux mêmes règles, aux mêmes normes.*

Choisir une seule histoire en tant qu'orateur a une autre vertu : cela donne envie au public d'en savoir plus.

Une valse à quatre temps : le modèle SPOC

Quand on regarde les histoires, aussi bien les contes que les prises de parole, les livres ou les pitchs d'entreprise, il y a toujours quatre temps assez identifiables. Dans le conte classique du trio princesse-prince-dragon, la séquence est la suivante :

1. Situation de base : une princesse rencontre un prince, ils tombent amoureux.

2. Dragon : mais un dragon (animal ou métaphorique) arrive et fait qu'ils ne peuvent plus s'aimer, le personnage principal doit alors lui régler son compte.

3. Épée : le problème, c'est que le personnage principal n'a pas les outils/compétences pour cela et qu'il lui faut chercher un nouvel outil (l'épée) ou une nouvelle compétence (savoir la manier mieux, avoir un plan, etc.).

4. Combat : vient ensuite la confrontation : est-ce que l'épée (réelle ou métaphorique) marche pour régler le problème ? Et la fin peut être heureuse ou non.

Si on reprend ces étapes en modélisant pour toutes les situations (de l'histoire drôle à la conférence, au livre ou au pitch de levée de fonds), la structure prend cette forme :

1. **S**ituation d'origine.
2. **P**roblème.
3. **O**util nouveau (ou approche nouvelle).
4. **C**onfrontation (qui mène au dénouement).

Certains orateurs vont vouloir utiliser cette structure dès le début en guise de guide. D'autres vont avoir besoin de mettre à plat tout ce qu'ils ont à dire avant de formaliser leur matériau dans un second temps, selon ces quatre étapes. D'autres encore vont savoir décrire la situation et l'outil nouveaux, mais pas les deux autres. Tous les cas de figure existent.

Quel que soit le moment où vous allez formaliser votre prise de parole, vous savez qu'elle ne sera réellement aboutie que si vous pouvez identifier les étapes SPOC.
S'astreindre à cette grille de lecture simple aide à clarifier un propos et son articulation, car cela en dégage l'essence. Ce que montrent ces quelques exemples.

Harry Potter

1. Situation d'origine: *Harry Potter est un sorcier qui s'ignore.*

2. Problème: *va-t-il intégrer ce monde magique, sachant qu'il doit aussi éviter de se faire tuer par Voldemort, le plus dangereux des sorciers ?*

3. Outil nouveau: *Harry Potter apprend la magie et se fait des amis aux compétences et styles différents.*

4. Confrontation et dénouement: *il affronte Voldemort avec succès grâce à ses amis et appartient au monde des sorciers.*

Mina Bissel

Découverte d'une nouvelle voie thérapeutique pour guérir du cancer (TED Talk de 2012 : www.qavad.fr/minabissel)

1. Situation d'origine: *le cancer ce sont des cellules qui deviennent folles et n'ont plus d'enveloppe, ou de « bords » pour reprendre le terme de l'intervenante.*

2. Problème: *pour éliminer le cancer, les approches thérapeutiques y vont à l'arme lourde et provoquent des dégâts collatéraux importants.*

3. Approche nouvelle: *au lieu de détruire ces cellules et tout ce qu'il y a autour, si on essayait de remettre un « bord » à ces cellules folles ?*

4. Confrontation et dénouement: *on réalise des premiers essais en laboratoire pour découvrir qu'il a une voie thérapeutique à explorer, qui fait beaucoup moins de dégâts que les chimiothérapies et les rayons.*

Steve Jobs

Présentation du premier iPhone (www.qavad.fr/iPhone2007)

1. Situation d'origine : *entre les sites et les boîtes mail, Internet est un outil super mais il faut un ordinateur pour en profiter.*

2. Problème : *des solutions existent pour avoir accès à ses mails et aux sites sur un téléphone, mais elles ne sont pas très pratiques et se limitent même à un pis-aller pour l'accès aux sites Internet.*

3. Outil nouveau : *l'iPhone avec une interface 100 % tactile ET visuelle, où il n'y a plus de distance entre l'utilisateur et l'outil.*

4. Confrontation et dénouement : *maintenant, lire ses mails et surfer sur Internet est devenu très simple, parfois même plus que sur ordinateur et, au passage, vous pouvez écouter de la musique et passer des appels.*

Le modèle SPOC peut aussi vous aider à analyser une prise de parole, un livre, un article, un film qui vous a marqué. Plus vous le pratiquerez sur ce que vous voyez, plus il vous sera facile de le reproduire pour construire votre propos. L'entraînement compte, car s'exercer sur un sujet qui nous tient à cœur, avec tous ses biais, ses envies d'en dire plus, etc., est souvent délicat.

EXERCICE

Choisissez trois prises de parole qui vous marquent et que vous appréciez (histoire, livre, conférence, interview, article, film, vidéo, etc.), de préférence dans des domaines et sur des supports variés. À partir de là, prenez le temps de les analyser au format SPOC.

Cela aura le double bénéfice de vous familiariser avec cette structure et de vous permettre d'identifier la variété et la richesse des styles possibles pour construire un propos sur la base de ces quatre éléments.

Le fil du récit

Une histoire réduite au format SPOC n'est pas toujours intéressante. Si vous faites régulièrement l'exercice, vous allez même vous

apercevoir que certaines histoires sont en gros les mêmes. Vous allez aussi réaliser que, même si les ingrédients de base sont identiques, certaines histoires vont vous emporter quand d'autres vous semblent insipides.
Le modèle SPOC met en lumière le fil de votre récit. Le fil sur lequel vont glisser les perles qui composent votre prise de parole. Un fil peut être tout à fait banal, ce qui n'empêchera pas le collier d'être chatoyant. Mais si vous choisissez un fil précieux (en or, par exemple), il y aura besoin d'une qualité de perles à la hauteur pour que le résultat soit équilibré.
Ce fil qui court tout au long d'une prise de parole a de multiples avantages, pour la personne qui s'exprime comme pour son auditoire. Le locuteur sait à quel endroit du fil il se trouve. L'auditoire, de son côté, est emmené sur un circuit manifestement connu de l'orateur et qu'il suit de bout en bout, ce qui donne un propos clair et facile à comprendre, donc facile à retenir après coup.

La plupart d'entre nous ont appris par cœur « Le Corbeau et le Renard », de La Fontaine. Parfois il nous en reste quelques bribes, parfois toute la fable, parfois pas un mot. En général, nous avons appris cette fable vers par vers, séquence de mots après séquence de mots, et le mouvement s'interrompt s'il nous manque un seul mot ou un seul vers. Pour le conte du Petit Chaperon rouge, c'est différent : nous ne l'avons jamais appris par cœur, mais nous pouvons pourtant le raconter. Il pourra y avoir quelques variations, mais toutes les étapes seront là. Le fil de l'histoire facilite la mémorisation du récit, pour celui qui le raconte comme pour celui qui l'écoute et pourra le raconter à son tour.

La tentation du storytelling à tous crins

Une fois que l'on connaît ce type de structure (modèle SPOC ou du même type), ou celle plus détaillée du voyage du héros*, on est tout

* Voir chapitre 8, « Le Voyage du héros », p. 243.

content d'avoir découvert une martingale, une sorte de secret des bonnes histoires, et on peut être tenté de l'appliquer partout. C'est un point sur lequel il convient d'être vigilant, afin d'utiliser cette structure à bon escient.

L'art de raconter des histoires est aussi appelé aujourd'hui « storytelling ». Le terme est apparu depuis peu, mais cet art existe depuis que l'humain est humain, capable d'écouter, de conter, de raconter, de partager.

Comme cela fonctionne très bien, on risque d'être tenté de l'utiliser pour tout. Certains le font en introduisant des effets à foison, parfois au détriment du sens. Ces « effets dramatiques » ont pour but de faire avancer l'action, de mettre en exergue la dramaturgie d'une situation, en exagérant un problème, en soulignant une difficulté, en mettant en exergue certains personnages, en multipliant à l'oral des pauses qui ménagent le suspense, etc. Techniquement, il est en effet possible d'utiliser ces procédés de mise en forme en toute situation.

Mais en limitant ainsi le storytelling à ces seuls effets, on oublie un point fondamental : dans *storytelling* il y a certes *telling* (le récit), mais il y a surtout *story* (l'histoire). Si la forme de la narration compte, il y a avant tout une histoire à raconter. D'où cette question de fond : avant de mettre en forme, est-ce qu'il y a vraiment quelque chose à raconter ?

L'histoire est facile à retenir et elle nous conduit à envisager les choses d'un certain point de vue : deux atouts dont la publicité use et abuse. On va ainsi retrouver le modèle SPOC un peu partout.

Dans une publicité pour une marque de lessive

S : *j'ai des enfants et plein de linge à laver.*

P : *mais certaines taches ne partent pas.*

O : *heureusement, il y a Omo !*

C : *et maintenant, les taches s'en vont !*

Dans une publicité pour un organisme de crédit

S : *vous avez une vie agréable et vous en êtes très content.*

P: *vous avez vu une superbe voiture qui vous fait très envie (et qui ferait que votre vie serait encore mieux!), mais quand le vendeur vous a annoncé son prix, vous vous êtes rendu compte qu'il vous manquait 10 000 euros.*
O: *ça tombe bien, nous pouvons vous prêter de l'argent pour accéder à ce qui vous ferait plaisir.*
C: *«Bonjour monsieur le vendeur, est-ce que je peux avoir ma voiture?» «Mais bien sûr, la voici.»*

Le modèle est simple et très lisible, le public s'en souvient facilement. D'une certaine manière, c'est du storytelling. Mais est-ce que ce sont des histoires qui nous marquent?
Même si le modèle SPOC est bien présent dans ces exemples, on voit qu'il y manque quelque chose. Que cela sonne creux. Qu'est-ce qui fait alors la différence?

La transformation au cœur de l'histoire

Le point clé d'une histoire, ce qui en définit la nature, c'est la transformation qui a lieu entre le début et la fin. L'héroïne ou le héros n'est pas le même au début qu'à la fin. Il a changé, et ce changement est de son fait, il est le résultat de ses actions.
Dans toute histoire, il y a un début, un milieu et une fin. Et le début et la fin diffèrent. Pourquoi? Parce qu'il y a eu le milieu. Cela semble évident, mais ce n'est pas toujours mis en pratique.
Le «milieu» de l'histoire, son cœur, son noyau, c'est la *transformation.*
Quand vous préparez une intervention orale, c'est en allant chercher la transformation dans votre propos, en la mettant en lumière, que votre prise de parole prendra forme autrement et sera une vraie transmission de savoir, d'émotion.
Une transformation ne se réduit pas à une histoire, c'est-à-dire à une différence d'état entre le début et la fin, à un avant et un après qui ne sont pas les mêmes. Dans les deux exemples de publicité cités plus haut, il y a bien un avant et un après différents, mais pas de changement de la personne ou de ses comportements, pas de

changement de nature ni de manière de voir le monde. C'est ce qui fait toute la différence : dans une histoire, le héros fait quelque chose de lui-même (et pour cela se transforme) afin de pouvoir avoir l'objet/la connaissance qui lui permet d'atteindre son but.

C'est parce que Arthur Pendragon a remporté des épreuves de force et de courage qu'Excalibur lui est donnée. Imaginez Excalibur reçue sans effort… L'histoire perdrait énormément de son intérêt !

La transformation du héros (personnage, idée, projet, etc.) doit venir de l'intérieur. Sinon, le héros n'est pas transformé, il est juste équipé. Certes, il sera plus performant, mais il n'aura pas changé. Il n'aura pas évolué. Il sera juste le même. Cela fait un récit, mais il manque une dimension : le héros ne devient pas plus puissant, il ne progresse pas*. C'est là un des éléments cruciaux d'une histoire : le héros devient capable de davantage de choses, il acquiert une nouvelle compétence ou un objet parce qu'il a traversé avec succès une épreuve, accompli quelque chose de difficile. Par son engagement personnel, et pas uniquement du fait de la chance.

Omo *vs* Always

La pub pour Omo n'est pas une histoire de transformation, car il n'y a pas de travail ou d'évolution des personnages qui pourrait les amener à choisir Omo. On leur donne un baril d'Omo et ils découvrent alors que cette lessive lave bien. Mais ils n'ont pas eu à questionner ce qu'ils faisaient, ils n'ont pas eu de « révélation intérieure » qui change leur manière de voir le monde. Ils trouvent juste Omo plus sympa pour éliminer les taches. C'est sans doute vrai, mais ce n'est pas une histoire de transformation.

Dans la campagne #LikeaGirl (www.qavad.fr/likeagirl), la marque Always a demandé à de jeunes femmes de courir ou de se battre « comme une fille » pendant qu'une caméra les filmait. On les voit alors gesticuler de manière un peu ridicule. La même

* En anglais, le mot *empowerment* est souvent utilisé pour parler de ce changement d'état du héros. Il n'a pas d'équivalent en français. Les Québécois le traduisent par « empuissantement », qui reprend l'idée de « rendre puissant ».

demande faite à des petites filles donne des expressions beaucoup plus naturelles. Puis la femme qui conduit l'entretien demande aux jeunes femmes si elles se rendent compte que l'expression «comme une fille» est considérée par tous (parfois y compris par elles-mêmes) comme péjorative, alors qu'elle ne l'est pas forcément pour elles-mêmes. Le fait de poser la question «À quel moment l'expression "comme une fille" est-elle devenue une insulte?» met en lumière une conception erronée et donne aux participantes l'occasion de reprendre la main pour se transformer et changer de regard. Sur elles et sur leur manière de voir le monde.

Dans ce dernier exemple, il y a une histoire parce qu'il y a une transformation: les jeunes femmes prennent conscience du biais qui fausse leur regard, même si ce biais les dévalorise. Cette prise de conscience les motive à ne plus accepter l'insulte sous-jacente dans l'expression «comme une fille», même si cette dévalorisation est intégrée, y compris par elles qui en souffrent. Ces jeunes femmes refusent alors cette expression et jugent qu'elles ne sont plus obligées d'obéir à cette injonction. Cet élan, la dynamique de cette transformation dont nous sommes témoins nous touchent chez elles. Et aussi en tant que spectateurs, puisqu'il nous invite à nous transformer nous aussi.

Avoir un cadeau à transmettre à un auditoire donne un cap pour trouver l'histoire. Le cadeau est le cœur de cette histoire, la transformation possible en est le noyau.

Pour avoir valeur de récit, d'expérience, de transmission de la connaissance, toute transformation demande des efforts, des remises en cause (souvent douloureuses), de passer d'un mode de fonctionnement à un autre. C'est ce changement dans la manière de voir et d'aborder les choses, ce changement de paradigme parfois, qui va faire toute la différence*. J'ai entendu l'anecdote qui suit dans une

* Selon l'école de Palo Alto, il y a deux types de changement: changement de type 1 = changer dans le système; changement de type 2 = changer de système. Souvent, les histoires sont des changements de type 2. Parfois les héros changent d'environnement, parfois ils reviennent à l'environnement de départ, mais ils ont fondamentalement

émission de radio. Quelle que soit sa véracité, elle illustre comment changer sa manière de voir peut créer une différence forte.

> *Boris Dolto, le mari de Françoise Dolto, était médecin et enseignait en faculté. Lors du premier cours avec ses étudiants, il posait rituellement la question suivante: « Quand vous touchez une épaule, qu'est-ce que vous touchez ? »*
> *Les réponses des étudiants étaient très variées: « les deltoïdes », « la peau », « l'épiderme », « la surface bactérienne d'un patient », etc.*
> *Ce à quoi Boris Dolto répliquait: « Vous touchez un être humain. Souvenez-vous toujours de cela. Maintenant nous pouvons commencer le cours. »*

Une transformation pour quoi faire ?

Tout dépend du cadeau que vous voulez faire à votre auditoire, et surtout de la manière dont il va le prendre. Plus précisément, de la manière dont *chacune* des personnes présentes va le prendre. Car cela ne vous appartient pas: c'est à l'auditeur de faire sa part dans la réception de l'histoire afin de déterminer la manière dont il sera (ou non) transformé. Comment faire en tant qu'émetteur de l'histoire pour permettre ce changement sans le déterminer ? Et comment faire pour que les auditeurs puissent changer d'une manière qui leur est propre ?

Vous allez tout simplement leur donner la recette utilisée dans l'histoire. C'est-à-dire que la prise de parole/histoire sera construite de manière que l'auditoire voie et identifie le chemin suivi par le personnage principal (humain, animal, idée). Vous allez mettre en lumière pourquoi il fait telle ou telle chose et comment. L'histoire détaille les étapes qui permettent au héros d'effectuer cette trans-

---

changées. On retrouve cette idée dans *Le diable s'habille en Prada*: au début comme à la fin, l'héroïne veut être journaliste, mais elle a traversé dans l'intervalle toute une série d'épreuves qui l'ont fait évoluer, car elles lui ont permis de développer des compétences qui l'ont rendue plus à même de devenir journaliste.

formation. Il ne s'agit pas tant de dévoiler les étapes de la transformation que les étapes qui permettent au héros de passer par les différents stades de la transformation.
La partie réellement modélisante réside ici : c'est en identifiant et en connaissant les comportements adoptés qu'on peut les reproduire (ou les adapter) pour avoir accès au cadeau.

Alanaa Shaikh a travaillé pendant vingt ans dans les domaines de l'éducation et de la santé. Son père a développé la maladie d'Alzheimer vers 50 ans, comme son propre père avant lui. Dans son talk de TEDGlobal 2012 (www.qavad.fr/AlanaaShaikh), Alanaa partage ce qu'elle a mis en place pour affronter sa peur d'être elle aussi touchée par cette maladie, car il y aurait une composante génétique dans la forme développée par ses ascendants. Comme elle ne peut pas modifier son ADN, elle agit là où elle a prise afin de se préparer à être plus heureuse quand la maladie se déclenchera chez elle, si jamais elle se déclenche. En moins de 7 minutes, elle nous livre ce qu'elle a appris sur la maladie d'Alzheimer (symptômes, risques), puis elle évoque tout ce qu'elle a mis en place pour pouvoir éventuellement y faire face de la manière la plus heureuse possible et nous dit en quoi ce qu'elle fait aujourd'hui la rendra alors, de fait, plus heureuse. Le cadeau qu'elle nous fait, c'est de nous donner des moyens d'être nous aussi plus heureux si nous sommes confrontés à la maladie.
Bonus de l'histoire : sa démarche rend Alanaa plus heureuse dès maintenant alors que la maladie n'est pas déclarée. Quant au public, le fait de comprendre le détail de la démarche lui permet de la répliquer à l'identique ou de l'adapter. De comprendre aussi plus généralement comment aborder une situation à laquelle on ne peut rien pour finalement mieux la vivre, même si le contexte ne varie pas.*

* J'ai eu la chance de croiser Alanaa en août 2017 à TEDGlobal et j'ai pu lui dire toute l'admiration que j'avais pour son parcours et à quel point son talk faisait du bien aux personnes auxquelles je le conseillais. Je lui ai aussi demandé où elle en était aujourd'hui. La maladie ne s'est pas déclarée et elle se sent bien plus heureuse

Pour le public, modéliser un comportement passe plus par la compréhension d'une démarche clairement explicitée (qui dit de manière détaillée comment les étapes ont été franchies) que par une simple *to-do list*. Car ce n'est pas une *to-do list* qui a permis la transformation, mais la façon d'aborder la démarche préconisée. Une histoire, par nature, met cet élément au centre de sa construction, nous permettant, en tant qu'auditeurs de nous transformer à notre tour.

Quels personnages?

Le support de l'histoire est le personnage central autour duquel le récit gravite. Il peut s'agir d'un être humain, d'un animal ou d'une idée. Chacun aura un parcours, une évolution et au moins une transformation. Tout ou presque est possible du moment que les événements et les évolutions du personnage principal soient visibles. De fait, ces évolutions nous captivent et nous emportent.

> *Dans son film* Bowling for Columbine *(2002), Michael Moore tente de répondre à la question «Pourquoi le nombre d'homicides par arme à feu est-il si élevé aux États-Unis?», trois ans après la fusillade de Columbine où deux lycéens ont tué douze autres élèves et un professeur (www.qavad.fr/MichaelMoore). Comment est-on arrivé à une telle situation?*
> *L'auteur-réalisateur enquête, il a quelques idées, interviewe des habitants, aussi bien des partisans des armes à feu que des anti, mais aussi des témoins, pour comprendre comment un tel événement a pu se produire. Même si on suit Michael Moore tout au long de cette enquête, il n'est pas le personnage central de son film. Le personnage central, c'est la question à laquelle il tente*

---

au quotidien qu'elle ne l'était cinq ans plus tôt. Autre point non négligeable: son entourage lui renvoie aussi qu'elle est une bien meilleure personne aujourd'hui, plus à l'écoute et pourtant pas moins déterminée. Voir son sourire empreint de force, de douceur et de tranquillité a pour moi été une preuve supplémentaire de la justesse de son talk et de la puissance de la transformation amorcée alors.

de répondre. Son cheminement personnel, les témoignages, les questions, les réponses sont autant d'événements qui permettent à ce personnage principal d'évoluer, puis peu à peu de révéler et d'aboutir à ceci : les fusillades aux États-Unis ne relèvent sans doute pas du hasard, et plus particulièrement dans certains États. Les différents intervenants nourrissent l'intrigue, apportant chacun des éléments de réponse à la question du film. Ils font de ce fait avancer LE personnage central, qui est cette question.

Dans son appel du 18 juin 1940, le général De Gaulle prend la parole pour parler d'un personnage important pour lui : La France. À ce moment-là, la France ne va pas bien, elle a besoin qu'on s'occupe d'elle. L'histoire racontée par ce général de brigade est inachevée par nature, puisque c'est un appel. La suite, c'est aux auditeurs de l'écrire en devenant acteurs de cette histoire (en y participant directement ou en relayant le message de l'appel).

Dans un TEDx sur l'éducation (www.qavad.fr/CarolineHuron), Caroline Huron, chercheuse en sciences cognitives, a fait de la double tâche cognitive le personnage central de son histoire. L'intervenante commence par faire vivre aux spectateurs une expérience dont le résultat lui permet d'énoncer le principe biologique illustré par cette expérience : le cerveau ne peut pas faire deux tâches cognitives en même temps. Donc, chaque fois qu'il sera en situation de double tâche, il fera mal une des deux. Puis la chercheuse parle des difficultés des élèves dyspraxiques, qui maîtrisent mal leurs mouvements et doivent se concentrer dessus pour pouvoir les faire correctement. Le mot n'est pas très connu, mais ce qu'il recouvre est aussi courant que la dyslexie et touche 5 % des enfants de 6 à 11 ans. Or ces enfants se retrouvent très régulièrement en situation de double tâche. Lors d'une dictée par exemple, une partie des ressources de l'enfant est accaparée par le traçage des lettres et il n'a plus assez d'attention pour l'orthographe. Caroline Huron fait ici un parallèle avec les myopes : on n'entraîne pas ces derniers à voir, on leur donne des outils qui s'appellent des lunettes. Eh bien, il est possible de faire la même chose pour les dyspraxiques : leur donner des outils qui leur permettent de développer tout leur potentiel sans être gênés par leurs difficultés motrices. Ces enfants qui se sentaient mal peuvent ainsi reprendre confiance en eux.

La dyspraxie a appris à Caroline Huron, comme chercheuse et comme mère, combien les enfants sont courageux et capables de mettre de l'énergie à bien faire, et combien un enfant bien outillé peut se révéler excellent. Donc, lorsqu'un enfant ne fait pas ce que nous lui demandons de faire, la première question à se poser est celle-ci : « Est-ce qu'il peut le faire ? »

Bien gérer ses personnages

À côté du personnage principal, il y a aussi des personnages dits « secondaires », qui ont une fonction précise dans l'histoire : leur rôle n'est pas d'avancer, mais de faire avancer le personnage principal. S'ils évoluent, tant mieux, mais ce n'est pas le cœur de l'histoire. Surtout quand il s'agit d'une prise de parole de moins de 20 minutes.

Si on décrypte le rôle des personnages secondaires de Bowling for Columbine, *voici ce que l'on trouve :*

- *Michael Moore dans le rôle d'un Candide qui cherche à comprendre ce qui s'est passé ;*
- *la National Rifle Association (association de promotion des armes à feu) représentée par ses adhérents et sympathisants (notamment Charlton Heston) ;*
- *les anti-armes à feu, citoyens ordinaires ou militants engagés ;*
- *les citoyens lambda, habitants de Columbine, personnel du lycée, témoins, personnalités, etc.*

Peu ou prou, tous les individus qui prennent la parole dans le film appartiennent à l'une ou l'autre de ces catégories de personnages secondaires. Ils ont chacun peu de temps à l'écran et ont de multiples visages. Mais l'histoire en fait est assez simple. Ce qui la rend très lisible, même si beaucoup de personnes ont la parole.

Dans leur talk de 2013, Gabrielle et Déborah Portnoï évoquent leur histoire d'enfants entendants nés de parents sourds (www.qavad.fr/Portnoi). Elles y parlent d'elles, de leurs parents, de leurs tantes, de leur nounou, de Sarkozy et de Hollande, de Cahuzac quand il assurait « les yeux dans les yeux » n'avoir jamais eu de compte en Suisse, d'interlocuteurs anglais et de quelques autres personnes aussi. Cela fait beaucoup de personnages, mais tous sont secondaires. Le personnage principal, c'est la culture particulière des personnes sourdes qu'on peut aussi appeler le « continent sourd ». Il est offert au regard des entendants qui regardent et écoutent le talk. Dans cette histoire, les protagonistes sont confrontées à des événements et tout cela dessine en creux une nouvelle lecture de ce qu'est le « continent sourd ». Ce personnage principal évolue à mesure que l'histoire progresse et toutes les personnes évoquées, tous les faits racontés ne sont que des personnages secondaires au service du portrait du personnage principal. Cahuzac n'est pas sourd, pourtant son exemple alimente la réflexion sur le langage des sourds. Toute cette matière montrée différemment invite les auditeurs à passer d'une vision plutôt restreinte et sans intérêt (« je ne comprends rien aux sourds et peu m'importe ») à un portrait beaucoup plus riche qui pourrait les intéresser.

Même dans des interventions plus orientées sur l'entreprise, on peut trouver des personnages secondaires. Dans une prise de parole remarquée devant les étudiants de HEC en 2016, Emmanuel Faber, patron de Danone, a évoqué son frère, interné plusieurs fois en hôpital psychiatrique (www.qavad.fr/EmmanuelFaber). Pourtant, ce frère qui nous reste en mémoire n'est qu'un personnage secondaire. Fondamental certes, mais ce n'est pas sa transformation que nous allons suivre. L'histoire est celle d'un homme (Emmanuel Faber) qui a eu à gérer un grand écart entre deux mondes ; l'un brillant de mille feux et réussites, l'autre plus cabossé et nettement moins glamour, mais tellement plus essentiel aussi, viscéral, voire vital pour lui. Le personnage principal est bien Emmanuel Faber : à travers son histoire, il va retracer les étapes parcourues, les chemins à prendre, les difficultés qui adviennent, et donner des pistes sur ce qu'on peut en faire, comment agir. Les étudiants qui l'écoutent s'y retrouvent, car ils sont sans doute eux aussi dans une interrogation du même ordre, entre la recherche de sens et la recherche de profit.

Dans une histoire, le personnage secondaire est là pour abonder dans le sens de la quête du personnage principal. Veillez à ce que vos personnages secondaires soutiennent vraiment le mouvement du personnage principal.

Le bal des personnages secondaires

La règle qui découle de celle qui précède est simple mais importante – et trop souvent négligée dans les prises de parole scientifiques. Et elle est toute simple : tout personnage qui entre dans une histoire doit y faire quelque chose. Dire une parole à quelqu'un, le faire se souvenir de quelque chose, tout est possible.

Si vous faites entrer un nouveau personnage (concept, lieu, etc.), le public, dont le cerveau habitué à écouter des histoires attend des choses précises des personnages, a besoin de savoir à quoi il sert. Et si le personnage sort de l'histoire, le public va attendre son retour à un moment ou à un autre. Car dans une histoire, un personnage ne sert jamais à rien. Faire entrer un personnage, c'est attirer l'attention de l'auditoire sur un nouvel acteur de l'histoire, dont on va chercher le rôle s'il ne nous est pas explicité.

Par exemple, le Petit Chaperon rouge rencontre un chasseur en arrivant dans la forêt. Ce sera le même chasseur qui viendra la sauver quand le loup essaiera de la dévorer à la fin. Si le chasseur n'avait pas été là dès le début, on se serait demandé d'où il sortait et l'histoire n'aurait pas été vraisemblable. Ou bien, pour qu'elle tienne debout tout en ayant la même fin, il faudrait que le chasseur conseille au Petit Chaperon rouge de crier de toutes ses forces s'il lui arrivait quelque chose. Ensuite, ayant fini de servir, il pourrait alors disparaître de l'histoire : menacé par le loup, le Petit Chaperon rouge appellerait au secours et des sauveurs surviendraient alors.

La même règle s'applique quand il s'agit de partager une découverte (en science par exemple) ou d'annoncer un changement d'orientation stratégique (dans le monde de l'entreprise). Tout nouveau concept (personnage) qui arrive dans l'histoire doit servir à quelque chose. Il est là pour faire une différence significative. Autrement dit, s'il n'est pas là, l'histoire ne peut pas avoir lieu *de cette manière*.
En entreprise, ne pas prendre le temps de bien présenter ce dont on parle est potentiellement générateur de problèmes. Si l'orateur parle d'un sujet, d'une personne, d'un projet, sans que l'auditoire identifie clairement à quoi cela sert dans l'histoire, cela génère de la méfiance, voire de la défiance. Peu pratique pour bien travailler !
L'intervenant scientifique a souvent tendance à être très exhaustif pour ne pas risquer de fausser son propos. Cette démarche l'amène régulièrement à vouloir intégrer une référence à chacune des sources citées. Et même si un excès de détails nuit grandement à la fluidité de la prise de parole (car non nécessaire à la compréhension), ce « pas de trop » est malheureusement très souvent franchi. L'exhaustivité est le contraire de la précision : être exhaustif revient à gaver son auditoire et à lui laisser faire le tri. Être précis, c'est sélectionner ce qu'on donne et le présenter de manière choisie.
Chaque personnage de l'histoire, donc chaque fait, argument, personne ou concept présenté, doit servir de manière visible à l'histoire.

Poser le décor

Personnages principaux et secondaires évoluent dans un décor, qui lui aussi raconte quelque chose. Un chevalier dans un château du Moyen Âge raconte quelque chose, un chevalier dans une boîte de nuit à New York aujourd'hui raconte autre chose. L'environnement est parfois à envisager comme un personnage, surtout s'il est trop éloigné des repères de votre auditoire.
Dans le modèle SPOC, le S de la situation de base inclut ce contexte dans lequel se déroule l'action. Quel est le décor, le lieu, quels sont les usages, quelles sont les relations entre les protagonistes, etc. Bref, qui est qui dans quel contexte ?

Répondre à cette question permet de savoir avec quels éléments l'histoire va se dérouler. De comprendre les implicites, le bien-fondé de l'histoire, d'en établir une base solide. Et pour qu'elle soit solide, il y a besoin de la poser.

Pour rappel, une prise de parole doit se suffire à elle-même. Dit autrement, le décor doit être posé dès le début afin de donner à tous les auditeurs une référence commune. Ce qui peut se faire en racontant une histoire plutôt que par une longue description.

Posez-vous la question : est-ce que le public doit faire des recherches complémentaires pour comprendre l'histoire et son contexte ? Si la réponse est oui, vous avez encore du travail à accomplir pour mieux poser le décor et les relations entre chacun des personnages. D'autant plus quand le sujet est très technique.

> *L'astronome américaine Wendy Freedman a mené la construction du télescope géant Magellan. Dans un TED Talk de 2014, elle présente son sujet de manière très progressive, introduisant l'un après l'autre tous les éléments du décor. Même les personnes qui ne connaissent rien à l'astronomie et à l'observation des étoiles peuvent comprendre son propos et acquérir de nouvelles connaissances (www.qavad.fr/TelescopeMagellan).*
>
> *Wendy Freedman aurait pu dire : « En toute logique, le télescope sera installé dans les Andes. » Si on connaît un peu le sujet, on comprend. Dans le cas contraire, le public est perdu, il ne comprend pas le décor.*
>
> *Mais elle a choisi de raconter ce lieu de la cordillère des Andes chilienne et son ciel pur, lieu magique loin de toute technologie. Elle rappelle aussi que les êtres humains ont toujours contemplé le ciel en s'interrogeant sur la nature de leur existence, et notre génération ne fait pas exception. Sauf qu'aujourd'hui, le ciel nocturne est moins noir à cause des lumières de nos grandes villes. C'est pourquoi les astronomes vont dans ces montagnes très reculées.*
>
> *En quelques phrases, elle a parlé de pollution atmosphérique et lumineuse sans les nommer, du besoin d'une nuit complètement noire pour observer les étoiles au télescope, de la tradition dans laquelle cette démarche s'inscrit et du sens qu'elle revêt. En posant*

le décor, c'est tout un socle qu'elle pose, qui permet à chacun de le (re)découvrir.

Et le suspense dans tout ça ?

Quand une histoire nous tient en haleine, on va la retenir plus facilement, parce qu'elle a provoqué des émotions en nous. Une manière de créer de l'émotion chez l'auditoire est le suspense. Mais comment le gérer ?
En identifiant l'élément sur lequel il porte.
Si on se demande d'où vient le suspense d'une histoire, la réponse rapide et un peu automatique est souvent : « On ne sait pas ce qui va se passer. »
Eh bien, c'est vrai, et c'est surtout faux !
C'est faux parce qu'on sait tous qu'un conte qui commence par « Il était une fois… » va bien se terminer (sinon il ne commencerait pas par cette phrase).
C'est faux parce que quand on voit la vieille dame, au début de *Titanic*, on sait qu'elle va survivre au naufrage (elle est là pour le raconter).
C'est vrai parce qu'on ne sait pas ce que fera le Petit Poucet et autres comparses des frères Grimm ou Perrault pour se sortir de la situation où ils se trouvent. Ou parce qu'on ne sait pas ce que la vieille dame a vécu sur le *Titanic*, avec qui, etc.
Dit autrement, le suspense ne réside pas tant dans la fin de l'histoire (le quoi) que dans la manière dont le personnage principal va y arriver (le comment).
Toute prise de parole a un implicite fort : *a priori*, la difficulté du début sera surmontée.
Cette difficulté peut aussi être mieux comprise, voire redéfinie. Ou encore sera pire qu'au début, parce qu'on n'avait pas vu telle ou telle chose. Mais dans tous les cas la situation aura avancé.
Au début de l'histoire, le public ne sait pas quelle variante va avoir lieu, ni comment elle va se dérouler. Ce qui remet l'accent sur l'importance de détailler le « comment » : c'est lui qui à la fois crée le suspense ET permet à l'auditoire de modéliser les comportements

racontés (qu'il pourra ensuite éventuellement reproduire ou adapter dans une situation similaire à celle présentée).

Dans son talk de TEDGlobal 2017 (www.qavad.fr/Zipline), Keller Rinaudo commence par rappeler que, pour beaucoup de gens, les projets technologiques ne peuvent pas se produire en Afrique, parce que cette région du monde est plus occupée à gérer son retard qu'autre chose. La phrase qui suit ce constat est : « Rien n'est plus faux que cela ! »
*La prise de parole a commencé depuis 30 secondes seulement, mais l'auditoire sait déjà que l'intervenant va démontrer le contraire de sa première affirmation. Pourtant, il ne sait pas du tout comment. Le suspense est là dès le début, avec une déclaration très forte qui surprend. L'Afrique n'est pas perçue comme la Silicon Valley ou le Japon, tenants de l'innovation technologique. Dire que rien n'est plus faux crée une attente forte, du suspense donc**.

Cette approche est aussi largement utilisée dans les séries. Dans « Colombo », par exemple, le spectateur sait dès le début de chaque épisode ce que doit trouver l'inspecteur, et qu'il va élucider le meurtre. Mais il ne sait pas comment il va y arriver. C'est la même chose pour « Dr House » : ce médecin génial va découvrir la maladie mystérieuse, mais on ignore tout de ce qui le mettra sur la voie.

* Pour ne pas vous laisser sur votre faim, sachez que Keller Rinaudo a mis au point, avec son équipe, un service de livraison de sang et de médicaments par drones, géolocalisés en temps réel. L'expérience, en œuvre au Rwanda et en Tanzanie, permet de réduire les temps d'acheminement, donc de ne plus perdre une goutte de sang pour une question de délai d'acheminement.

Une bonne histoire, une question de survie

Avez-vous remarqué que toute personne qui pratique une activité un peu intense à qui vous demandez de raconter une de ses aventures va commencer par ses pires galères ?

Qu'il s'agisse d'une marche en haute montage, d'une randonnée un peu musclée, d'un vol en parapente, d'un périple en bateau ou d'aller découvrir des endroits très reculés, tout le monde raconte surtout les mésaventures et horreurs qu'il a vécues. Cela peut même occuper tout le récit et les narrateurs passent très peu de temps à évoquer les plaisirs et moments de pur bonheur de l'expérience.

Parfois, quand il y a un ou deux néophytes dans un groupe aguerri, le contraste est saisissant : tous les aguerris parlent avec entrain des pires moments qu'ils ont traversés pendant que les néophytes ne comprennent pas en quoi toutes ces horreurs sont si enthousiasmantes !

On ne raconte souvent que les moments les plus horribles, car raconter l'histoire de ce moment est le meilleur moyen pour transmettre l'expérience et, pour les auditeurs, de savoir quoi faire dans telle ou telle situation. Et dans certains cas où il y a des enjeux de blessure, voire de vie et de mort, c'est une question de survie.

L'histoire a, dans ce contexte, la fonction de sauver des vies. La narration d'une manière de faire qui a permis de rester vivant donne au public les moyens de modéliser cette manière et de pouvoir au besoin la reproduire. Dans cette structure, il y a deux informations fondamentales :

- identification et compréhension du danger : voir quelle est la situation dangereuse, ce qui est vraiment en jeu, et quand le danger n'est pas évident, prendre le temps de l'identifier et de le qualifier ;
- explicitation des comportements adoptés : le but est de savoir quel comportement donne quel résultat. Ce qui met en lumière les comportements à avoir ou à éviter. C'est aussi pour

cela que le public apprécie les histoires qui finissent mal car elles aussi nourrissent notre expérience.

L'expérience n'est pas transmissible. Pour autant, une histoire racontée permet d'être témoin de l'expérience des autres et c'est aussi une première occasion de se l'approprier. Elle offre à ceux qui l'ont écoutée de ne pas être pris totalement au dépourvu dans une situation similaire.

L'histoire est un des rares outils qui offrent en raccourci un regard à la fois sur ses acteurs et sur l'environnement. Ce n'est pas tant le chemin parcouru que la manière de le parcourir qui intéresse le public. S'il voit ce chemin, alors il pourra le parcourir à son tour, avec son histoire et sa manière de faire.

De 5 à 25 ans, j'ai passé un bon mois en bateau chaque année. Ce qui représente plus de deux années en cumulé. Au port, nous rencontrions d'autres personnes qui naviguaient et presque chaque fois, après un dîner, un apéro, ou quelques bières au pub, venait le moment où nous échangions sur les moments compliqués que nous avions pu vivre en mer. Sous couvert de lien social ou d'alimenter une discussion, nous nous échangions ce qu'aujourd'hui on appellerait « des bonnes pratiques » face aux difficultés rencontrées.

Avoir une bonne histoire (autonome, compréhensible, claire, sans information parasite, structurée) est ici une manière d'aider à la survie d'autres personnes dans ce milieu hostile qu'est la mer. Par gros temps, au lieu de n'avoir que notre seule expérience dans notre « boîte à outils », nous en avons plusieurs, empruntées pour partie à nos camarades marins et conteurs.

Pour votre prise de parole (sans aller jusqu'à vous mettre en milieu hostile), demandez-vous quelle difficulté vous voulez vraiment aider l'auditoire à résoudre, quel problème vous voulez lui éviter.

Ce morceau d'expérience, cette tranche de savoir est le cadeau que vous faites à vos auditeurs. Ce que vous ne pouvez pas ne pas leur dire.

En quoi est-ce un problème ?

Une histoire est d'autant plus intéressante, et potentiellement palpitante, que le problème (le P du modèle SPOC) est important. En bateau, quand on risque sa vie ou des dégâts importants parce qu'on n'a pas fait attention à un rocher ou à un courant, l'intérêt d'écouter une histoire qui nous dit comment gérer la situation est évident.

Certains problèmes évoqués dans une prise de parole peuvent ne pas concerner directement tel ou tel public, voire en être très éloigné. Comment faire alors pour lui signifier que ce problème est digne d'intérêt ? À la fois pour l'intérêt du récit et pour celui du public.

Il s'agit de poser les éléments de ce problème d'une manière qui va intriguer l'auditoire, de rendre la situation exposée inconfortable ou douloureuse afin qu'il y ait un vrai bénéfice au changement. S'il n'y a pas une bonne raison pour résoudre le problème, l'histoire ne tient plus debout.

> *Le problème du prince dans* La Belle au bois dormant, *c'est que la princesse est prisonnière du dragon. Les options du prince sont multiples : se dire qu'il n'aime finalement pas suffisamment la princesse pour risquer sa vie à la sauver, qu'il ne va quand même pas tuer un dragon parce que c'est une espèce rarissime et que ce serait mauvais pour la biodiversité, etc. Bref, que la princesse soit endormie et emprisonnée est certes triste, mais est-ce vraiment un problème ?*
>
> *Pour en faire un vrai problème, le narrateur a choisi de lier les deux protagonistes par un amour d'une intensité qui fait rêver, que la princesse soit tellement belle et intelligente qu'on ne peut pas passer à côté, que le prince soit tellement beau et fort qu'on ne peut pas passer à côté, et que les deux réunis représentent un archétype dont on aimerait potentiellement se rapprocher.*
>
> *Une fois que tout ceci est posé, alors la séparation est un vrai problème. Ce qui est négociable n'est plus pour le prince d'être ou non avec son aimée, mais le niveau de danger qu'il lui est possible d'affronter pour retrouver la princesse.*

Dans une prise de parole, vous allez retrouver le même enjeu : poser le décor de telle manière que le public voie que c'est un problème. C'est-à-dire parler de quelque chose qui fait souffrir, pour une personne, une entreprise, une organisation, un pays, un écosystème, etc.

Jason Fried est le cofondateur de 37 Signals, entreprise américaine à l'origine de Basecamp, un outil Web de gestion de projets. Dans un talk à TEDxMidwest (www.qavad.fr/JasonFried), il décrit ce que sont des bureaux : un lieu dans lequel nous sommes censés travailler. Tout tourne autour de ce point : de l'argent est dépensé pour créer ces lieux et les entretenir, ils sont équipés et conçus pour le travail. Pourtant, quand il pose la question « Où avez-vous vraiment besoin d'aller quand vous voulez vraiment qu'une tâche soit réalisée ? », les réponses qui lui sont faites ne sont pas celles attendues : presque personne ne répond « au bureau » et il révèle que, à la fin de la journée, beaucoup de gens ont l'impression de n'avoir rien accompli au bureau.

Ce sujet parle potentiellement à chacun de nous. Que l'on soit employé, manager, dirigeant ou indépendant, chacun peut comprendre cela, voire s'y relier. Et parfois mal vivre cette contradiction (émotionnellement, hiérarchiquement, économiquement…). Alors que le bureau est le lieu conçu pour faire son travail. « Je dois aller au bureau » et « Je dois faire mon travail » sont deux éléments forts, pas tellement négociables. Donc comment gérer ce problème ?

Jason Fried a exposé une situation qui se révèle problématique pour plusieurs parties prenantes : les employés, les managers et dirigeants, l'entreprise. La tension mise en lumière est réelle et nous donne envie d'écouter la suite.

Quand le sujet est plus éloigné du public, la proximité ne peut pas toujours jouer pour l'inciter à se plonger d'emblée dans la problématique exposée. Le but n'est donc pas de trouver un problème qui concerne le public, mais de trouver un problème qu'il peut comprendre. Ce qui implique de lui en donner les moyens. Pour cela, passez du temps sur l'exposé de la Situation (le S du modèle SPOC), ce qui inclut de poser le décor et les personnages.

*Quand Ameenah Gurib, spécialiste de la biodiversité**, *parle sur la scène de TEDGlobal en 2014 (www.qavad.fr/gurib), moins de 1 % de la salle partage ne serait-ce que quelques bribes de son expertise. Le but de son intervention n'est pas de nous transformer en éminents spécialistes, mais de nous donner les moyens de saisir les enjeux de ce qui se joue. Elle va donc planter le décor qui nous permettra de comprendre ce dont il est question.*

En deux minutes, elle délivre plusieurs informations: c'est un privilège pour elle de travailler dans un des lieux au monde où la biodiversité est la plus riche, cet archipel, où elle est, a été béni avec des plantes uniques qu'on ne trouve nulle part ailleurs. Elle rappelle que nous avons tendance à ignorer la biodiversité et que, de ce fait, nous continuons à détruire de précieuses ressources. Ce sont des idées que tout le monde comprend et auxquelles on peut adhérer assez facilement.

L'intervenante pose ensuite les choses différemment en proposant deux manières de regarder la situation auxquelles nous n'avions pas forcément pensé : quand le dernier spécimen de telle plante a disparu de la surface de la Terre, nous avons perdu tout un sous-ensemble de la biologie de la Terre. Une plante n'est pas qu'une espèce, elle est aussi un sous-ensemble de la biologie, avec ses propres modes de fonctionnement. Ce que nous oublions en tant que non-scientifiques.

Ameenah Gurib continue en indiquant que des plantes importantes, aux vertus médicinales, pharmaceutiques, nutritives et même ethno-vétérinaires, sont perdues à jamais.

Pour les non-spécialistes que nous sommes, la biodiversité n'est pas directement reliée à notre quotidien et nous n'en mesurons pas toujours les enjeux. Parler des implications concrètes, de la perte possible d'une espèce de plante, rend tout de suite les choses plus

* Elle a été présidente de la République de Maurice de juin 2015 à mars 2018.

réelles, et nous pouvons nous représenter les effets de cette perte dans des domaines variés (et l'oratrice peut raisonnablement supposer que chacun d'entre nous se sentira alors concerné par au moins l'un de ces domaines).

« En quoi est-ce un problème » est une question à laquelle toute prise de parole doit répondre. Si l'audience connaît le sujet, il s'agit de passer du temps à montrer où ça coince (et éviter ainsi que le problème soit minimisé). Si l'auditoire ne connaît pas le sujet, il convient de lui montrer ce qui est en jeu (et lui permettre ainsi de comprendre le problème).

Que décrit l'histoire que vous racontez ?

Une histoire conduit un héros ou une idée d'un point A à un point Z en lui faisant passer diverses étapes. Et on pourrait croire alors que c'est fini. Mais non. La Fontaine l'a largement illustré dans ses fables.

Les plus connues ont une morale explicite, le plus souvent énoncée dans les dernières lignes, mais parfois dès les premières. Ces morales disent ce qu'il faut retenir de cette histoire.

Dans « Le Corbeau et le Renard », le renard nous apporte un nouveau savoir : « Apprenez que tout flatteur vit aux dépens de celui qui l'écoute. » Dans « Le Lion et le Rat », nous apprenons, pour l'avoir vu à l'œuvre, que « patience et longueur de temps font plus que force ni que rage ». Celle de la fable « Le Loup et le Chien » n'est pas écrite noir sur blanc, mais il n'est pas très difficile de la déduire : il vaut mieux être pauvre et libre que riche et chargé d'obligations.

La morale des fables est donc « l'histoire que raconte l'histoire ». Dans « Le Loup et le Chien », aucun des protagonistes ne parle explicitement de la position qu'il choisit : la liberté parfois difficile pour le loup, l'asservissement à la richesse et au confort pour le chien. Pourtant il n'est question que de cela.

« L'histoire que raconte l'histoire » en est le *vrai sujet*, son propos réel, sa morale, et parfois la raison pour laquelle elle a été écrite. Pour aller un cran plus loin, il est encore plus intéressant de regarder la question que la morale nous incite à nous poser. « Le Loup et le Chien » offre une histoire binaire opposant la liberté (alliée à la pauvreté) et l'asservissement (allié au confort), nous invitant par cette construction contrastée à nous interroger sur notre propre comportement : faut-il sacrifier sa liberté en échange de sécurité et bien-être ?

Pour toute histoire entendue ou racontée, vous pouvez vous demander « quelle histoire raconte l'histoire ». Certains appellent cela le message. On le trouve dans tous les domaines : artistique, scientifique, technologique, en entreprise, etc.

> *Un dirigeant devait intervenir devant des pairs pour les inspirer par sa propre réussite. Dans une première version, il retraçait son expérience personnelle et professionnelle, parlait des questions qu'il s'était posées et comment il avait pu améliorer ses résultats par les solutions qu'il avait mises en place. Très bon à l'oral et taquin, il aurait facilement pu emporter la salle. Mais avec quel résultat pour les auditeurs ? À la remarque : « Bravo pour le parcours. Et maintenant, comment les personnes qui vous écouteront pourront-elles obtenir le même résultat ? », il a répondu en riant : « C'est simple, il faut être moi ! » En l'occurrence, « l'histoire que raconte l'histoire », c'est qu'il fallait être lui.*
>
> *Sauf que cela n'aiderait en rien son auditoire. Il lui a donc fallu retravailler son propos en choisissant ce qu'il voulait vraiment transmettre, en parlant de ce qui avait été un déclic pour lui. L'histoire que racontait son histoire est alors passée de « Devenez moi » à : « Voici le chemin que j'ai suivi pour arriver au succès. Quel sera le vôtre ? » Chacun dans l'assistance est reparti avec quelque chose de beaucoup plus concret, qu'il pouvait appliquer ou modéliser.*

Dans les TED Talks comme dans beaucoup d'interventions en public, la « morale » se mêle classiquement à l'« Appel À l'Action » (AAA*). Comme pour la morale, il existe trois sortes d'AAA :

- un AAA implicite ;
- un AAA explicite et qui dit ce qu'il faut faire ;
- un AAA explicite et qui invite à réfléchir/se positionner.

Un AAA explicite doit être pragmatique et pouvoir être mis en œuvre tout de suite par les auditeurs, ou dès le lendemain. Cela permet la continuité de l'histoire pour le public, et surtout son appropriation. Car alors les personnes qui écoutaient passivement deviennent actives. Elles prennent la main, font désormais partie de l'histoire et la prolongent.
Pour votre prise de parole, demandez-vous comment le public peut continuer le mouvement initié par votre histoire. Quel premier pas lui permettez-vous de faire, qui va lui apporter quelque chose ?

Synchroniser histoire et morale

Revenons aux contes de fées. L'histoire du Petit Poucet est celle d'un enfant qui arrive à survivre. Une morale non explicite possible serait : comme ceux qui sont censés te protéger peuvent t'abandonner, et même te piéger, si tu veux t'en sortir ne compte que sur toi-même et ton intelligence. Pas très joyeux…
Avec *La Belle au bois dormant*, ce n'est pas tellement plus reluisant. Une femme ne peut pas être heureuse par elle-même, elle a besoin d'un prince charmant qui la trouve et l'aime suffisamment pour la délivrer de sa condition. Donc les femmes doivent rester disponibles, c'est leur (seule) planche de salut.
Mais les hommes ne sont guère mieux lotis. Pour être heureux, il leur faut trouver une princesse et être capables de terrasser le dragon qui fait obstacle à leur bonheur. Ça ne met pas du tout la pression…
Moralité : ne ressentons pas la peur (et d'une manière générale tous

* Je reviendrai sur l'Appel À l'Action (AAA) au chapitre 3, « Écrire », p. 83.

nos sentiments autres que la colère) et aguerrissons-nous pour nous battre.

Cette lecture des contes et de leurs morales est certes iconoclaste, pourtant rien ne l'empêche. Avec les fables, c'est différent puisque la morale est toujours très en phase avec l'histoire et ne permet donc pas ce genre d'écarts. Pour votre prise de parole, prenez le temps de vous poser la question : « Si je ne m'appuie que sur cette histoire en oubliant tout le reste, quelle morale puis-je en tirer ? »

Si vous constatez que cette morale est complètement à l'opposé de ce que vous voulez raconter avec votre histoire, changez alors l'histoire pour qu'elle soit synchronisée avec la morale avec laquelle vous avez envie que les auditeurs repartent.

Les prises de parole qui nous marquent positivement sont celles dont l'histoire et les morales (explicite et implicite) vont dans le même sens. Parce qu'elles sont nécessairement synchronisées. Veillez à faire ce travail dans votre prise de parole afin de lui donner de l'ampleur.

> *En 1963, dans son célèbre discours « I have a dream », Martin Luther King parle d'une Histoire injuste qui ne respecte pas l'émancipation des Noirs proclamée par Abraham Lincoln cent ans plus tôt. Même si le racisme est toujours là, bien présent, son appel à l'égalité n'invite pas à lutter contre les Blancs (ce qui voudrait dire que Blancs et Noirs ne sont pas égaux) mais à œuvrer tous ensemble : « Nous serons capables de travailler ensemble, de prier ensemble, de lutter ensemble, d'aller en prison ensemble, de défendre la cause de la liberté ensemble, en sachant qu'un jour nous serons libres*. »*
>
> *Ce qu'il raconte, c'est l'histoire du peuple américain non plus divisé, mais unifié dans des situations réelles, concrètes. Parce que Martin Luther King a fait exister cette réalité dans l'histoire et que chacun la comprend facilement, son discours est modélisant ;*

* Source : http://www.jeuneafrique.com/168911/politique/i-have-a-dream-le-texte-int-gral-en-fran-ais-du-discours-de-martin-luther-king/.

il devient alors bien plus simple de mettre en œuvre concrètement les idées qui l'animent.

3

Écrire

Ce qui se conçoit bien s'énonce clairement
et les mots pour le dire arrivent aisément.
Nicolas Boileau

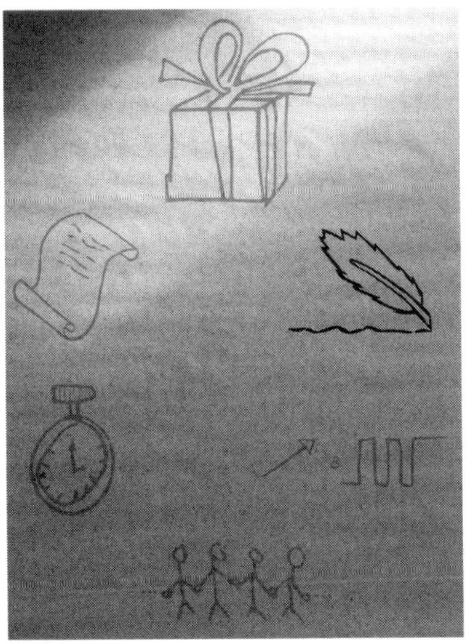

Prendre la parole au sens propre, parler devant un public, est un travail d'oralité. C'est de la parole parlée plutôt qu'écrite. Et sauf à parler comme un livre, nous n'écrivons pas de la même manière que nous parlons. Pourtant, il est bénéfique, dans toute prise de parole en public, de faire passer son discours par une phase écrite. C'est un moment de la préparation où vous allez écrire votre intervention, à la virgule près.

Pas pour apprendre le texte par cœur. Mais pour vérifier qu'il fonctionne aussi de cette manière, que votre propos « passe » aussi quand il est posé sur ce support aux avantages et inconvénients propres. Écrire permet en outre de vous donner à voir (et plus uniquement à entendre) ce que vous avez à dire. Cela aide à travailler le texte en prenant le temps de s'arrêter sur les mots, les manières de dire. Cela vous laisse le temps de chercher.

Écrire d'abord ou parler d'abord ?

Cela dépend, les deux ont du sens. Cela dépend surtout de ce que vous sentez. Le mieux reste de suivre l'adage de Maria Montessori : « Cultivez la terre là où elle est fertile. »

La question devient alors : où est-ce que, pour vous, cela vous semble plus fertile de commencer : par l'écrit ou par l'oral ? Pas théoriquement, ou selon des schémas de pensée que vous avez adoptés, mais pour vous, profondément.

Pour certaines personnes très habituées à l'écrit, il sera plus facile de commencer par écrire plutôt que de parler. Au clavier, au stylo, au crayon, selon les préférences de chacun.

Pour d'autres, il sera plus simple de se mettre en situation debout, face à un auditoire imaginaire ou une caméra, et de parler en s'enregistrant avec son téléphone (ce qui facilitera ensuite la retranscription).

Une autre approche consiste à engager avec quelqu'un une discussion sur le sujet, sur le mode de l'échange libre ou de l'interview, et de l'enregistrer pour en faire ensuite une retranscription qui aidera à identifier les éléments saillants.
D'autres encore vont écrire, puis s'enregistrer en train de lire leur texte, pour pouvoir ensuite écouter ce qui, à l'oreille, « passe bien » ou ne passe pas du tout, et enlever alors des passages, en ajouter d'autres.
Quel que soit le dispositif, posez-vous une question quand vous travaillez à votre prise de parole : quelle est la manière de commencer qui vous parle, à vous ? Mais quel que soit le point de départ que vous adoptez, sachez que disposer à un moment d'un texte apporte beaucoup de valeur à la prestation finale.
Il existe autant de manières de procéder qu'il existe de personnes et c'est tant mieux ! Cela permet d'avoir – en plus d'une matière unique – un style unique. Chaque personne a ainsi l'occasion de dire ce qu'elle a à dire sur un sujet précis, d'une manière singulière qui n'appartient qu'à elle.

Lors d'un colloque interne pour une grande entreprise, un entrepreneur externe devait prendre la parole sur l'importance de la relation client et ses différentes modalités (face à face, téléphone, mail, Internet, chat, etc.). Il est d'abord parti de ce qui lui venait à l'esprit, avec des exemples personnels ou lus. Il a pensé à sa banque, à la manière dont Michel & Augustin tissaient aussi des liens avec leurs clients à travers la communication, puis à Apple avec les Apple fans des débuts, puis à la digitalisation de cette relation, ce qui lui plaisait en tant que client, ce qu'il avait observé en tant qu'entrepreneur, des liens d'articles qu'il avait lus pour avoir des données, etc. Pour certains éléments, il notait juste une référence, pour d'autres un article, pour d'autres encore il s'enregistrait sur son téléphone en train de parler, ou il écrivait un paragraphe entier, ou prenait des notes dans des discussions avec un client.
Peu importait la manière dont il produisait du contenu, l'important était de travailler avec lui là où il avait de l'énergie. Lorsqu'il a décidé de passer à l'écriture, nous avons organisé toute cette

matière autour d'un fil narratif (l'histoire). Il est alors apparu que certains exemples racontaient la même chose, alors qu'il manquait de références ou d'illustrations à certains endroits. Cela a dessiné le canevas de son intervention, avec des zones à alléger, d'autres à enrichir.

Sa manière de commencer combinait l'écriture et le parler. Le travail a consisté à le suivre à chaque fois qu'il avait de l'énergie et de l'envie, quelle que soit la forme. Quand il y a de l'énergie, on n'est souvent pas très loin du cadeau (qu'il ait été exprimé ou pas encore).

La phase d'écriture amène à structurer un propos à partir d'une matière première, qui peut avoir n'importe quelle forme : note, enregistrement oral, paragraphe rédigé, film, dessin…

Embrasser tous ces types de collecte permet de recueillir de la matière première, pour faire ensuite le tri adapté.

Est-ce que ce que je dis résiste à l'écrit ?

Quand nous lisons un texte, aucune personne physique n'est là pour augrémenter le texte de sa corporalité, de sa présence, voire de son talent. Même si nous imaginons une personne (ou nous-même) en train de lire ce texte, tout se passe dans la tête, et il manque la dimension physique et auditive. Un texte dactylographié ou imprimé, comme celui que vous êtes en train de lire, a finalement très peu de « personnalité non verbale* ». Sa personnalité non verbale se limite à la police de caractère, ou type de papier ou à la qualité de l'écran…

Avoir à un moment le texte de sa prise de parole écrit sous les yeux, dans son plus simple appareil on pourrait dire, fait que nous l'évaluons uniquement par une forme écrite. Pour voir, et non plus entendre, ce qu'il donne.

* « Personnalité non verbale » est très probablement un néologisme !

Un texte écrit sollicite moins les sens, il est moins directement stimulant émotionnellement qu'une prise de parole en public. Lire est une activité physique très peu impliquante pour une personne : c'est elle qui a la maîtrise complète du processus, car c'est elle qui lit les mots, chose qu'elle peut d'ailleurs instantanément arrêter de faire à tout moment.

Un texte écrit est pauvre au niveau des sensations physiques directes qu'il nous fait vivre*. Il n'est qu'un code que nous interprétons ensuite et qui n'a en soi aucune signification sensorielle propre (contrairement à la voix, qui peut être chaleureuse, faible ou forte, étranglée ou vibrante, etc.).

Pour illustrer à quel point l'écrit est un code, prenons quatre mots laotiens : ຕາຕະລາງ, ເບັນຫ່ວງ, ຄວາມສຸກ, ກອງປະຊຸມ. Si on ne connaît pas la langue ni sa transcription écrite, nous n'avons aucune idée du mot qui représente « table », « désespoir », « bonheur » ou « conférence ». L'information directe que nous renvoient nos sens sur ces formes ne nous aide pas à comprendre leur signification.

Passer d'une parole orale à une forme écrite permet de voir de quelle manière le fonds cognitif de ce qui est projeté est réellement présent, perceptible et compréhensible.

Écrire votre intervention vous astreint à la rendre logique, construite et cohérente. Car l'incohérence d'un texte ne peut pas être gommée par un jeu d'acteur.

Quatre intervenants devaient prendre la parole dans un séminaire d'entreprise, dont un avocat. Par sa maîtrise du verbe, des effets et d'une certaine mise en scène, ce dernier a enthousiasmé la salle, bien plus que les trois autres intervenants. Si la forme était en effet brillante, avec une bonne introduction et une fin

* La nage est une activité qui provoque beaucoup de sensations physiques directes : la sensation de l'eau sur tout le corps, la température de l'eau, la modification de la propagation du son, la résistance de l'eau, etc. La lecture, elle, consiste à voir tout le temps les mêmes caractères de la même couleur (les lettres) répétés selon des assemblages différents (les mots) sur des lignes toutes droites pendant plusieurs pages.

enthousiasmante, le fond laissait toutefois plus à désirer et il était difficile de dire de quoi l'orateur avait vraiment parlé.
S'il avait écrit le texte de son intervention (ce qu'il n'a très probablement pas fait par manque de temps), il aurait pu déceler à la lecture qu'il manquait un propos clair qui aurait pu amener le public à comprendre précisément son discours. Une fois la conférence terminée, les auditeurs ont échangé librement entre eux. L'avocat avait été jugé très sympa par tous, mais personne ne parlait du contenu de son allocution. D'autres groupes de discussions ont évoqué les contenus apportés par les autres intervenants et se sont attardés sur les idées claires et précises qui leur avaient été présentées.

Un texte qui marche en soi, qui raconte quelque chose et qui fonctionne à l'écrit prendra une dimension supplémentaire à l'oral, car la base est solide. De même que la cuisine commence au marché avec le choix des ingrédients, la composition des phrases, avec un choix de mots adapté et un travail sur leur agencement, détermine la qualité de la prise de parole.

Les fables de La Fontaine sont apprises à l'école depuis des générations d'élèves. Le texte est si bien écrit qu'il supporte une diction moyenne et l'auditeur ne perd rien de son sens. Le texte se suffit à lui-même et diffuse son propos aux personnes qui le lisent ou l'écoutent. Lorsque Fabrice Luchini entreprend, à partir de 1996, de lire ces fables connues de tous, il y met un relief supplémentaire qui permet de redécouvrir un texte trop souvent ânonné et d'entendre encore mieux son propos. Si on examine les textes que l'acteur choisit de lire sur scène à partir de cette période, on ne trouve que des auteurs d'une grande qualité littéraire : Baudelaire, Hugo, Nietzsche, Céline. Beaucoup d'acteurs le disent : quand le texte est bon, pas besoin de cache-misère.

De nécessaires allers-retours à l'écrit

La phrase de Boileau qui introduit le chapitre : « Ce qui se conçoit bien s'énonce clairement, et les mots pour le dire arrivent aisément » donne souvent lieu à une interprétation erronée. Pour beaucoup, elle signifie que si les mots ne viennent pas aisément, c'est parce que les idées manquent de clarté. Certains pensent alors, confrontés à une difficulté à écrire, que leurs idées ne sont pas bonnes, alors que c'est leur expression qui est à revoir.

Le passage par l'écrit amène, voire oblige, à trouver une expression fluide. Travailler l'expression jusqu'à ce qu'elle coule toute seule permet de mieux éclaircir son propos, par conséquent de mieux le concevoir. De la même manière, affiner son idée, la rendre plus précise, aide à trouver des mots moins génériques, plus spécifiques et ajustés au sujet traité.

Le travail d'allers-retours entre ce que l'on a en tête et sa mise en forme écrite se fait par itérations successives, qui permettent d'aboutir à un texte d'une qualité bien plus grande.

Mentaliste, Rémi Larrousse est habitué à faire des conférences. En 2015, quand nous commençons à travailler sur son talk dont le thème est « Ouvrir l'horizon », il a en tête une performance qui utilise la technique du cadrage serré. Concrètement, c'est très simple. Demander à un enfant qui doit aller se coucher « Tu vas te coucher maintenant ? », c'est appeler des « Non », « J'ai pas envie », « Plus tard », « Je peux rester encore ? », etc. Lui demander « Tu veux te coucher dans 5 minutes ou 10 minutes ? », c'est induire une réponse sur le temps, et uniquement sur le temps. S'il dit 10 minutes ou négocie à 15, il sera entré dans le cadre de la question posée. Voilà ce qu'est un cadrage serré. Et ça marche avec tous les cerveaux, y compris adultes, même si cela demande un peu plus de finesse.

Mettre en scène le cadrage serré était bien en phase avec la thématique « Ouvrir l'horizon », mais nous ne savions pas comment Rémi Larrousse pourrait dire simplement de quoi il était question dans son talk. Parlions-nous de redonner de l'ouverture à notre cerveau, de pouvoir penser de nouveau dans un cadre qui nous est propre, de récupérer notre libre arbitre ? Chacune de ces notions nous emmenait trop loin du propos, que nous voulions à la fois démonstratif (voilà ce que cela donne une fois mis en œuvre) et didactique (voilà comment faire).

Nous avons travaillé des formulations qui avaient l'air de marcher à peu près à l'oreille : « Sortir des ornières de la pensée », « Quand le mentalisme ouvre l'horizon », « 15 minutes pour penser autrement », etc. Mais aucune n'était vraiment satisfaisante, aucune ne correspondait à ce que nous voulions offrir au public, à la fois une forme de spectacle ET un apport de connaissance.

À force d'itérations, nous avons identifié deux éléments clés : d'abord que le numéro marchait en grande partie sur le fait d'orienter les choix du public ; ensuite, que chaque fois que quelqu'un fait un choix, cela passe par une prise de décision. À partir de là, nous avons pu préciser l'angle du talk et son titre, qui est devenu « Quand un mentaliste fausse nos prises de décision ». Le talk donne en effet des clés pour améliorer nos prises de décisions, en nous montrant par une mise en scène que nous sommes tous manipulables, puis en révélant trois techniques de manipulation et les trois solutions qui permettent de les contourner. Le titre est devenu « Quand un mentaliste fausse nos prises de décision ».

C'est ce travail d'allers-retours entre « De quoi est-il question ? » et « Comment le dire ? » qui nous a amenés à trouver le propos exact, à définir l'angle du talk et en arrêter l'architecture, car nous savions quelle histoire nous allions raconter. Et le talk a enthousiasmé la salle (il est visible sur : www.qavad.fr/mentaliste).

Le mouvement d'écriture va dans les deux sens : et ce va-et-vient, ce tatônnement, permet de trouver ce qui vous va. Quand une formulation vous vient, notez-la. Et si ce n'est pas exactement celle-ci qui vous convient, c'est très bien aussi ! Cela vous fait avancer. Comme quand vous devez trouver un objet sur une table parmi d'autres, alors que vous avez les yeux fermés. À force d'explorations, vous allez trouver le bon objet et écarter ceux qui ne correspondent pas.

En jouant sur les deux tableaux (la conception de l'idée d'un côté et son expression de l'autre), vous allez pouvoir ajuster votre écrit jusqu'à ce qu'il soit fluide.

Est-ce que ce que j'écris résiste à l'oral ?

Une prise de parole en public est avant tout orale. Le travail à faire ici est d'évaluer si votre texte, même s'il est très bien écrit, passe bien à l'oral. Et plus précisément s'il passe bien quand vous le dites. Car on n'écrit pas comme on parle*. L'enseignement de notre langue nous conduit à écrire presque toujours avec un niveau de langage supérieur à celui que nous utilisons dans la vie de tous les jours. Or cette langue de tous les jours est celle que nous savons le mieux dire et prononcer, car nous y sommes entraînés ! On peut être très à l'aise pour écrire des phrases complexes – et parfois même jolies –, pleines d'arabesques et de tournures alambiquées, et pourtant compréhensibles, tout en étant incapable de les dire de manière fluide (comme cette phrase d'ailleurs, cas patent d'écrit qui ne résiste pas à l'oral).

Comment dire alors ce qu'on a écrit ?

Commencez par partir de votre texte, en repérant ce que vous arrivez à dire simplement, sans que cela vous demande trop d'effort d'articulation ou de respiration. Ce que vous n'arrivez pas à dire, notez-le : vous aurez probablement à retravailler cette partie du texte. Car si vous n'arrivez pas à le dire, c'est que les mots ne sont sans doute pas ceux de votre pensée exprimée à l'oral, ni ceux que votre bouche prononce habituellement.

À ce stade, il est important de voir où vous butez, d'identifier où ce que vous avez écrit est difficile à dire, voire peu fluide, car c'est une indication précieuse. Ce travail vous aide à identifier les endroits où cette manière de dire ne vous ressemble pas.

* Il est possible que ce livre (dont le sujet est une certaine oralité et dont l'intention est de vous faire ressentir par un écrit ce qu'est une prise de parole) soit une exception à cette règle !

De même qu'il est largement préférable de choisir des chaussures à votre taille pour être à l'aise, il est important, pour votre prise de parole, d'être à l'aise avec les mots que vous allez dire, de faire en sorte qu'ils correspondent à votre expression orale, à votre manière de parler, que ce soit bien vos mots, votre rythme, votre respiration.

> *Comédienne, metteure en scène, voix off ou de doublage pour des publicités, AnLo Piquet maîtrise parfaitement sa diction et est capable de dire à peu près n'importe quelle phrase sur n'importe quel ton, à des vitesses vertigineuses, tout en restant parfaitement audible et compréhensible. C'est une athlète de la parole. Ce que j'avais oublié lorsque nous avons travaillé sur son talk.*
>
> *Pour préparer son intervention à TEDxVaugirardRoad 2016, nous avions travaillé les idées et quelques points clés. Au moment où elle a commencé à dire son texte, et moi à l'écouter, je n'avais pas cet indicateur précieux qui permet de dire si le texte ressemble à la personne ou pas. Parce que, lorsqu'un texte ne ressemble pas à la personne qui le dit, elle bute sur les mots. Soit elle n'arrive pas à dire son texte, soit l'ensemble paraît lourd ou emprunté. Il y a une dissonance entre le texte et la manière dont il est dit. Avec AnLo Piquet, ce garde-fou n'existait pas. Nous n'avions pas ce repère auditif d'un texte qui ne « sonne » pas bien. Nous sommes donc passés par un autre chemin, en mettant notre attention sur le ressenti de l'oratrice quand elle disait les choses. Elle continuait à bien dire son texte, par déformation professionnelle, mais sentait parfois intérieurement que certaines phrases ne lui allaient pas. Nous avons alors ajusté la forme en fonction de ce ressenti et le talk final lui ressemble (www.qavad.fr/AnloPiquet).*

Avec la plupart des gens, surtout les néophytes de la prise de parole, l'énorme avantage est que si un mot, une expression ou une phrase ne va pas à l'orateur, cela s'entend tout de suite ! Même si l'orateur ne sent pas cette incongruité, les auditeurs l'entendent tout de suite. C'est d'ailleurs l'un des grands bénéfices de s'entraîner auprès de personnes que vous aurez recrutées pour cela.

Tout le monde ne parle pas de la même manière, et c'est tant mieux. Car cette différence est une richesse qui donne du relief et parle de l'identité de la personne, donnant de la personnalité à une allocution.
Mais comment faire pour que les mots que vous avez écrits passent aussi bien que possible quand vous les prononcez ? Voici un petit exercice qui peut vous aider.

EXERCICE

Lisez votre texte à voix haute et soulignez les endroits où vous butez, où la diction est laborieuse pour vous. Puis lisez à nouveau votre texte à voix haute, en vous enregistrant cette fois. Ensuite, écoutez l'enregistrement avec le texte sous les yeux pour identifier ce qui ne passe pas à l'écoute. Chaque fois que vous entendez une phrase, un mot ou une expression qui ne passe pas, surlignez-les.

Enfin, reprenez chacun de ces passages et testez différentes manières de dire la même chose comme si vous vous adressiez à un ami dans un bar, à un cousin, à une bonne copine. Dit autrement, dans la vraie vie, comment parlez-vous avec vos proches de ce sujet ? C'est probablement la bonne piste à suivre pour ajuster vos phrases.

Ajuster les phrases de cette manière vous permet d'être plus juste, plus proche de la personne que vous êtes vraiment. Partant de ce texte qui va vous ressembler de plus en plus à mesure que vous le travaillez. Toute la manière dont vous vous exprimez face au public (le paraverbal et le non-verbal) va peu à peu s'aligner aussi.

La règle des 7 - 38 - 55 d'après Mehrabian

Quand on parle de prise de parole, on cite très souvent les travaux du psychologue Albert Mehrabian*, en particulier une formule

* Aujourd'hui professeur émérite de psychologie à l'université de Californie

issue de ses études et qui conduit à décomposer une communication orale de la manière suivante :

- 7 % de la communication est Verbale, c'est-à-dire qu'elle passe par les mots employés ;
- 38 % est Vocale, c'est-à-dire qu'elle passe par la nature, la note, le timbre et l'intonation de la voix ;
- 55 % est Visuelle, c'est-à-dire qu'elle passe par ce que l'on voit sur le visage et dans l'expression corporelle de celui qui parle.

Même si nous sommes tous des êtres de langage et que ce livre vous invite à écrire chaque mot qui sera prononcé à l'oral, cette étude pourrait amener à penser que le texte a finalement bien peu d'importance car on ne parle que de 7 % de la communication.
Ce résultat étonnant, et d'une certaine manière contre-intuitif, remet en cause la sacro-sainte valeur du texte, du contenu et de sa mise en mots (seulement 7 % de la communication !). Il semble renverser les choses en faisant triompher cette fois la forme sur le fond.
C'est en fait un peu plus subtil.
Le résultat de ces études montre surtout que ce qu'il y a autour du texte est d'une importance majeure. Car cela véhicule *aussi* le message, le cadeau que vous voulez faire à l'auditoire.
Quand on se met dans la situation, on sent bien que les seuls mots ne suffisent pas pour qu'une prise de parole ait de l'impact, aussi bien écrit que soit le texte. Quelqu'un de très mal à l'aise en public mis devant 1 000 personnes ne deviendra pas un grand orateur, même avec un texte aussi fort que « *I have a dream* » de Martin Luther King.
Les travaux de Mehrabian mesurent à quel point la manière dont on dit les choses serait finalement plus importante que ce qui est dit. Ce qui va à l'encontre de la culture universitaire ou scientifique.
Certains en ont même tiré une règle dite des 7-38-55.
Sauf que ce n'est pas une règle.
Faire de ces trois pourcentages une règle est une interprétation abusive du résultat des travaux de Mehrabian, comme il l'a écrit

lui-même (www.qavad.fr/Mehrabian). Mais ces travaux n'en sont pas moins utiles dans ce qui nous occupe ici, à condition d'en connaître le détail.

Mehrabian rectifié

L'apport de Merhabian reste en effet majeur : c'est lui qui a mesuré l'importance des trois niveaux de la communication, Verbal, Vocal et Visage. Car oui, il y a bien une communication entre ces trois canaux.
Selon son auteur, l'équation 7-38-55 ne s'applique QUE lorsqu'une personne parle de ses sentiments ou de ses états d'esprit. Donc pas du tout pour un pitch commercial ou de découverte scientifique. D'autre part, l'équation exacte* est celle-ci :

Au sein d'une communication concernant ses sentiments ou états d'esprit, le fait qu'on l'apprécie est construit ainsi :

- **7 % vient du fait qu'on a apprécié les mots employés ;**
- **38 % vient du fait qu'on a apprécié la voix employée ;**
- **55 % vient du fait qu'on a apprécié les expressions faciales employées.**

Comme si cela ne suffisait pas, il semble que ces deux études aient été réalisées avec des biais très forts qui rendent leur validité scientifique quasi nulle**. (Pour rappel, on appelle « validité scien-

* Le texte source exact est : « *Total Liking = 7% Verbal Liking + 38% Vocal Liking + 55% Facial Liking. Please note that this and other equations regarding relative importance of verbal and nonverbal messages were derived from experiments dealing with communications of feelings and attitudes (i.e., like-dislike). Unless a communicator is talking about their feelings or attitudes, these equations are not applicable.* » Ce qui veut dire (en traduisant *liking* par « appréciation ») : « Appréciation globale = 7 % appréciation Verbale + 38 % Appréciation Vocale + 55 % appréciation Visage. Merci de noter que ceci et les autres équations concernant l'importance relative des messages verbaux et non verbaux viennent d'expérience à propos de communications de sentiments et d'état d'esprit (*i.e.* apprécier-ne pas apprécier). À moins qu'une personne ne parle de ses sentiments ou de ses états d'esprit, ces équations ne sont pas valables. »

** Source : www.qavad.fr/Mehrabian-science.

tifique» d'une expérience sa reproductibilité parfaite par toute personne reprenant le protocole expérimental.)

Mehrabian expliqué

Que retenir alors? Que dans toute communication orale, il y a bien trois niveaux: Verbal, Vocal et Visage. Que la manière dont votre prise de parole va être perçue dépend de ces trois niveaux avec, pour la partie émotionnelle, une large prédominance de ce qui n'est pas des mots, mais du corps: Vocal et Visage.

Or avez-vous remarqué que, lorsqu'on partage spontanément une émotion joyeuse, celle-ci est toujours visible – et non pas uniquement verbale?

Une personne heureuse de se marier, quand elle annonce son mariage, n'a pas besoin de penser à exprimer son bonheur par sa voix et son visage, cela vient naturellement. Un chercheur qui a découvert une nouvelle molécule ouvrant de nouvelles voies thérapeutiques peut être enthousiaste et le manifester avec une voix puissante et des yeux qui brillent, sans avoir à y prêter attention.

Dit autrement, la forme est une qualité émergente du fond. Plus le fond de votre propos vous correspond et plus il est précis, plus juste sera la manière dont vous en parlerez et plus juste en sera la forme. Comme disait Victor Hugo, «la forme, c'est le fond qui remonte à la surface».

Les mots que vous employez sont les fondations sur lesquelles repose votre prise de parole. Ils sont les ancrages à partir desquels vous allez retrouver les émotions dont vous parlez et, à partir de là, les vivre et les exprimer naturellement à nouveau.

> *Une personne heureuse d'annoncer qu'elle attend un bébé le dira toujours avec entrain, joie et spontanéité. Même si la nouvelle est partagée de nombreuses fois, l'émotion ressentie est du même ordre à chaque fois, la voix et les expressions du visage exprimeront encore cette émotion. Les mots importeront peu dans ce cas et les personnes ayant entendu la nouvelle se souviendront moins d'eux que de la voix chaleureuse et pleine, de l'expression joyeuse*

du visage, du corps plein d'énergie. Pour que ces expressions apparaissent, les mots sont les ponts qui rappellent ces sensations.
Pour les présentations de Steve Jobs, c'est exactement la même chose : lors sa célèbre présentation du premier iPhone, peu se souviennent de son texte. Beaucoup se souviennent de l'émotion que cette présentation a créée.

On pourrait presque dire que la voix et les expressions non verbales du corps sont les symptômes des mots bien choisis.
Ce qui est à retenir ici, c'est que les mots sont à bien choisir, pas tant pour marquer votre auditoire par une formule bien tournée mais qui ne signifie rien pour vous, mais pour qu'ils vous parlent à vous, profondément. Qu'ils parlent de vous, en fait, qu'ils soient le reflet de ce qui compte pour vous. Alors, votre voix et votre expression seront bien plus facilement alignées.
De Mehrabian, je ne retiens personnellement qu'une règle : ne dites jamais quelque chose en quoi vous ne croyez pas, sinon ça ne passe pas. En positif, cela donne : dites toujours quelque chose en quoi vous croyez.
Cela vous obligera à aller chercher en vous là où il y a de l'énergie et de l'envie, à entreprendre un vrai travail de fond sur l'écriture. Parce qu'une fois que vous aurez trouvé ce qui vous anime, vous aurez à cœur de trouver la formulation qui vous parle. Et comme elle vous parlera, votre voix et votre visage seront en phase avec cet élan. Ensuite, lorsque le fond est bon, la surface s'ajuste à cette qualité.

Dans le cadre d'une réunion interne d'un grand groupe, le patron d'un pays devait intervenir pour parler du choix de business model qu'il avait dû faire entre une option plutôt traditionnelle et l'autre plus novatrice mais plus risquée. En travaillant avec lui sur sa prise de parole, je me suis rendu compte qu'il éprouvait une joie réelle à parler chiffres, mètres carrés, d'intégration dans des plans d'urbanisation, malgré le caractère austère et pas très chaleureux de cette matière. Chaque fois qu'il en parlait, il s'animait avec énergie et fluidité. Au bout d'un certain temps, je lui ai demandé ce qui le faisait vibrer de cette manière, parce que son enthousiasme était vraiment communicatif. Il m'a alors répondu qu'il trouvait cela enivrant de construire des bâtiments où les gens vont vivre. Pour lui, son métier n'était pas le béton, c'était de créer des lieux de vie. Le béton, c'était le moyen employé. L'ajustement du business model était la modalité pratique permettant d'atteindre ses objectifs professionnels tout en continuant à créer des lieux de vie. Le mettre en mots lui a permis de poser ce qui l'animait et de l'inclure dans sa prise de parole, lui donnant alors une portée supplémentaire.

La phrase qui dit tout : le point de bascule

Quand une idée forte, voire *l'idée forte*, est là et s'exprime de manière fluide, elle dit presque tout du talk. Peut-être pas son contenu exact ni son déroulé, mais son point pivot. Qui n'appartient qu'à vous. Cela peut parfois être un titre, parfois nommer une problématique, mais c'est toujours la phrase qui marque, la signature du talk (la vôtre !). Celle qui apporte quelque chose de nouveau à l'auditoire.

Il arrive également qu'on trouve une phrase ou une expression qui sonne particulièrement juste dès le début du travail. Sans y avoir réellement pensé. Dans ce cas, cette phrase nous parle, résonne avec une intensité singulière.

Le travail d'explication de cette phrase va alors vous aider à transmettre à l'auditoire ce qu'elle signifie pour vous. Il s'agit plus d'une explication de sens que d'une explication de texte. Si cette phrase vous marque autant, elle intègre probablement plusieurs dimensions importantes pour vous.

Les devises ou les proverbes fonctionnent d'ailleurs selon ce principe. Leur formulation permet de regrouper beaucoup de sens différents. Nous allons mieux saisir la portée d'une maxime quand elle est placée dans un contexte précis.

En préparant une prise de parole, si une phrase fait « tilt » chez vous ou sonne mieux que les autres, c'est un bon indicateur : explorez ce qu'elle implique, pour vous et pour les personnes qui vont l'entendre.

D'après mes observations, il n'y a pas de méthode miracle pour trouver ou identifier cette phrase. Parfois, une conviction intime vous guide. Parfois une personne avec qui vous échangez vous signalera cette formule qui l'a particulièrement marquée ou qui a constitué un point de bascule pour elle. Cette phrase peut vous sembler banale et sans intérêt, ce qui est assez normal, car vous maîtrisez à fond votre sujet. Mais ce qui est une évidence pour vous peut être une réelle découverte pour les personnes qui vous écoutent.

Vice-présidente du design chez Dassault Systèmes où elle a créé le Design Studio, Anne Asensio, dans son intervention à TEDx-Clermont (www.qavad.fr/AnneAsensio), a parlé d'un dispositif mis au point avec son équipe qui rend le dessin en 3D accessible à tous et permet à chacun de retrouver le plaisir de dessiner éprouvé enfant.

En travaillant avec elle, nous avons cherché le point de bascule de son parcours, ce qui faisait qu'elle avait continué à dessiner, contrairement à presque tous les autres enfants. Ce qui a permis de découvrir que, à un moment de leur vie, le dessin avait cessé pour les enfants d'être un lieu d'expression de leur élan, de leur créativité, mais était devenu une activité soumise aux règles académiques. Changement fondamental qui explique que, sauf exception, les adultes ne dessinent plus (alors que tous les enfants le font !). Dans nos échanges, j'étais particulièrement attentif aux phrases spontanées et naturelles qui illustraient ce point de bascule, pour elle et peut-être aussi pour une partie de son public. Au cours d'une séance de travail sont apparues, sous une forme brute, des phrases nécessitant à peine un affinage ; l'une parlait de l'oratrice, l'autre était une analyse du processus en jeu.

Parlant de son moment de bascule, Anne Asensio a dit : « Cette permission de dessiner qui m'a été offerte par mon professeur de dessin au collège m'a libérée de cette idée fausse : que le dessin c'était difficile, que dessiner c'était bien faire. »

Tout est dans cette phrase : là où elle en était et là où en sont encore beaucoup d'adultes (qui disent ne pas savoir dessiner, alors que le

propos n'est pas de faire un « beau dessin », mais d'exprimer par ce média).
Cette phrase, cette découverte, a permis d'alimenter, dans le talk, comment le dessin était devenu difficile : quand le soleil à tentacules verts que l'enfant dessine spontanément devient, après quelques cours, un quart de rond jaune en haut à droite de la feuille, « comme tout le monde… ».

Avoir identifié le moment de bascule a mis en lumière ce qui était en jeu pour l'auditoire, afin qu'il puisse choisir s'il va continuer de considérer le dessin comme un code à respecter plutôt qu'un lieu d'expression.

Réduire pour augmenter l'intensité

Pour augmenter la saveur d'une sauce, on peut être tenté d'ajouter des ingrédients, alors que nous avons exactement besoin du contraire. De façon à augmenter l'intensité des saveurs, c'est-à-dire dire les concentrer, on va faire réduire la préparation*.
Pour le texte, c'est pareil. Afin de faire ressortir au mieux les idées fortes, obligez-vous à limiter le nombre de mots utilisés, ce qui augmente mécaniquement leur impact. Et c'est là que le travail sur le texte est particulièrement utile. Qu'il se fasse à l'écrit et/ou à l'oral, il consiste à affiner et choisir une expression de plus en plus concentrée. Le peintre Pierre Soulages, qui a beaucoup travaillé sur la couleur noire, dit ainsi : « Plus les moyens sont limités, plus l'expression est forte. »
En 2015, quand Monica Lewinski revient dans un TED Talk sur sa liaison avec Bill Clinton (www.qavad.fr/Lewinski), elle sort tout juste de dix ans de silence médiatique complet. Elle vient parler du prix de la honte, celui qu'elle a dû payer et celui qu'ont payé d'autres personnes dont la vie a été affichée sur Internet à leurs dépens. Son

* Au sens culinaire, où « réduire » désigne l'opération qui consiste à diminuer le volume d'une préparation par évaporation de l'eau contenue dans cette préparation.

talk retrace son itinéraire à partir de son stage à la Maison Blanche, auprès de Bill Clinton, homme séduisant, charismatique et laissant peu de personnes de marbre. Elle dit aussi combien cet épisode a eu d'énormes et inattendues conséquences pour elle, détruisant sa carrière et sa vie personnelle. Tout est résumé en une phrase : « À 22 ans, je suis tombée amoureuse de mon patron, et à 24 ans, j'en ai appris les conséquences dévastatrices. »

Par ce que nous savons de cette histoire, par ce qui est dit après, cette simple phrase résume, ou plutôt contient, toute l'histoire de l'oratrice. C'est court et simple. Cela dit tout ce que nous avons besoin de nous rappeler sur cette femme et sur les conséquences de cet épisode sur sa vie. Le reste ne serait que fioritures.

Afin d'être pertinent et perceptible par le public, le travail de réduction du propos doit être fait de telle manière que les auditeurs captent tout de suite ce dont l'intervenant parle, parce qu'ils se le représentent.

Passer d'expliquer à dépeindre

Pour une présentation en entreprise, une présentation scientifique ou technique, la tendance apprise sur nos bancs d'école est de vouloir tout expliquer dans le détail afin, d'une part, de montrer qu'on a bien tous les éléments pour arriver à notre conclusion et, d'autre part, pour permettre à ceux qui nous lisent ou nous écoutent de comprendre ce dont il est question. Et nous veillons aussi à ce que chaque notion évoquée soit précisément définie. (Ce livre, comme tous les textes qui cherchent à transmettre une technique, n'est d'ailleurs pas exempt de ce travers...)
Au-delà de la seule compréhension intellectuelle de vos phrases, la prise de parole doit permettre au public de se représenter ce dont vous lui parlez. Qu'il perçoive à travers les mots employés votre réalité, y compris dans ses aspects sensoriels et émotionnels. Qu'il puisse aussi se représenter leur signification, dessiner mentalement la scène, l'objet ou les protagonistes, à tel point qu'il sera capable de transmettre à son tour la scène à une tierce personne.

Ceci a besoin de fonctionner même quand on ne fait que lire le texte, sans gestes ni intonations pour soutenir les mots. Idéalement, les mots devraient à eux seuls permettre cette représentation. Quand vous prendrez réellement la parole, les autres éléments (paroles, geste, slides…) viendront appuyer ces mots, mais ne les remplaceront pas.

L'astronome Wendy Freedman, dont j'ai déjà parlé, a dirigé la conception du télescope géant Magellan, d'une acuité exceptionnelle grâce au travail d'extrême précision réalisé sur les miroirs. Pour en parler (www.qavad.fr/TelescopeMagellan), Wendy Freedman commence ainsi :

« Si vous réfléchissez à la précision de ces miroirs, les bosses sur un miroir, sur ceux de plus de 8 mètres, font moins d'un millionième de pouce. »

C'est là une information que tout le monde peut intellectuellement comprendre, mais ce ne sont que des chiffres, sans réalité sensible. Très peu de personnes peuvent se représenter concrètement ce qu'ils représentent et en faire une réalité tangible. Elle enchaîne alors en donnant des éléments plus quotidiens qui nous donnent les moyens de nous représenter physiquement ce dont elle parle :

« Pouvez-vous le visualiser ? Aïe ! (Rires) *C'est un cinq-millième de la largeur d'un de mes cheveux, sur un total de plus de 8 mètres. C'est une réussite spectaculaire. C'est ce qui nous permettra d'obtenir cette précision. »*

Nous savons tous ce qu'est un cheveu et à quel point c'est fin. Imaginer que sur une surface d'un miroir de 8 m de large la plus grosse protubérance fait la taille d'un cheveu coupé en 5 000 dans le sens de l'épaisseur, là on se rend compte que ce télescope est totalement hors norme ! Et la réussite spectaculaire dont parle Wendy Freedman devient une évidence. Le public se représentant l'exploit qu'est la réalisation d'un tel miroir perçoit plus facilement l'amélioration apportée aux images qu'il va capter. Et pour ne pas laisser le public dans la seule imagination, elle enchaîne tout de suite avec des exemples très concrets de ce que cela permet de voir, en montrant qu'avec un tel outil on peut voir le détail du visage

> *sur une pièce de monnaie à 200 km de distance, des clichés d'étoiles avec une précision jamais atteinte.*

Chaque fois que le public se représente ce dont vous parlez (au lieu de seulement le comprendre), il lui est d'autant plus facile de continuer à vous suivre dans votre propos. Quand il suit aisément l'histoire ou le raisonnement, alors vous pouvez le faire voyager facilement. Nous aimons tous écouter les histoires qui nous emportent. Au passage, un public emporté par une histoire sera d'autant plus à même d'adhérer à ce que vous partagez avec lui.

Remettre de la réalité dans le langage utilisé : concret, matériel, ressenti

Les mots que nous utilisons ne sont pas la réalité, mais une représentation de la réalité. Concrètement, si le feu brûle, le mot « feu » ne brûle pas. Il est, comme tous les autres mots, une abstraction normée et codifiée sur laquelle des êtres humains se sont accordés pour parler du monde qui les entoure.
Vous avez toujours intérêt à mettre dans votre texte des éléments de réalité concrète (objets, lieux, situation), de sensations (chaud, froid, piquant, amer, doux, léger, etc.) ou de ressentis (peur, stress, joie, plaisir, etc.). Cela « met de la chair » à votre propos qui va devenir beaucoup plus incarné.

> *Tim Harford, journaliste au* Financial Times, *commence son intervention sur la créativité, au TEDGlobal de Londres, en 2015, en égrenant doucement ses premiers mots, pour nous mettre dans l'ambiance (www.qavad.fr/TimHarford) :*
> *« Fin janvier 1975, une demoiselle allemande de 17 ans, du nom de Vera Brandes, est montée sur la scène de l'opéra de Cologne.*
> *La salle était vide.*
> *Seule la faible lueur verte de la sortie de secours brillait… »*
> *En quelques phrases très courtes, nous sommes sur la scène, avec cette jeune fille. On peut se représenter le tableau, on visualise la*

salle. Il ne nous manque plus que le ressenti de Vera. Et c'est justement ce dont il est question dans la phrase suivante, juste avant que nous en apprenions plus sur Vera :

« C'était le jour le plus enthousiasmant de la vie de Vera. Elle était le plus jeune promoteur de concert en Allemagne et elle avait convaincu l'opéra de Cologne d'accueillir un concert nocturne de jazz du musicien américain Keith Jarrett. »

À voir Tim Harford raconter ceci, on se représente la scène. L'orateur, qui connaît l'ambiance d'une grande salle de concert vide, cherche à nous la faire vivre avec sa diction, sa voix et ses gestes qui viennent en support des mots dépeignant cette réalité très tangible.

Les mots sont des ponts vers des expériences sensorielles extrêmement riches et variées. Ils peuvent (et doivent !) être utilisés pour éveiller les repères que sont, pour chaque personne qui écoute, ses propres expériences sensorielles.

Quand on a de l'aisance à l'oral, voire de la prestance, et qu'en plus on est agréable à regarder, il peut y avoir une certaine facilité à ne pas vouloir s'astreindre à passer par ce stade d'écriture du sensoriel, parce qu'on sait que de toutes les façons le talk sera bien accueilli. Pourtant, si le texte d'une prise de parole inclut ces éléments écrits, il marquera autrement la mémoire des auditeurs. Avec plus de netteté, de clarté et durabilité. Ces éléments de ressenti jouent un double rôle : le public se représente plus facilement ce que vous dites et ils forment des ancrages sensoriels et émotionnels qui facilitent la mémorisation du propos.

Dans la description du télescope Magellan, par exemple, on retient mieux le cinq-millième de l'épaisseur d'un cheveu que le millionième de pouce. Pourtant, tous les deux disent la même chose. Mais l'une à partir d'une unité de mesure codée (1 pouce = 2,5 cm), l'autre à partir d'un élément tangible (un cheveu).

Concepts, faits, émotions : équilibrer les trois plans du discours

Quand on partage une idée, quel que soit le sujet (science, business, technologie, expérience personnelle ou autre), l'exercice met par nature l'accent sur le plan des idées. TED en a d'ailleurs fait sa devise : « Les idées méritent d'être partagées. » Être présent sur plusieurs plans facilite la construction de ponts entre l'idée et le public, ce qui est l'essence même d'un talk. Dans toute prise de parole, récit, pitch ou talk, il y a trois plans et chacun doit être alimenté pour nourrir l'auditoire.

Ces trois plans sont les Concepts, les Faits et les Émotions.

En France, à travers les dissertations de français, d'histoire-géographie ou de philosophie, nous avons appris à manier d'abord les idées ou les concepts. Les exemples suivaient, pour illustrer le propos. La notation de ces dissertations mettait d'ailleurs l'accent sur cette méthodologie.

Ce procédé offre de multiples avantages, comme de structurer la pensée, d'habituer à manier des concepts avec aisance et d'augmenter notre capacité à manipuler l'abstraction à un âge où notre esprit est en pleine formation. Mais il a l'inconvénient de nous rendre nuls en récit, car nous cherchons par défaut à dérouler une démonstration plutôt qu'une histoire. Dans le récit, le plan conceptuel peut être présent, mais il n'est pas l'élément principal.

On pourrait dire que, dans les fables, la morale c'est le concept. Le texte est quant à lui très concret : « Maître corbeau, sur un arbre perché, tenait en son bec un fromage. » Tout cela, ce sont des faits. Auxquels succèdent d'autres faits, évoqués parfois avec une note sensitive (ressenti + émotion) : « Maître Renard, par l'odeur alléché, lui tint à peu près ce langage… »

C'est parce que le public a reçu, avec ce début d'histoire, une base solide constituée de faits et de sensations qu'il peut « monter » au niveau conceptuel. Si la prise de parole plane tout de suite à 10 000, ne donnant que des éléments conceptuels, le talk risque de n'être qu'un jeu intellectuel où l'orateur manipule les concepts pour lui-même. Pour que le public puisse adhérer au propos, il faut qu'il puisse partager les faits et émotions auxquels font référence les concepts.

> *Durant le TEDGlobal de 2012, une des intervenantes a fait un talk intéressant sur la façon dont les Occidentaux rêvent de la Chine. Dans les premières secondes, elle parle de Marco Polo, puis dit que le rêve de Chine est d'autant plus grand chez les Occidentaux que ce pays entre dans sa troisième phase de développement. Avant de rappeler ce que furent la première et la deuxième phases. En faisant cela, l'oratrice a donné d'emblée un concept (troisième phase de développement), sans proposer de faits ni d'émotions au public. D'entrée de jeu, elle a parlé au plan conceptuel, sans que ces concepts aient de socle ou de fondation permettant au public de comprendre ce qu'était cette troisième phase de développement. Son talk ressemblait de ce fait à un cours. Intéressant, mais cela restait un cours. Le discours n'emportait pas l'auditoire en voyage, mais lui présentait des concepts.*

Comment garder ces trois plans en tête quand vous travaillez une prise de parole ? Tout simplement à partir de ce triangle.
La base du triangle est composée de deux éléments tangibles que sont les Émotions et les Faits. Le sommet est constitué par les Concepts. Ce qui correspond d'ailleurs à une réalité quotidienne, car nous vivons en priorité des faits et des émotions avant d'aller au niveau conceptuel.

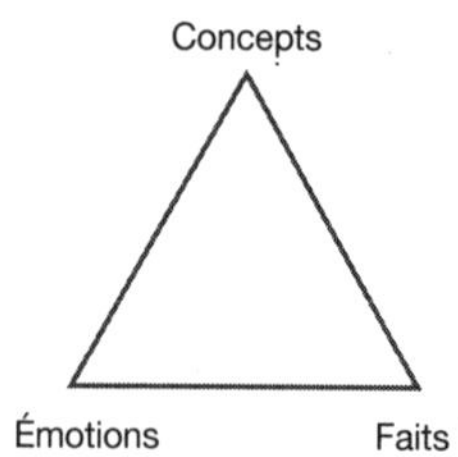

Le chemin que vous avez vous-même parcouru pour passer de l'un à l'autre, vous allez devoir le faire parcourir à votre public.
Dans le monde physique, un tel triangle formé de trois baguettes ne peut avoir un sommet que si la base est là. Solide et bien présente.

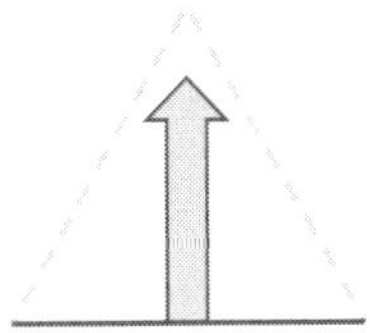

Pour les trois plans, c'est pareil :

- s'il n'y a pas assez d'Émotions et de Faits, le public ne peut pas « monter » au plan des Concepts ;
- des informations peuvent être données à ce niveau, mais si elles ne sont pas mises en lien, elles ne reposent pas sur une base solide et ne peuvent alors pas vraiment nous emmener ailleurs ;
- les concepts sans base sont « hors sol »
- ceux présentés à partir d'une base Faits et Émotions sont ancrés et peuvent être un point de levier pour emmener le public dans une nouvelle manière de voir.

Certains auteurs et conférenciers parlent d'ailleurs d'« ajouter de la chair » afin que leur propos soit plus incarné, plus « visible ». D'autres parlent d'ajouter de la pensée (des Concepts) pour que leur texte ne soit pas qu'une suite de faits/émotions qui rendrait le texte trop anecdotique.
Ce qui va donner la sensation d'un discours « plein » est la présence de ces trois plans, sachant qu'il faut toujours commencer par asseoir la base, avec des Faits et les Émotions.

Une phrase = une idée

S'il n'y avait qu'une seule chose à retenir dans ce chapitre, rien qu'une, et qui serait capable de faire une différence significative pour votre prise de parole, ce serait celle-ci.

Parce que si nous sommes capables de comprendre des textes d'une complexité ô combien poussée, si nous avons été entraînés à écrire des phrases longues qui mêlent des concepts différents et qui prouvent ainsi notre habileté à manier les mots et les idées de manière agile, donc notre capacité à gérer de la complexité tout en illustrant au passage notre compétence intellectuelle à manipuler des formulations aux atours rhétoriques variés et à l'attrait tout relatif à la personnalité du lecteur, malgré tout ce long et verbeux préambule, nous aimons la simplicité d'un propos limpide. Et la limpidité ne vient pas d'une phrase compliquée, comme l'illustre celle qui précède !

Toute idée nouvelle, pour être compréhensible, doit être découpée en idées simples, donc en phrases simples. Quand vous butez sur une phrase, voyez les idées qui se cachent derrière et faites une phrase par idée. Pas d'apposition, pas de virgule, des phrases simples. Sujet, verbe, complément.

OUTIL PIERRAFEU*

Voici un exercice iconoclaste qui peut aider à faire ce découpage. En général, les gens le trouvent stupide, à ceci près qu'il est réellement compliqué. Au lieu de belles phrases bien dites ou écrites, avec des verbes conjugués, vous allez faire des phrases comme si vous saviez à peine parler français.

Concrètement, vous parler comme ça.

Si vous pouvoir dire votre idée comme ça, alors idée claire.

Reste est pirouette langage.

* En référence à la famille préhistorique de fiction. C'est aussi la façon dont on fait parler des peuples jugés « moins avancés ».

Mais enchaînement idées toujours doit être simple.
Si vous capable dire idée comme ça, alors idées claires.
Parce que enchaînements devoir être logiques. Sinon pas comprendre.
Quand vous faire comme ça, tout le monde pouvoir comprendre.
Après, vous toujours pouvoir faire jolies phrases.
Vous avoir doute que ça marcher ?

Prenons le talk de Sebastian Thurn qui parle de voiture sans conducteur (www.qavad.fr/thurn). Nous sommes en 2011. La voiture sans conducteur semble alors une idée à la fois irréaliste et sans aucun d'intérêt. Pourtant, dans ce talk de moins de 5 minutes qui évoque à la fois une révolution du marché, de l'usage de la voiture et du métier de constructeur, l'orateur nous permet de voir les choses sous un autre prisme.

Voici la mise en regard des phrases Pierrafeu avec celles du talk.

Savez-vous que les accidents de la circulation sont la première cause de mortalité chez les jeunes ? Et vous rendez-vous compte que presque tous sont dus à des erreurs humaines et pas à des erreurs des machines et peuvent donc être évités par les machines ?

TALK

Vous savoir accident être première cause de mort des jeunes ? Vous savoir presque tous à cause humain ? Pas à cause machine. Alors machine pourrait éviter erreur humaine.

PIERRAFEU

Vous rendez-vous compte que nous pourrions multiplier par deux ou par trois la capacité des autoroutes si nous ne comptions pas sur la précision humaine, améliorer la position, donc conduire un peu plus près les uns des autres sur des voies un peu plus étroites, et supprimer les embouteillages sur les autoroutes ?

TALK

Vous savoir que humains pas précis sur route ? Eux pas rester dans file. Eux pas bonne distance les uns des autres. Machine faire mieux que humain pour ça. Si machine faire, autoroute pouvoir avoir deux ou trois fois plus de voitures dessus. Et plus embouteillages.

PIERRAFEU

Si l'exercice peut sembler idiot (et il l'est à certains égards), il n'est pas si simple qu'il y paraît et, surtout, il peut être d'une aide précieuse pour débloquer la pensée. Le mode Pierrafeu enlève bon nombre des masques du langage, il révèle les erreurs de logique et les imprécisions.

Parler en mode simple, s'astreindre à une seule idée par phrase, c'est s'assurer à la fois de la précision de ce que vous dites, d'une logique claire dans votre propos et d'une compréhension maximale de la part de votre auditoire.

Travailler les articulations

Après le fil de l'histoire, nous abordons le fil qui relie les éléments entre eux. Dans un texte, on parlera plutôt des articulations entre les parties du discours.

Ces articulations ont deux fonctions principales : relier et accrocher. Elles sont à la fois ce qui permet de faire un pont de manière fluide entre les éléments et le point où les différentes parties sont « accrochées » entre elles.

Et cela s'entend : quand l'exposé manque d'articulations ou si celles-ci fonctionnent mal, la prise de parole « se grippe ». L'articulation

définit l'agencement des parties, comme dans le corps humain : le mécanisme d'articulation de l'épaule serait catastrophique au genou ! L'endroit où elle fonctionne bien et est opérante, c'est l'épaule.
Donc, l'articulation d'une prise de parole a surtout à voir avec la construction, en plus de la fluidité d'enchaînement. Une articulation ne peut être bonne que si elle est cohérente avec la structure, l'histoire racontée et le cadeau offert.
Dans ce que vous voulez raconter, dire ou partager, vous avez posé des éléments les uns à la suite des autres sur une feuille, dans l'ordre de votre réflexion, d'importance ou tout ordre qui vous a semblé pertinent. Mais comme vous connaissez votre sujet, les éléments qui le composent et leurs satellites, vous savez aussi comment ils fonctionnent ensemble. Et pour votre auditoire, cela peut ressembler à quelque chose comme ceci :

Des éléments les uns à côté des autres, dont le sens général lui échappe peut-être. Mettre de l'articulation entre les éléments de votre discours permet de rendre ce dernier réellement intelligible et compréhensible. C'est parce que vous donnerez à voir la manière dont ces éléments s'articulent entre eux que le public pourra voir la forme globale que vous dessinez.
Visuellement, voici une articulation possible pour les sept éléments ci-dessus.

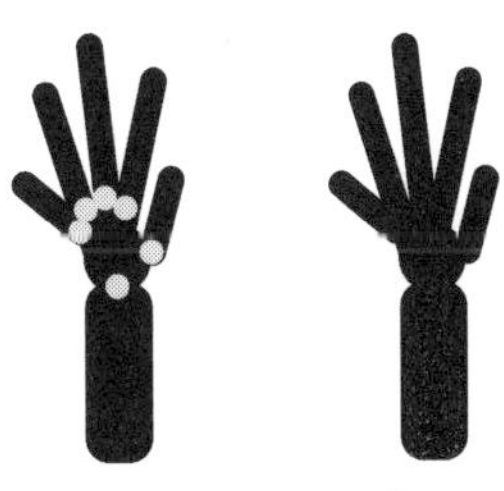

À gauche, les articulations dessinées permettent de voir qu'il s'agit probablement d'une main, avec l'avant-bras, la paume et les doigts. Les articulations aident d'ailleurs à comprendre cela.
À droite, les articulations ne sont plus visibles et la forme de la main est un peu moins visible (on pourrait y voir un cactus), sans doute parce que moins standardisée.

Une autre manière de positionner ces éléments ensemble peut donner ceci.

Cette main (ou ce cactus) devient maintenant un personnage. Cela raconte totalement autre chose. Les articulations n'ont pas été placées aux mêmes endroits et le résultat final n'a rien à voir.

La métaphore des bonshommes bâtons est là pour nous rappeler que les seuls composants de notre discours ne se suffisent pas à eux-mêmes.
Quand vous prenez la parole, vous avez travaillé et vous connaissez bien votre sujet, la valeur de votre propos, et vous pouvez avoir tendance à croire que, parce que le contenu est de qualité (arguments, chiffres, histoires, etc.), vous n'avez pas besoin de travailler la liaison entre ces éléments.
En fait, c'est presque le contraire.
Comme c'est un sujet que vous maîtrisez, vous allez avoir de la matière. Probablement beaucoup trop.
Ce qui fera la différence, c'est justement la manière dont cette matière est ordonnée, dont tous les éléments sont articulés. Rien ne se suffit à soi-même dans une histoire ; les articulations sont les éléments qui rendent l'ensemble intelligible, tout en racontant l'histoire que vous voulez. De là peut venir l'adhésion du public.

Pour peaufiner vos articulations l'écrit est beaucoup plus simple, car on peut bouger facilement les phrases – sur un ordinateur, mais aussi sur du papier, en utilisant des Post-it par exemple.

Une start-up d'ingénieurs a développé un programme qui utilise l'intelligence artificielle (IA) pour aider les services clients des entreprises. Leur produit est techniquement très avancé. Voilà ce que donnait leur première présentation orale en 1 minute.

1. Nous avons un bon produit et vous en avez besoin.
2. Nous sommes des associés venant des meilleures écoles d'ingénieurs.
3. Nous avons développé un programme techniquement très avancé.
4. Ce programme permet de faire des liens entre des bases de données et d'information différentes.
5. Il utilise l'IA pour donner les réponses presque instantanément.
6. L'IA apprend même quel type d'information est la plus demandée.
7. Vos conseillers vont gagner du temps.
8. Et les clients seront plus contents.
9. Et ils resteront au lieu d'aller ailleurs.
10. Achetez notre produit, vous en avez besoin,
11. Car 70 % des clients sont insatisfaits des services clients.
12. Parce que les conseillers mettent trop de temps à répondre.
13. Et ce malgré leur bonne volonté.

Le fait d'écrire ce qu'ils disaient leur a permis de voir que certaines choses pouvaient être améliorées. Au-delà de ça, tous les arguments sont là et, si on connaît un peu le sujet, on entrevoit le fonctionnement, la solution et l'avantage. Mais cela manque aussi de liant. Dans la version qui suit, la présentation a été retouchée. Les articulations ont été retravaillées (texte souligné) et de nouvelles phrases ont été écrites ***(texte en gras et souligné)*** *pour apporter plus de fluidité justement. Les numéros entre parenthèses donnent l'ordre des phrases dans la première présentation.*

Savez-vous que 70 % des clients sont insatisfaits des services clients ? (11)
Ceci est dû principalement au fait que les conseillers mettent trop de temps à répondre. (12)
Et ce malgré leur bonne volonté. (13)
Comment réduire ce temps ?
***Pour répondre à cette question,** nous avons créé cette entreprise composée d'associés venant des meilleures écoles d'ingénieurs. (2)*
(Silence)
Le problème des conseillers vient majoritairement de la multiplicité des bases de données et sources d'information différentes. (4)
Si regrouper ces bases n'est pas possible, les interroger une à une l'est. Et cette partie peut être déléguée.
Nous avons créé un programme qui permet de faire des liens entre des bases de données et d'information différentes. (4)
Il utilise l'IA pour donner les réponses presque instantanément. (5)
***Pour que les réponses soient fiables,** nous avons développé un programme techniquement très avancé. (3)*
*L'IA apprend même quel type d'information est la plus demandée afin de **la fournir automatiquement au conseiller**. (6)*
Vos conseillers peuvent maintenant gagner du temps. (7)
Et les clients *être* plus contents. (8)
Rester au lieu d'aller ailleurs. (9)

La question à se poser pour passer de la première à la seconde version est : « Est-ce que c'est fluide ? » Entre chaque phrase, entre chaque partie et sur tout le déroulé du texte.

Il n'y a pas de critère absolu en la matière. Dans tous les cas, la fluidité doit vous convenir, vous parler suffisamment pour que vous puissiez en suivre le mouvement sinon avec confort, au moins avec l'appui de votre élan intérieur. Vous avez aussi besoin de la tester auprès de personnes variées et représentatives du public à venir, afin d'anticiper ce que pourrait être la réponse des auditeurs.

Si vos articulations ne fonctionnent pas, il sera bien plus difficile de saisir votre propos. La beauté d'une musique réside dans l'harmonie des notes entre elles plus que dans la qualité de chaque note prise individuellement. Veillez à ce que les articulations de votre prise de parole apportent l'harmonie qui servira votre propos.

Ne plus vouloir avoir raison : changer d'axe

L'école nous a appris à penser en termes de bonnes et de mauvaises réponses. Ceci s'avère d'ailleurs tout à fait valide dans le cadre d'un apprentissage de nouvelles connaissances. Cependant, même après avoir quitté les bancs d'école, à force d'avoir pratiqué cette manière d'apprendre et d'envisager les connaissances, nous avons presque tous pris le pli d'écouter avec ce filtre. Si on devait formuler ce pli en phrases, il se résumerait à deux questions : « Est-ce que j'ai raison ou tort ? », « Est-ce que la personne en face de moi a raison ou tort ? »

Dans une prise de parole, une dynamique où l'on cherche à convaincre, à faire plier l'autre, à sa manière de voir, est incompatible avec **une dynamique de cadeau**, de don, dans laquelle le but est de faire du bien à l'autre. En outre, chercher à avoir raison revient à se placer sur un axe binaire (raison/tort) qui ne fait pas forcément avancer les choses.

C'est précisément là que le changement d'axe est intéressant, tant pour la dynamique de l'orateur que pour traiter les auditeurs avec respect et leur faire une invitation à voir les choses d'une autre manière. Parce que le but d'une prise de parole est toujours, d'une manière ou d'une autre, de faire avancer les choses.

Prenez le temps d'observer comment vos phrases se positionnent.

Ce que nous disons, nous avons tendance à le placer par défaut sur un axe vertical raison/tort. Plus nous estimons avoir raison, plus nous montons le curseur ; plus nous pensons avoir tort, plus nous le descendons. Quand nous prenons la parole, nous sommes presque poussés par réflexe à nous mettre à l'endroit où nous avons le plus raison possible (pour la qualité des arguments), où nous sommes le plus sûr possible d'avoir raison (qualité de la conviction). Tout ceci dans un seul but : être entendus le plus possible (puisque nous avons raison).

Or personne n'aime avoir tort ; chacun de nous pense même qu'il a raison, ce qui conduit à des situations bloquantes, voire inextricables. Mettre votre public dans la position inconfortable d'avoir tort ne va pas l'aider. Il va donc falloir faire autrement.

Pour sortir du blocage induit par l'axe raison/tort, qui fige chaque personne dans une position, nous allons introduire un second axe, perpendiculaire au premier.

Le titre de cet axe est : « Est-ce que cette phrase fait avancer les choses ? » (Un débat, une discussion, une prise de conscience, une recherche, une résolution, etc.)

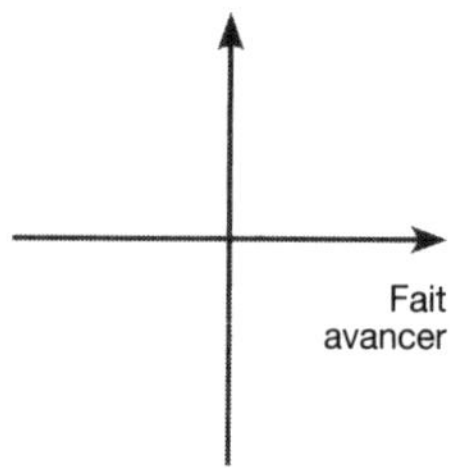

Ce schéma met en lumière un fait souvent oublié : il est tout à fait possible d'avoir tort ET de faire avancer les choses. La démarche scientifique en est d'ailleurs une belle illustration : poser des hypothèses, les développer, aller jusqu'au bout, se rendre compte qu'elles sont fausses pour telle ou telle raison, donc qu'on avait tort, rectifier le tir et continuer. La recherche a avancé.
De la même manière, il est tout à fait possible d'avoir raison ET que cela ne fasse pas du tout avancer quoi que ce soit. Dans des domaines personnels comme professionnels, d'ailleurs.

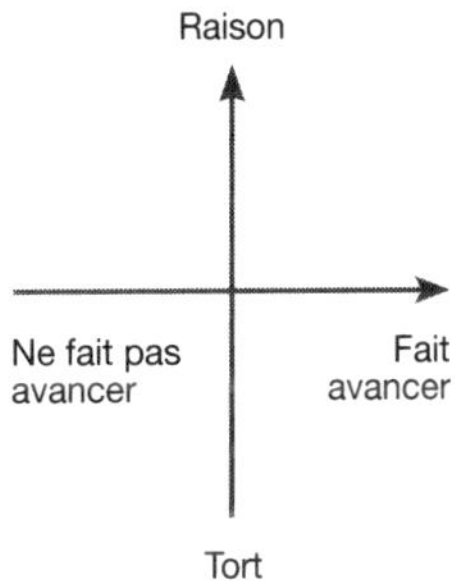

Être tout en haut à gauche du schéma n'est pas vraiment une bonne option, cette place a même tendance à scléroser, à coincer encore plus la situation, l'autre se positionnant alors souvent exactement au même endroit (« Je tiens plus à avoir raison qu'à faire avancer les choses »).
Le but est d'aller, vous vous en doutez, le plus possible vers la droite. En focalisant votre écriture sur l'axe « Est-ce que cela fait avancer les choses ? », vous changez la dynamique de la relation avec le public et lui offrez de nouvelles ouvertures.

Revenons au talk de Jason Fried (www.qavad.fr/JasonFried). Au début, il raconte que, à la question « Où avez-vous vraiment besoin d'aller quand vous voulez vraiment faire en sorte qu'une*

* Voir chapitre 1, « Le cadeau », p. 76.

tâche soit réalisée ? », la majorité des personnes interrogées opte pour « ailleurs qu'au bureau ». À partir de ce constat, il déroule une réflexion où il parle des coûts des bureaux, de leur côté inefficace parce qu'on n'y va pas pour travailler, qu'on y est dérangé par nos managers ou des réunions qui nous empêchent d'avancer dans nos tâches… Bref, toute une série d'éléments positionnés plutôt vers le haut de l'axe raison.

Ayant posé ce constat, Jason Fried fait une conclusion qui peut paraître étonnante et qui pourtant se tient : si les managers et les réunions empêchent de travailler il n'y a qu'à les supprimer et chacun travaillera mieux. Puis il décline les avantages de cette solution et donne trois conseils pratiques pour la mettre en œuvre et en tirer profit. Le public est surpris, dubitatif même. Il se dit que les choses ne sont peut-être pas aussi simples, qu'il y a peut-être une faille dans le raisonnement.

Ce sont les trois dernières phrases qui font toute la différence. Avec ces phrases, l'orateur ne cherche pas à enfoncer le clou sur le mode « J'ai raison », (qui en plus ne passerait pas) il nous amène à considérer autrement ses propositions : « Voilà donc trois suggestions que je voulais vous proposer pour que vous y réfléchissiez. Et j'espère que certaines de ces idées ont été au moins assez provocatrices pour que […] les personnes qui dirigent d'autres personnes songent à leur lâcher un peu la bride et leur donner plus de temps pour produire un travail. Et je crois que ça finira par payer. »

Le talk n'a pas vraiment pour but de nous prouver que les managers et les réunions ne servent à rien, il vise plutôt à faire avancer notre réflexion. Ce faisant, il est sur l'axe « faire avancer » et nous invite à agir en meilleure connaissance de cause, quel que soit notre avis.

En relisant votre texte, prenez le temps de vérifier sa dynamique à travers cette grille de lecture. Si telle phrase, tel paragraphe ou telle partie peut être sur l'axe « raison/tort », gardez en mémoire que l'ensemble de votre prise de parole doit rester sur l'axe « Ne fait pas avancer/Fait avancer ». Les auditeurs ne viennent jamais pour s'entendre dire qu'ils ont tort, mais pour pouvoir avancer.

L'itération au cœur de l'écriture

Trier, enlever, associer, retrier, reprendre, ajouter, ordonner différemment, prendre par un autre bout, enlever encore, rajouter peut-être, modifier, exposer, tester, remettre sur l'ouvrage... Tout ceci fait partie du mouvement normal de travail d'un texte pour une prise de parole. C'est un processus par itération, c'est-à-dire par répétition d'un même processus dans le but d'arriver à un meilleur résultat.

Un exemple imagé d'itération est celui des bières à triple fermentation. On appelle ainsi les bières auxquelles on applique trois fermentations successives. Ces trois fermentations ne peuvent être faites en même temps, elles doivent être faites l'une après l'autre. Phénomène intéressant, toutes les bières à triple fermentation partagent une qualité et un goût spécifiques liés à ce processus, tout en gardant leurs singularités propres. Les itérations de fermentation font émerger une qualité nouvelle.

Les itérations de relecture, réécriture, passage à l'oral, passage de nouveau à l'écrit, etc., sont les tamis successifs qui améliorent peu à peu la qualité de votre texte.

Toutefois, je pense que c'est une erreur de vouloir obtenir un écrit nickel avant de l'oraliser. Le texte écrit a besoin d'être travaillé à l'oral pour être ajusté, puis retranscrit avec ses améliorations, de nouveau retravaillé à l'écrit, puis pratiqué à nouveau à l'oral et ajusté une fois de plus, en passant par l'écrit pour le fixer et permettre encore un ajustement éventuel, et ainsi de suite. Ou en travaillant oral sur oral sur oral, puis écrit sur écrit, ou en alternant. Bref, tout est possible. Et cela vous aide à avancer dans votre prise de parole : cette nécessité d'itération, dans le sens qui vous convient.

L'écrit et l'enregistrement sont les outils pour faire ces itérations, travailler chaque élément, décomposer le mouvement oratoire et l'effet produit (comme les sportifs décomposent leurs mouvements au ralenti pour mieux les comprendre). Ce travail d'observation pointue sert à prendre le temps du détail.

Faire une version, puis une autre, puis encore une autre, et ceci de nombreuses fois a (au moins) trois vertus :

1. affiner (et raffiner) le propos ;
2. revenir sur ce que l'on a écrit ou dit précédemment, en passant par l'écrit pour que le texte soit facilement modifiable ;
3. « prendre en main » son propre propos à l'oral, se le rendre familier dans une forme qui se précise et s'affine peu à peu.

Dans les itérations, les passages réguliers par l'oral sont nécessaires afin d'entendre comment votre texte « sonne ».

EXERCICE

Une fois que vous estimez qu'une bonne partie (ou le texte) est aboutie, vous pouvez faire l'exercice qui suit. Chaque étape vous renseignera sur la manière dont votre écriture passe à l'oral et pourra vous apporter l'occasion de nouvelles formulations.

- **Prenez le temps de dire votre texte en vous enregistrant (tous les smartphones ont des applications gratuites disponibles pour cela).**
- **Puis enregistrer à la suite une deuxième version où vous improvisez à moitié. À ce moment-là, recherchez davantage la fluidité dans votre manière de dire les choses que le respect du texte.**
- **Ensuite, réécoutez-vous et notez chaque fois que :**

– vous vous sentez « embarqué »,

– les improvisations vous parlent et sonnent juste.

- **Réintégrez ces improvisations dans votre texte écrit (c'est ce qu'on appelle « fixer les impros »).**

À chaque nouvelle grande étape, vous pouvez répéter le processus.

Ne jetez jamais une itération précédente. D'une part, parce que si vous perdez le dernier fichier ou papier en date, vous avez toujours la version précédente que vous pouvez reprendre. D'autre part, parce que des idées que vous aviez eues précédemment peuvent redevenir pertinentes à l'aune des nouvelles articulations que vous introduisez dans votre texte.
S'il est plus simple pour vous d'improviser à l'oral en vous enregistrant et de passer au travail écrit dans un second temps, procédez ainsi. Si vous préférez commencer par écrire car vous posez plus facilement les idées ainsi, c'est la bonne option à adopter. Si vous

préférez l'aller-retour entre l'écrit et l'oral, c'est tout aussi bien. Ces modes d'itération sont tous aussi valables les uns que les autres et produisent tous de très belles prises de parole.

Écrire le début à la fin : le PEJ

L'accroche est souvent à écrire en dernier.

En effet, elle met en lumière le problème significatif que votre prise de parole va s'atteler à résoudre ou à redéfinir et elle donne la direction pour la suite du discours. Or la meilleure manière de donner la bonne direction, c'est de connaître la destination finale et le chemin à parcourir. C'est pour toutes ces raisons que le meilleur moment pour écrire le tout début de la prise de parole est souvent à la fin du processus d'écriture.

Dans une prise de parole, il y a :

- ce qu'on raconte ;
- ce qui fait que les gens écoutent ;
- ce que vous leur dites.

C'est ce qu'on appelle le plus souvent l'accroche, mais que je nomme le PEJ, ou : « Pourquoi Écouterais-Je ? » Formule qui, dans ce contexte, signifie : « Pourquoi moi, public, devrais-je être intéressé par ce que l'orateur me dit ? »

C'est toujours une bonne question à laquelle il vous faut répondre dès le début. Sinon, le public doit attendre la fin de votre prise de parole pour savoir si cela va l'intéresser ou pas. Ce qui peut l'amener à décrocher rapidement, surtout à l'heure d'Internet où, dans les vidéos, il faut capter son auditoire très vite. Conséquence directe : en réunion ou dans les colloques, vous voyez des personnes dans le public sortir leur smartphone pour faire autre chose.

Pour une prise de parole entre 6 et 20 minutes, prenez entre 30 et 60 secondes pour répondre à cette question. Si le PEJ est réussi, l'auditoire sera frustré s'il n'entend pas la suite.

Dans sa célèbre présentation de l'iPhone, en 2007 (www.qavad.fr/iPhone2007), Steve Jobs a dit en 2 minutes ce qu'est l'iPhone : un téléphone, un iPod et un équipement qui permet de se connecter à Internet. Il a donné la fin, le public sait donc exactement où il va, et en même temps la tension et l'attention sont à leur comble.

Dans les contes, il y a la phrase ritualisée du début « Il était une fois… ». Ce raccourci extraordinaire suffit à dire que l'histoire va bien finir et qu'il s'y passera des événements extraordinaires. Autre formule magique, « Tout a commencé dans un garage… » évoque tout de suite Apple et les *success stories* de la Silicon Valley.
L'exercice consiste à trouver une manière de faire pour que le propos capte l'auditoire. Il est souvent plus facile de s'y atteler quand le travail est bien avancé. Parce que vous savez exactement de quoi vous parlez, comment vous en parlez, sur quels registres vous jouez, donc sur quel terrain vous pouvez emmener le public.

4

Le Temps

Je n'ai fait cette lettre-ci plus longue
que parce que je n'ai pas eu le loisir de la faire plus courte.
Blaise Pascal

Une prise de parole est un espace particulier dans lequel le public vous donne les deux choses les plus précieuses qui soient : leur temps et leur attention. Le public a donc une attente : que vous preniez soin du temps qu'il vous accorde, qu'il vous offre. Afin que ce temps reste précieux pour lui, vous devez passer le temps nécessaire, en amont, pour préparer ce que vous allez lui offrir et lui dire. Le contenu et la manière d'en parler ont besoin d'être travaillés, itérés, équilibrés, maturés, accouchés. Que vous vous soyez entraîné à les dire afin de pouvoir au mieux partager votre propos.

Le temps de la préparation aide à la fois à formaliser votre propos, à trouver des chemins pour le faire passer et à ajuster la durée de votre prise de parole. Pour que ce temps, lui aussi, soit un temps choisi.

Combien de temps pour se préparer ?

Dialogue entre un client et un conférencier

— Quand pouvez-vous être prêt pour faire une conférence ?

— Combien de temps voulez-vous qu'elle dure ?

— Pourquoi cette question ?

— La chose est très simple : si c'est 15 minutes, je suis prêt dans un mois ; si c'est 45 minutes, je suis prêt la semaine prochaine ; si c'est 1 h 30 je suis prêt maintenant.

Au-delà du bon mot, cette blague est profondément réaliste. Plus le temps de parole est réduit, plus cela demande de travail. Comme vous avez moins de mots pour dire ce que vous voulez dire, chaque phrase doit alimenter votre propos, lui apporter de la valeur. Par le contenu, le relief, la mise en perspective, la peinture du contexte, les faits, les éléments émotionnels. Plus c'est court, plus vous devez être précis.

Pour utiliser une métaphore, imaginez que vous devez faire 500 points aux fléchettes, sachant que le centre de la cible fait 100 points. Si vous avez 100 fléchettes (soit 100 minutes), marquer 500 points sera assez facile et l'entraînement réduit. Si vous n'avez que 10 fléchettes, voire 5, il va falloir passer du temps à vous entraîner, afin que le maximum de vos fléchettes touchent le centre. Si vous n'avez que 10, voire 5 minutes de temps de parole, c'est la même chose. Plus la durée de votre prise de parole est réduite, plus vos « tirs » (vos phrases) doivent être précis. Et plus vous devez travailler et vous entraîner en amont.

Améliorer de manière très significative la qualité d'une prise de parole nécessite rarement moins de 15 heures de travail. Les meilleurs TED Talks ou TEDx ont pu exiger jusqu'à 100 heures de travail, le temps nécessaire pour trouver le sujet, l'angle d'approche, les formulations, la fluidité, et pour s'entraîner à dire le texte de multiples fois.

Au début des conférences TEDx, les équipes de TED écrivaient parfois de courtes notes pour dire ce qui faisait un bon talk. L'une d'entre elles, toute simple, a marqué nombre d'organisateurs :

> **« Voici les 3 secrets pour faire un bon TED Talk :**
>
> **1. Répéter ;**
>
> **2. Répéter ;**
>
> **3. Répéter*. »**

Le secret est là : travailler sur son ouvrage pour l'affiner, le polir, le raffiner.

Quel temps viser ?

Parfois, la question ne se pose pas, car la durée de l'intervention est donnée d'emblée par l'organisation. La règle est de plus en plus souvent de ne pas dépasser 20 minutes. C'est un temps qui fonctionne bien. Entre la réduction de notre capacité de

* En anglais, le terme employé est *rehearse*, qui désigne une répétition de théâtre (ou de musique), donc tout à la fois la session de travail, l'entraînement et la répétition du texte. Ce mot est plus fidèle au travail de préparation d'une prise de parole, car il ne s'agit pas tant de répéter (comme un perroquet) que de s'entraîner, comme pour une course.

concentration* et la digitalisation des contenus amenant une lecture toujours plus rapide, nous sommes devenus habitués à des formats courts, que nous avons d'ailleurs tendance à préférer. Une durée de 20 minutes est donc un bon ordre de grandeur à garder en tête.
D'ailleurs, ce format existe depuis longtemps. Que ce soit chez TED, depuis 1984, ou pour de nombreux acteurs de la Silicon Valley.

> *Guy Kawasaki a été l'un des premiers responsables marketing d'Apple, avec Steve Jobs, et a largement contribué au succès du Macintosh. À force de faire et de voir de nombreuses présentations et pitchs, il a inventé la règle des 10-20-30 : 10 slides, 20 minutes, corps 30 (taille de police minimale requise alors pour les slides).*
> *Il préconise, pour 40 minutes de temps de parole, de consacrer 20 minutes à la présentation et 20 minutes aux questions-réponses. Avec sa manière directe et pragmatique, il indique que si vous ne pouvez pas dire ce que vous avez à dire en 20 minutes, vous ne ferez pas mieux en 40 minutes.*
> *L'autre avantage, selon lui, d'un format court, c'est que les questions-réponses permettent de répondre plus en profondeur aux questions que se pose réellement le public, pas aux questions que vous imaginez qu'il se pose.*

Depuis deux ans, la durée préconisée pour une conférence TEDx a encore diminué. Si la vidéo fait plus de 15 minutes, les internautes vont moins facilement cliquer dessus pour la visionner. De ce fait, certains organisateurs visent donc désormais une durée d'environ 12 minutes.
Si vous préparez un pitch pour des investisseurs, tablez sur 3 minutes, que vous pourrez ensuite enrichir si vous avez plus de temps.

---

* Une étude réalisée par Microsoft en 2015 et souvent citée par la presse indique que notre capacité de concentration est descendue à 8 secondes, soit autant que celle du poisson rouge. Si le propos est accrocheur, il n'en est pas moins faux, comme le montre l'article suivant : www.qavad.fr/PoissonRouge. Ce qui a changé, c'est la nature de notre concentration, et la manière de l'alimenter.

Si vous parlez d'une transformation d'entreprise, il vous faudra plus de temps, car il est nécessaire d'installer le contexte et de donner des clés de changement. Dans ce cas, visez plutôt 15 à 17 minutes. L'enjeu est avant tout d'atteindre les personnes dans la salle, de bien poser le contexte au début, et de veiller à ce que la prise de parole permette au contexte de cette entreprise d'évoluer.

Le temps de parole à viser répond à cette équation :

Le bon sujet, pour le bon speaker, avec la bonne durée.

Le juge de paix de cet équilibre à trois forces est la réponse à cette question : « Est-ce que ça marche ? » (« *Does it fly ?* », « Est-ce que ça vole ? », disent les Américains). Certains intervenants ont besoin de plus de 15 minutes pour poser le cadre de leur réflexion et déployer leur pensée, permettant ainsi au public d'en saisir les contours et d'apprécier les changements de perspective impliqués. D'autres demandent moins de contextualisation, moins d'informations nouvelles, et seront plus percutants sur un format de 7 minutes.

La qualité à viser est celle de l'impact. Comme un feu d'artifice, il est préférable qu'un talk soit un peu trop court et de qualité qu'un peu trop long et dilué.

Posez-vous la question suivante : quelle durée vous permet d'obtenir le plus grand impact sur votre sujet, d'une manière qui vous ressemble ?

Une fois le travail avancé, si vous hésitez entre deux versions, prenez la plus courte. Un dernier doute ? Essayez un peu plus court encore et voyez si votre idée est toujours comprise. Pour une prise de parole, c'est comme en amour ou lors d'une fête, il vaut toujours mieux faire un peu trop court qu'un peu trop long.

Les autres formats que TED

Tout le monde n'a pas à prendre la parole en suivant ce format court (compris entre 3 et 20 minutes) popularisé par la conférence TED. Pour autant, ces contraintes n'en restent pas moins aidantes quel que soit le format ou la durée de votre intervention.

Travailler sa prise de parole avec cette exigence d'une durée courte oblige à être précis et à maintenir une tension dramatique tout au long du propos. L'exercice est compliqué et exigeant. Pour une conférence de 15 minutes ou moins, l'approximation ne pardonne pas; pour une conférence de 1 heure, elle peut mieux passer. Prendre le temps de préparer la version en 15 minutes oblige à épurer, à faire un tri pour ne retenir que les éléments essentiels. Une fois que cette colonne vertébrale est identifiée et dégagée, rien n'empêche alors d'ouvrir vers un format long de 60, 90, voire 240 minutes. Le propos n'en sera que mieux structuré, posé, pensé et narré.

Les cours et formations sont aussi des prises de parole en public. La durée est alors fixée par le commanditaire et peut s'étaler sur plusieurs jours. Un cours peut très bien devenir une histoire à laquelle vous faites participer le public – c'est d'ailleurs souvent à cela qu'on reconnaît les meilleurs pédagogues. Vous allez donc considérer chaque session, précédée et suivie d'une pause, comme un chapitre de votre histoire. Chacun de ces chapitres aura un début, un milieu et une fin, donc une histoire propre qui participe à la grande histoire racontée par l'ensemble de la formation. La structure narrative vous permet d'avoir un chemin tracé, plus facile à retenir pour votre prise de parole, plus facile à mémoriser pour votre public.

Sur des formats très courts sur Internet, les mêmes éléments sont en jeu. Seule différence, vous devez capter l'attention du public en moins de 30 secondes, sinon il ira voir ailleurs. Cela oblige à être très précis et pointu dès le début, sinon le contenu qui suit ne sera pas vu. Si les règles de construction du PEJ (« Pourquoi Écouterais-Je ?* ») restent les mêmes, le temps pour les appliquer est significativement réduit.

---

* Voir chapitre 3, « Écrire », p. 83.

Combien de mots par minute ?

Quand on travaille son texte à l'écrit*, le nombre de mots permet d'estimer sa durée à l'oral. En français, on compte en moyenne entre 120 et 150 mots à la minute. Et 150 mots pour un débit plutôt rapide.
Pour une prise de parole de 15 minutes, vous allez donc viser à peu près 2 000 mots. Soit 3 pages A4 bien pleines. Oui, c'est peu. Cela fait peu de fléchettes à lancer sur la cible, d'où la nécessité de bien viser à chaque fois.
Bien sûr, il est possible de dire beaucoup plus de mots à la minute, mais sans oublier ce critère clé : combien de mots peuvent-ils être entendus par minute ?

Dans bon nombre de publicités à la radio, en particulier celle des organismes de crédit ; il y a toujours deux parties : le discours des « acteurs », prononcé à un rythme normal (il s'agit de vous donner envie d'écouter) et les mentions légales, dites en accéléré (incompréhensibles et qui ne sont là que pour respecter la loi). Si d'aventure vous vous souvenez de quelque chose, c'est très majoritairement ce qui a été dit à une vitesse normale, pas ce qui a été débité en version mitraillette.

Le temps des silences

Écouter les mots d'une personne, c'est être dans l'activité de les reconnaître un à un et de leur attribuer leur sens. Cela se fait automatiquement, mais tant que ce processus est en cours, il laisse moins de place pour pouvoir ressentir les effets de ces mots.
Prenons deux extrêmes : une personne qui dit « J'ai un cancer » et une qui dit « Maintenant que je suis guérie, je suis soulagée ». Dans chaque cas, il y aura assez naturellement un silence après la phrase. Le silence est essentiel, que le mot ait assez d'espace pour agir

* Voir chapitre 3, « Écrire », p. 83.

sur l'auditeur, pour que chacun ait le temps de ressentir l'émotion appelée par les mots utilisés, voire de ressentir l'état émotionnel de la personne qui parle.
Le rythme des silences entre les phrases permet à l'auditoire d'entrer dans l'histoire, dans le rythme de l'intervenant, dans sa musique et la scène qu'il nous dépeint. Les mots peuvent être dits rapidement, dès lors qu'il y a des soupirs (au sens musical du terme) entre ces phrases, des moments de respiration où le public a le temps de créer l'image de ce qui lui est raconté, des suspensions qui mettent peu à peu l'atmosphère en place, posent les bases d'une réflexion offrant le socle à partir duquel un changement de point de vue est possible.

Revenons au talk de Tim Harford (www.qavad.fr/TimHarford) : la première minute compte 120 mots anglais et il parle à un bon rythme. Entre chaque phrase, il y a ce que les musiciens appellent un demi-soupir ou un soupir, à peine le temps d'une respiration, qui nous permet pourtant d'avoir le temps de nous représenter la scène vide de l'opéra de Cologne.
Dans un autre genre, la présentation du premier iPhone par Steve Jobs mise encore plus sur les silences (www.qavad.fr/SteveJobs). Quand on reprend la retranscription de sa keynote, il est à 80 mots par minute. Certes, il est devant des fans qui applaudissent à tous crins, mais les silences sont là justement pour permettre au public de s'exprimer, donc d'être plus engagé dans l'écoute de la suite.

Identifiez votre rythme

Chacun de nous parle à une vitesse qui lui est propre. Cette vitesse d'élocution fait partie de notre signature, elle exprime une partie de ce que nous sommes et de la façon dont nous nous manifestons au monde. Il est donc important, quand on prend la parole en public, de connaître son rythme naturel. Plus particulièrement le rythme que vous utilisez quand vous racontez à des proches quelque chose qui vous tient à cœur. Cela peut être un moment de vie (la rencontre avec une personne que vous aimez), la genèse d'un projet (professionnel, associatif ou personnel), le partage d'un film ou d'un livre qui vous a touché ou a nourri votre réflexion, une histoire drôle, etc. Bref, tout ce qu'il est important pour vous de partager. Votre débit de parole, à ces moments-là, est probablement le bon.

EXERCICE

Quand vous préparez une intervention, reprenez une situation où vous avez partagé quelque chose avec des proches ou des collègues et où ils vous ont écouté. Cela peut être dans un cadre familial ou amical, dans une discussion au travail, dans un restaurant ou même près de la machine à café. Mais c'est un moment où vous avez ressenti que les gens vous écoutaient.

Imaginez-vous dans la situation en train de parler de nouveau du même sujet. Sur votre téléphone ou ordinateur, lancez le dictaphone ou enregistreur vocal, puis dites à haute voix cette histoire, ce moment, ce projet, comme si vous le partagiez une fois de plus avec les mêmes personnes. Continuez à parler et à vous enregistrer pendant 1 minute au moins. Une fois que c'est fait, retranscrivez ce que vous avez dit et voyez combien de mots par minute cela donne.

Puis suivez ces trois étapes :

1. Nettoyez le texte de ses scories en enlevant les « euh... », les hésitations, les bafouillages.

2. Identifiez les pauses et les silences en les notant d'une manière qui vous parle (par exemple « demi-soupir », « soupir », « demi-pause », « pause » pour reprendre des termes musicaux).

3. Avec le texte ainsi retravaillé et sous vos yeux, remettez-vous dans la situation d'origine, et lisez ce texte en vous enregistrant.

Ensuite, écoutez cette version et voyez comment elle vous convient. Elle peut vous sembler trop rapide, trop lente ou au bon tempo. Dans tous les cas, votre appréciation vous permettra d'ajuster à la baisse ou à la hausse la durée de ce texte. Un bon repère pour connaître le rythme qui vous va bien. Une fois ce rythme connu (très probablement entre 100 et 160 mots par minute), vous pourrez extrapoler la longueur à viser pour votre texte à l'écrit afin d'avoir la bonne durée à l'oral.

Travailler les silences

Le rythme d'une musique, d'un texte, d'une parole, est aussi celui de ses silences.

Visuellement, pour un texte écrit donc, cela passera par la ponctuation, les retours à la ligne, les changements de paragraphe. Ce qui offre au lecteur l'occasion de respirer – on parle d'ailleurs de texte aéré. Tout cela évoque le souffle et, comme la respiration, on a besoin de le reprendre, de le laisser se poser.

J'aime particulièrement cette paraphrase de Sacha Guitry: «Le silence après du Mozart, c'est toujours du Mozart*.»

Quand une prise de parole est réussie, le silence qui la ponctue, celui qui la suit, a la couleur de la personne qui parle. Paradoxalement, on pourrait même dire que la qualité d'une prise de parole peut s'évaluer à la qualité de ses silences. Repensez aux moments où vous avez été intéressé, touché, ému, emporté par le propos d'une personne. Discussion dans un café ou au restaurant, repas entre amis, cours, conférence, spectacle, pièce de théâtre, film, à chaque fois le silence joue un rôle.

Comment le travailler? En lui donnant de la place.

Si vous avez 12 minutes pour parler, préparez-vous pour 11 minutes, voire 10. Si vous avez 3 minutes (le format le plus compliqué), préparez-vous pour 2 minutes 45.

Si vous avez 18 minutes, préparez-vous pour 16.

En procédant ainsi, vous aurez une certaine marge, donc vous ne serez pas pressé de tout dire et vous prendrez plus facilement votre temps, ce qui vous évitera d'être à bout de souffle, et de mettre aussi l'auditoire à bout de souffle. D'autre part, cela laisse de l'espace au public. Pour accuser réception de ce que vous lui dites, pour «répondre» silencieusement et, ensuite, implicitement vous redonner la main.

---

* Citation originelle: «Lorsqu'on vient d'entendre un morceau de Mozart, le silence qui lui succède est encore de lui.»

Même si vous parlez très très vite, il y a certains moments où vous pouvez (voire devez) faire des silences. Lorsque vous voulez laisser une idée forte, un nouveau point de vue, se déposer dans l'esprit de chacun. Juste le temps que la flèche – que vous avez lancée un peu plus loin – arrive à l'endroit où elle est censée arriver.

Johann Hari a passé trois ans à faire des recherches sur l'addiction (www.qavad.fr/addiction) pour en comprendre les mécanismes et établir un état des lieux afin de la traiter. D'explorer aussi les différents protocoles, différentes tentatives et expériences mis en œuvre sur le sujet. C'est un Anglais qui parle très, très vite… Dans sa première minute, il a dit 200 mots, sans un seul silence, laissant à peine le temps au public de respirer.

Mais même lui, avec son style et son rythme, va mettre du silence pour que nous ayons le temps d'intégrer un changement de point de vue qu'il nous donne à réfléchir.

Au bout de 5 minutes, il parle d'expériences d'addiction sur les rats et cherche un parallèle possible avec les humains. Et voici ce qu'il dit alors : « Lorsqu'il a vu ça, le professeur Alexander s'est dit : peut-être que c'est juste un truc avec les rats, ils sont différents de nous. Peut-être pas aussi différents qu'on le voudrait, mais bon. Heureusement, une expérience humaine basée sur le même principe se déroulait au même moment. Ça s'appelait la guerre du Vietnam. [Silence.] »

Son silence ne dure qu'une demi-seconde, mais c'est un des silences les plus longs de ses 5 premières minutes. Il a pour effet d'attirer notre attention et aussi de nous permettre de prendre le temps de nous poser la question : « Mais en quoi cela a été une expérience humaine ? » Et lorsqu'il reprend la parole, il parle des études sur l'addiction des soldats américains pendant la guerre du Vietnam et cela nous semble tout à fait normal. Son silence nous a donné l'opportunité de redéfinir notre écoute.

Dans la vie courante, on retrouve naturellement ce type de situation. Quelqu'un qui annonce une nouvelle importante va souvent laisser du temps après pour permettre à son auditoire d'entendre la nouvelle.

Le silence a un autre avantage : comme le public intervient par ce moyen dans votre prise de parole, cela l'invite à être plus impliqué, à répondre à l'espace que vous lui laissez. Le silence n'est pas un vide, mais un espace où le public peut manifester son écoute. La qualité d'une prise de parole se repère à la qualité des silences ; or ces silences dépendent du public. Ils sont la manière dont le public s'exprime. Cela peut être un silence tendu, distrait, attentif. On pourrait presque dire que le silence est le moyen, pour le public, de participer à la prise de parole, d'avoir son mot à dire – ou plutôt son « silence à dire ».

Je vois cela comme un échange au tennis : l'orateur parle, le public reçoit puis renvoie immédiatement quand c'est simple. Quand le sujet demande plus de réflexion, le public reçoit ce qu'envoie le speaker, puis passe du temps à appréhender ce qu'il a reçu, puis une fois que c'est fait renvoie alors son attention vers le speaker.

Si l'orateur dit quelque chose de déjà connu du public, ou qui ne demande pas de réflexion, l'information est brève (balle courte), il n'y a pas de temps de traitement chez le public (joueur de droite), qui redonne tout de suite la parole à l'orateur (retour court vers le joueur de gauche).

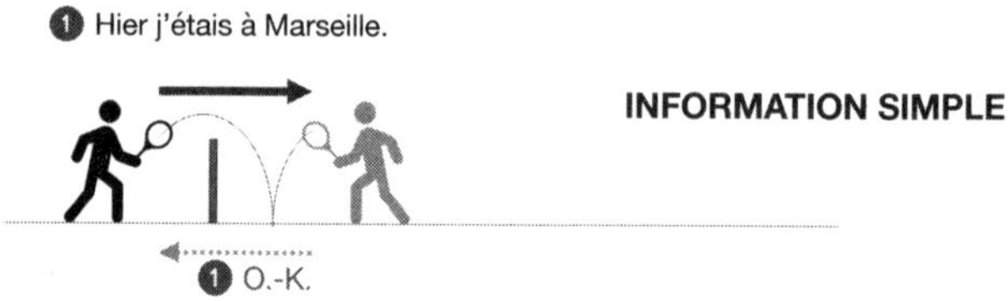

Si l'orateur dit quelque chose de nouveau, l'information est plus longue ❶, car elle demande à être explicitée ou détaillée. Le public qui la reçoit (joueur de droite) a besoin d'un temps plus long ❷ pour traiter cette nouvelle information, moins assimilable directement. Enfin, il peut ensuite réorienter son attention vers l'orateur, doucement parce qu'il est en train de finir de traiter l'information : retour long ❸ vers le joueur de gauche, l'orateur.

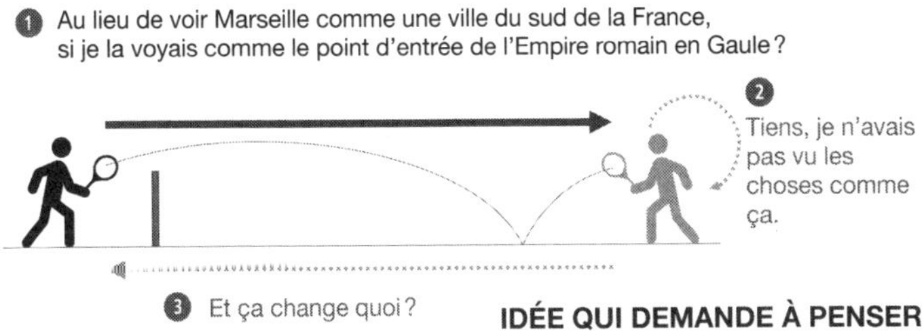

EXERCICE

Pour vous aider à identifier les moments où les silences pourraient être utiles, vous pouvez demander à une personne de vous écouter en prenant des notes. Son rôle est de vous dire à quels moments vous êtes allé un peu trop vite pour elle. Vous pourrez alors retravailler ces passages pour ajouter des silences (plutôt que des explications). Pour identifier où placer ces silences, repérez les endroits où il y a un nouveau concept, quelque chose que vous voulez souligner, ou un changement de point de vue par rapport à la norme, et mettez un silence. Testez de nouveau votre prise de parole avec ces modifications et voyez si votre propos passe mieux.

Des itérations nécessaires

Une prise de parole, c'est comme un flacon d'huile essentielle.
Elle est le résultat de beaucoup de matières et d'expériences accumulées qu'on va ensuite travailler pour en extraire l'essence. Pour faire 1 kg d'huile essentielle de lavande, il faut environ 100 kg de lavande fleurie. Chaque goutte est pleine d'odeurs, puissante, débarrassée des impuretés, concentrée, et opérante (elle a un effet).
Une prise de parole, c'est exactement pareil. Il y a toute votre expérience, votre regard sur le sujet, votre expertise, votre personnalité aussi, qui va s'exprimer sur *un sujet et un seul*, à travers votre voix.

Donc oui, dans la première phase de préparation, vous aurez beaucoup de matière et c'est bien ainsi. Je dirais même que c'est indispensable. Car ce « trop de matière », vous allez pouvoir le distiller, redistiller, puis redistiller encore pour évaluer, soupeser, décider ce que vous gardez, ce que vous enlevez.

Toutes ces itérations prennent du temps. Non seulement elles affinent votre écriture, mais elles permettent aussi à votre propos – et à son expression – de mûrir. Comme les bons vins qui demandent quelques années de garde pour exprimer tous leurs arômes, votre prise de parole a besoin d'être travaillée dans la durée afin d'en révéler les saveurs, les notes, les subtilités, les reliefs qui n'auraient pas eu le temps d'émerger autrement. Cela vous donne l'occasion de penser à de nouvelles formulations et à de nouvelles idées qui viennent alimenter votre réflexion. Tout ce travail dans la durée fait partie de la maturation, il alimente la réflexion.

Quand de nouveaux éléments se présentent, distillez-les à nouveau, itérez avec eux afin de choisir ce qui nourrit vraiment votre propos dans cette prise de parole.

Lorsque j'ai préparé le talk sur le voyage du héros (www.qavad.fr/Voyageduheros), je voulais en parler comme d'un repère utilisable par chacun dans de nombreux cas. Lors d'une itération, j'ai pensé que les cinq étapes du deuil pourrait venir en illustration de ce qu'est une séquence repère. Tout le monde a été confronté à un deuil et je pensais que c'était un point de repère intéressant :*

- *il permettait au public d'avoir un exemple de séquence repère (à savoir une séquence qui se passe toujours de la même manière, et en devient un repère) ;*
- *ces étapes illustraient le propos ;*
- *s'il ne les connaissait pas, le public en profiterait pour apprendre un processus intéressant à connaître.*

* *Cf.* www.qavad.fr/deuil pour avoir le détail de ces étapes.

Cela faisait plein de bonnes raisons de garder cette séquence…

Lors d'une itération, j'ai demandé à une consœur coach en prise de parole, de m'aider de son regard extérieur. Elle a mis en lumière plusieurs aspects négatifs de cette démarche : d'abord la mention des cinq étapes prenait trop de temps, ensuite il n'y avait pas de rapport entre ces étapes et celles du voyage du héros, enfin cela pouvait générer de la confusion, car cela faisait finalement 17 étapes au total (les 5 étapes du deuil et les 12 étapes du voyage du héros).

Mon but était de faire une prise de parole courte où chaque phrase servait le propos, comme chaque goutte d'huile essentielle contient l'essence de la plante dont elle est issue. Alors que j'avais travaillé cette formulation des étapes du deuil durant deux sessions, je l'ai finalement totalement effacée pour expliquer directement la séquence repère de la manière suivante :

- *une définition : « une séquence d'événements qui s'enchaînent toujours de la même manière »*
- *puis une application connue de tous : « quand on vit en France, le matin le soleil apparaît, et le soir le soleil disparaît ».*

Définir une séquence repère a pris beaucoup moins de temps à dire, ce qui a permis d'alléger le talk, et d'en améliorer la compréhension. Désormais, même si j'ai une heure pour parler du voyage du héros, je ne parle pas du tout des étapes du deuil. Toutefois, si on me demande un autre exemple de séquence repère durant la partie de questions-réponses, j'ai toujours celui-ci en réserve, en plus de la séquence du coucher de mes enfants quand ils étaient plus jeunes (pipi, dents, pyjama, histoire, bisous, dodo).

Les itérations ont besoin d'être à la fois réparties et étalées dans le temps. Si vous avez trois semaines pour préparer une prise de parole, il est préférable de faire six sessions de travail à raison de deux par semaine, plutôt qu'aucune la première semaine, une la deuxième semaine et cinq la dernière. Le nombre d'itérations correspond au

nombre de distillations, la durée qui les sépare est le temps de maturation.
Les deux sont en rapport avec le temps, chacune améliore la qualité de votre intervention d'une manière spécifique.
Enfin, si vous voulez savoir quand votre texte est terminé, quand vous n'avez plus à le modifier, gardez en tête cette phrase d'Antoine de Saint-Exupéry : « La perfection est atteinte non pas lorsqu'il n'y a plus rien à ajouter, mais lorsqu'il n'y a plus rien à retirer. »

La structuration du temps dans la prise de parole

De même qu'une pièce en trois actes ne peut compter 2 minutes pour les deux premiers actes et 1 h 28 pour le seul troisième, il est bon d'accorder à chaque partie de votre intervention un temps équilibré par rapport aux attentes du public.
La plupart des contes et histoires suivent une structure SPOC : Situation, Problème, Outil nouveau, Confrontation*.
Sur une prise de parole, on peut ajouter deux éléments qui vont lui apporter la touche propre à cet exercice :

- Le PEJ (« Pourquoi Écouterais-Je ?** »). Cette partie sera placée au début de l'intervention.
- Le AAA (« Appel À l'Action*** »), c'est-à-dire ce que l'orateur invite son auditoire à faire (cela peut être aussi la morale des fables de La Fontaine****). Cette partie viendra à la fin.

Dans les contes, on retrouve d'ailleurs des formes stéréotypées du PEJ et du AAA :

* Voir chapitre 2, « L'Histoire », p. 49.
** Voir chapitre 3, « Écrire », p. 83.
*** Voir chapitre 2, « L'Histoire », p. 49.
**** Voir chapitre 2, « L'Histoire », p. 49.

- PEJ : « Il était une fois… », qui annonce une belle histoire et des enseignements à en tirer ;
- AAA : la morale ou la conclusion de l'histoire (qui met en lumière les enseignements et invite à les mettre en application).

Dans une prise de parole courte, entre 7 et 18 minutes, voici les ordres de grandeur à garder en tête. Il ne s'agit pas de les suivre à la lettre, mais ils donnent un ordre d'idée sur l'équilibre des différentes parties.

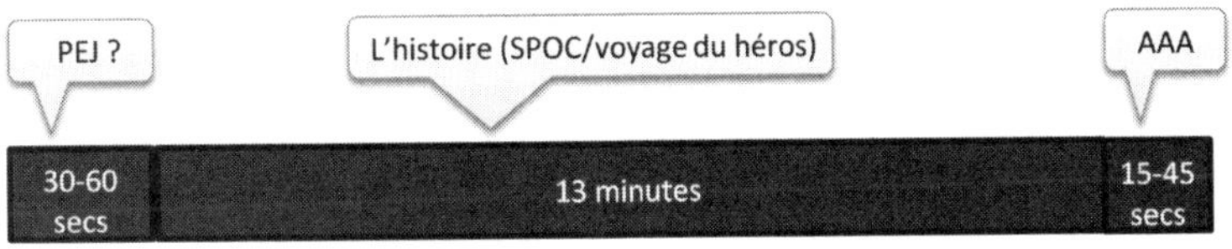

Lors de sa conférence TED de 2015, Daniel Kish arrive tranquillement sur scène avec une très grande canne d'aveugle et évolue facilement sans aide (www.qavad.fr/DanielKish). Il commence son talk en nous racontant que ses yeux ont été enlevés le premier quand il avait 8 mois, le second à 13 mois. À la sortie de cette seconde opération, sa principale préoccupation a été de sortir de son lit de bébé pour se balader dans le service de soins intensifs. Le public – qui majoritairement a ses deux yeux valides – se demande comment il a fait et fait encore pour se déplacer tranquillement dans l'espace alors qu'il ne voit rien. Question à laquelle il va répondre dans la suite de sa conférence. Et cette entrée en matière a pris 60 secondes.
Si Daniel Kish s'était arrêté de parler après ce début et était sorti de scène, l'auditoire aurait été totalement frustré. Car il n'aurait pas eu la réponse à la question qui s'était formée dans son esprit. Ces 60 secondes captent l'attention et demandent à obtenir une réponse.

Que la question soit posée explicitement ou de manière induite (comme dans l'exemple ci-dessus), le temps que vous allez passer à la poser dépend de sa profondeur et de l'écart avec les situations connues du public. Plus la question est profonde, plus il faut de temps pour « descendre » au bon niveau. Plus la question est éloignée de nous, plus il nous faut de temps pour nous déplacer mentalement dans ce nouveau contexte. Ce temps de début sert à faire parcourir à chacune des personnes du public la distance qu'il y a entre ses préoccupations de l'instant et celles de votre prise de parole. Il est indispensable de prendre ce temps pour mettre tout le monde sur la même longueur d'onde. Dans le talk de Daniel Kish, les auditeurs sont à la fois transportés dans un lieu extérieur (le service de soins intensifs) ET dans une autre perception (« Je voulais me balader sans me faire attraper »).

Quelle durée pour le début ?

Plus votre intervention est courte, plus il vous faudra prendre le temps d'emmener votre public directement au bon endroit : là où ce que vous avez à dire a tout son sens, là où ce que vous dites répond à la question que vous posez. Dans une intervention longue, il est possible de parcourir progressivement la distance qui sépare le public du point où vous voulez l'emmener. Dans une intervention courte, au contraire, il est préférable de parcourir cette distance au tout début.

Si vous voulez emmener votre public vers un domaine de connaissances très éloigné de lui (parler de fission nucléaire à des spécialistes du sumérien), vous lui faites appréhender quelque chose qui lui est extérieur, étranger. Votre rôle est alors de lui donner les informations et repères qui lui permettent de comprendre le sujet.

> *Si je parle d'emblée des bienfaits de la DDR4, cela ne va pas parler à tout le monde. Je peux alors dire les choses autrement : dans tout ordinateur, il y a un composant crucial qui détermine sa capacité à donner une réponse rapide, ce composant s'appelle mémoire vive ou RAM, et quand la mémoire vive n'est pas assez rapide, c'est un des principaux goulets d'étranglement ; or la rapidité d'une mémoire vive dépend grandement de la génération technologique à laquelle elle appartient ; aujourd'hui, les mémoires vives sont de*

DDR3 (génération 3) ou de DDR4 (génération 4) ; avoir une mémoire de dernière génération (DDR4) permet de réduire le goulet d'étranglement, ce qui rend votre ordinateur plus rapide et le travail sur ce support nettement plus confortable.

Cette seconde manière de parler de la DDR4 permet à chacun de comprendre de quoi il est question et à ceux qui savent ce qu'est la DDR4 de voir comment j'envisage le sujet. Par nature, cela prend plus de temps.

Si vous voulez amener votre public à une autre manière de voir les choses, de ressentir une situation donnée (par exemple en lui parlant de la joie de travailler sur un sujet aride), la distance porte sur une dimension intérieure, elle concerne le rapport à soi, à ses valeurs, à tout ce qui touche à l'intériorité de chaque auditeur. Votre rôle est de proposer des indications et des repères liés à ce registre de l'intériorité pour permettre au public de ressentir l'endroit où cette perception est compréhensible, voire partagée.

Prenons les cas de la dimension très intérieure qu'est la relation de couple.

Pour la plupart des personnes, découvrir qu'on a été trompé par son conjoint relève de la trahison. C'est d'ailleurs la position intérieure, la vision du monde pour la majorité.

Esther Perel, dans son talk (www.qavad.fr/EstherPerel), nous invite à regarder plus précisément les rôles dont nous avons investi notre conjoint : il est chargé d'être à la fois ami, amour, amant, confident, parent des enfants que nous avons ensemble, protecteur, père ou mère de remplacement pour nous, soutien inconditionnel, relais, conseiller, etc. De ce fait, lorsque cette personne a une relation sexuelle en dehors du couple, le sentiment naturel est celui de trahison ultime (si l'autre me trahit sur un rôle, il me trahit sur tous). L'oratrice nous montre que, par l'ensemble des rôles dont nous avons chargé notre conjoint, nous ne pouvons échapper à ce ressenti. Ce sentiment est-il pour autant juste et équitable ? De même est-il juste de charger notre conjoint de tant de rôles ?

Ici le point de départ du public est simple : infidélité = trahison. Avec sa manière de peindre le décor, Esther Perel amène peu à peu le public à considérer qu'il réagit mécaniquement, et pose la question de la justesse de ce sentiment. Son raisonnement nous amène à nous poser des questions que nous ne nous serions pas posées autrement, nous amenant très loin de notre point de départ. L'oratrice bouscule les auditeurs sur leur dimension intérieure, et cela prend du temps. Ce qui est ici résumé prend encore plus de temps dans son talk, car la distance à parcourir entre le point de vue originel du public et ce nouveau point de vue est grande.

Le principe à retenir est simple : plus vous voulez emmener le public loin de son point d'origine, plus il y a besoin de prendre le temps pour l'y amener.
Et prenez bien soin de prendre en compte les deux dimensions à parcourir : extérieure et intérieure.
Visuellement, voici comment on pourrait représenter le chemin de l'auditeur pour aller de son point d'origine au point où votre talk veut l'emmener.

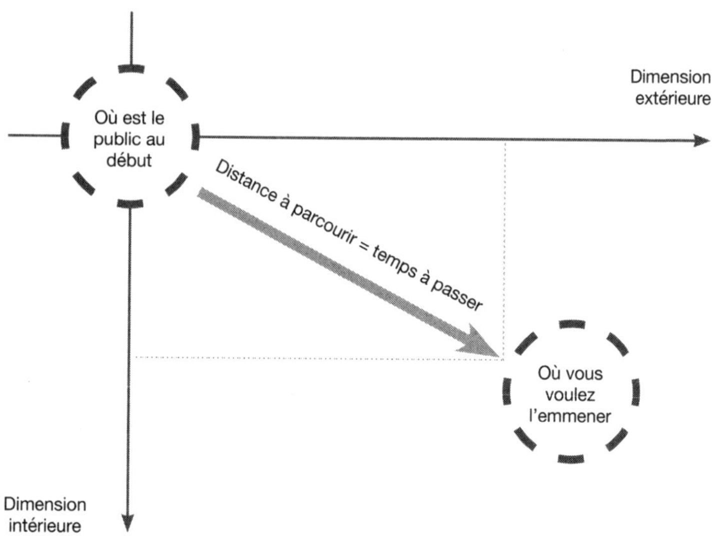

Quelques indications concrètes

Sur des interventions très courtes, l'introduction peut durer jusqu'à 30 secondes. Voici donc quelques échelles de grandeur pour une prise de parole de 3 minutes*.

- **Très court: 10 secondes.** Dans lesquelles, il faut faire référence à des éléments de contexte pour établir des raccourcis.

  Par exemple: «Mesdames et Messieurs, à TED on parle beaucoup de leadership et de ce qu'il faut faire pour créer un mouvement. Donc regardons comment un mouvement se crée, du début à la fin, en moins de trois minutes, et analysons l'enseignement que l'on peut en retirer.» (Derek Sivers, www.qavad.fr/DerekSivers.)

- **Normal: 30 secondes.**

  Par exemple: «Il y a quelques années, j'avais l'impression d'être prisonnier de la routine, alors j'ai décidé de suivre les traces d'un grand philosophe américain, Morgan Spurlock, et d'essayer quelque chose de nouveau pendant 30 jours. L'idée est en fait assez simple. Pensez à quelque chose que vous avez toujours eu envie de faire et mettez-vous-y pendant les 30 jours qui suivent. Il semble que 30 jours soient juste le bon laps de temps pour installer une nouvelle habitude ou en supprimer une ancienne, comme regarder les informations.» (Matt Cutts, www.qavad.fr/MattCutts.)

- **Exceptionnellement long: 2 minutes.** Attention cependant, prendre 2 minutes pour le début sur une prise de parole de 3 minutes amène forcément à un talk «choc», la suite de la prise de parole provoquant une rupture forte avec la longue montée progressive.

* Toutes les interventions citées sont regroupées sur une seule page: www.qavad.fr/debuts.

Par exemple : « Imaginez, si vous le voulez bien, un cadeau. Je voudrais que vous le visualisiez dans votre esprit. Il n'est pas trop gros – à peu près de la taille d'une balle de golf. Donc visualisez à quoi il ressemble tout emballé. Mais avant que je vous montre ce qu'il y a dedans, je dois vous dire qu'il va faire des choses incroyables pour vous. Il va rapprocher votre famille. Vous allez vous sentir aimé et apprécié comme jamais avant et reprendre contact avec des amis et des connaissances perdues de vue depuis des années. Vous allez être submergé d'adoration et d'admiration. Il va remettre en perspective ce qu'il y a de plus important dans votre vie.

Il va redéfinir vos notions de spiritualité et de foi. Vous allez avoir un nouvel entendement et une nouvelle confiance en votre corps. Vous allez avoir de l'énergie et de la vitalité comme jamais avant. Vous allez enrichir votre vocabulaire, rencontrer de nouvelles personnes, et avoir un mode de vie plus sain. Et, tenez-vous bien, vous allez avoir 8 semaines de vacances, à ne faire absolument rien. Vous allez manger d'innombrables repas délicieux. On vous livrera des pleins camions de fleurs. Les gens vont vous dire : "Vous avez l'air fantastique. Vous avez changé quelque chose ?" Et vous aurez de bons cachets pour le reste de votre vie. Vous allez être mis au défi, inspiré, motivé et rempli d'humilité. Votre vie aura une signification nouvelle. Paix, santé, sérénité, bonheur, nirvana. Le prix ? 55 000 dollars. Et c'est une excellente affaire.

Bon, je sais ce que vous mourez de savoir ce que c'est et où vous pouvez le trouver. Sur Amazon ? Est-ce qu'il y a le logo Apple dessus ? Est-ce qu'il y a une liste d'attente ? »

L'intervenante, Stacey Kramer, emmène les auditeurs très loin de leur point de départ. Quand elle partage son idée, à la dernière minute, ils l'entendent et la comprennent d'un endroit très différent. (Stacey Kramer, www.qavad.fr/StaceyKramer.)

Pour chacune de ces introductions, l'orateur conduit le public à un endroit différent de son point d'origine. Ce faisant, il permet à chaque auditeur d'arriver peu à peu au point d'où il veut nous faire regarder la situation. Dans la version très longue de Stacey Kramer, tout en nous faisant parcourir un chemin sur une dimension externe et interne, la tension monte progressivement. Au moment où son PEJ s'arrête, le public est sous tension, ne pas connaître la réponse le frustrerait, comme c'est peut-être le cas pour vous. Stacey Kramer a amené le public à un endroit où il veut vraiment savoir quel cadeau permet tout ce qu'elle décrit. Et où il est prêt à entendre toutes les réponses possibles.

L'oratrice donne la réponse juste après, en une image qu'elle commente de quelques phrases puis d'autres clichés. Le cadeau est une tumeur au cerveau. Aucun auditeur/spectateur ne peut faire spontanément le lien entre une tumeur et un cadeau. Mais le début du talk nous a pris par la main pour nous conduire à un endroit où cette manière de voir les choses est possible. Stacey Kramer nous a emmenés très loin de notre point de départ, nous permettant ainsi de la rejoindre.

Varier les intensités et le débit

À force de regarder des TED Talks et des vidéos de diverses conférences, on peut être tenté de croire qu'il y aurait une bonne manière de parler, une sorte de « ton » et de rythme obligatoire, un peu lent. De croire aussi que ce serait bien de jouer sur le pathos, ou d'être drôle, ou de se limiter à un seul rythme de parole, et de rester sur le même registre une fois qu'on en a investi un.

Sauf que c'est barbant.

Car si vous-même avez l'impression d'ânonner un contenu d'une façon où vous n'y croyez plus, cela ne va pas aider votre auditoire à y croire en retour.

Les personnes qui ont un accent ont un avantage sur ce point. Parce que tout accent introduit des variations qui rendent la musique des phrases plus chantante, plus agréable à l'oreille. Si les mots sont compréhensibles, les mêmes phrases dites avec un accent auront une musique plus facile à suivre. Parce qu'il y aura de la modulation. Cette modulation est naturellement présente en anglais, un peu moins en américain, mais on la retrouve en France dans certaines régions, comme le Midi. Elle rend souvent le texte plus agréable à entendre et augmente l'impression de qualité perçue*.

Ce qui compte pour votre prise de parole est d'y mettre des modulations qui vous correspondent. Et il y a énormément de manières de procéder : mettre un silence, introduire un changement de ton ou de rythme, insister sur un mot, parler plus fort, plus doucement… Cela peut aussi être non verbal, avec des changements d'expression du visage, vos mains qui se mettent à bouger ou s'arrêtent de bouger, le fait de pencher la tête, bref tout ce qui va contribuer au relief sonore.

Si vous ne repérez rien de particulier chez vous ou si vous ne savez pas ce que vous faites naturellement, prenez le temps d'observer ce que vous faites spontanément quand vous parlez d'un sujet qui capte l'attention de votre auditoire (même s'il s'agit d'une seule personne). Repérez les gestes ou modulations que vous faites quand vous n'y pensez pas. Si votre entourage sait que vous préparez une intervention orale, vous pouvez lui demander un feed-back sur la manière dont vous modulez ou rythmez votre propos, qui fait qu'on vous écoute plus de 2 minutes de suite avec intérêt.

Le but n'est pas de devenir acteur ou actrice, mais de repérer ce que vous faites déjà et de l'utiliser consciemment et à bon escient. Votre style est plutôt réservé ? Très bien, car c'est le vôtre. Vos modulations seront plus subtiles. L'important est d'être cohérent avec qui vous êtes. (Il existe un excellent talk de Susan Cain sur « le pouvoir des introvertis », visible sur www.qavad.fr/introvertis. C'est le 12e talk le plus regardé au monde, sur plus de 2 500, avec 18 millions de vues.)

* Dans un de ses sketches, Pierre Palmade exploite ce ressort à l'extrême en racontant avec un bel accent chantant l'histoire de la petite Mireille. Cela commence bien, mais ce qui arrive à Mireille est très sordide. Et Pierre Palmade de conclure son sketch : « Et voilà ! C'est pour ça qu'il faut bien faire attention à ce qu'on nous raconte. Toujours. Parce que c'est pas parce que l'accent est joli que l'histoire est belle. »

Le temps de la vidéo

Si votre prise de parole est filmée, il vous faudra gérer un autre temps, celui de la vidéo. D'une part parce qu'elle restera, d'autre part parce que les «visionneurs» ne la reçoivent pas de la même manière qu'une intervention en *live*: ils peuvent quitter la vidéo à tout moment, alors que le public en chair et en os vous écoute sans pouvoir réellement intervenir. Il est souvent «dominé» par l'orateur, qui parle en surplomb (parce qu'il est sur une scène, que sa voix est amplifiée par un micro, etc.). Avec une vidéo, c'est celui qui regarde qui domine l'orateur: parce qu'il baisse les yeux sur son téléphone ou l'écran de son ordinateur, parce que c'est lui qui choisit le volume de votre voix, la luminosité de l'écran, s'il vous écoute jusqu'au bout, combien de fois, etc.

Tout cela doit être pris en compte au moment de préparer la vidéo, qui a une composante que n'a pas une intervention en *live*: le temps du montage, avec le changement de caméras variant entre gros plan, plan américain, plan face, plan de profil, plan large, et leurs variantes.

Lors de la prise de parole en *live*, chacun dans le public n'a qu'une caméra: son regard. Dans la vidéo, il y a le regard de plusieurs caméras qui va nous englober en entier, avec le décor, ou en gros plan sur le visage, le haut du corps, ou des plans serrés sur les mains, par exemple. Le montage ajoute une temporalité visuelle à la temporalité des mots. Sans entrer dans les techniques de montage, il est important de regarder si la vidéo a un tempo qui fonctionne en tant qu'objet indépendant, c'est-à-dire si elle peut être comprise complètement sans aucune autre information que celles qu'elle contient. La vidéo ne sera pas évaluée sur sa fidélité à l'original produit sur scène, mais sur sa fidélité à l'impression créée chez le spectateur, que ce soit en live ou en vidéo. Est-ce que ce montage rend compte de l'impression que vous voulez que votre propos génère?

Pour une prise de parole filmée, souvenez-vous de prendre cet autre temps, en plus du temps du direct: le temps différé, qui est reproductible, car la vidéo peut être vue et revue à l'envi.

Monter dans le bon ordre ou l'effet Koulechov

Dans le chapitre « Écrire », nous avons parlé de l'importance de l'ordre des mots pour la compréhension du propos et de la sensation ressentie à l'écoute. Avec une vidéo, l'ordre des séquences est encore plus crucial et son impact plus puissant.

Un cinéaste russe appelé Koulechov a théorisé cet effet au début des années 1920 : tout plan est interprété par le spectateur en fonction de celui qui précède.

On trouve sur Internet de nombreuses vidéos qui en parlent. Une de mes préférées est celle où Hitchcock expose cette théorie et l'illustre en même temps de quelques plans courts (www.qavad.fr/koulechov). Elle dure 1 minute 30 et le propos est limpide :

> *Hitchcock prend l'exemple d'un homme (lui en l'occurrence) qui arbore une expression neutre, puis qui se met à sourire. Cette séquence ne nous marque pas particulièrement et peut-être même que nous ne comprenons pas ce sourire. Puis il montre une autre séquence : l'homme au visage neutre, une femme tenant un bébé dans les bras, l'homme qui se met à sourire. Nous pensons alors que l'homme est gentil, sensible. Puis Hitchcock remplace dans cette séquence le plan de la femme avec un bébé par une jeune femme en bikini. La séquence devient : l'homme au visage neutre, la jeune femme en bikini, l'homme qui se met à sourire. L'homme ne nous apparaît plus comme un gentleman bienveillant qui aime les bébés, mais comme un voyeur vicieux.*

Dans une prise de parole, la différence de contenu entre deux versions du montage n'est bien sûr pas aussi forte. Pourtant, elle peut jouer dans la perception visuelle.

C'est particulièrement vrai pour les plans où l'on voit le public. Le public sera perçu différemment selon le plan qui précède. Un groupe de spectateurs affichant un visage neutre pourra donner l'impression de s'ennuyer ou d'être absorbé par la prestation de l'orateur.

Prenons un exemple : sur un plan, on peut voir une douzaine de personnes, dont deux qui se disent un mot puis sourient. Si l'orateur vient de dire « Alors je me suis rendu compte que j'avais eu tout faux », on peut croire que ces personnes se moquent de lui. Si ce plan est placé après un trait d'humour réussi, les deux spectateurs sembleront apprécier la blague.
Dans tous les cas, la question reste la même : quelle histoire voulez-vous raconter avec cette vidéo ? Le montage, les silences, le passage d'un plan à l'autre doivent raconter cette même histoire. Se poser régulièrement la question, c'est se souvenir que la vidéo fonctionne différemment d'une prise de parole en direct. À froid, l'équation semble évidente : si une personne parle de tranquillité et de calme, on va ralentir le rythme des changements de plan. Pourtant, à cause des délais à respecter, il peut arriver qu'on l'oublie.

Les échelles

Le temps de la prise de parole s'évalue sur différentes échelles.

- La durée : combien de minutes ?
- Le tempo : combien de mots par minute en moyenne ?
- Le rythme : quel rythme de parole à quel moment ?
- Les silences : pour laisser la note, le son, l'idée arriver chez l'auditeur.
- Les variations éventuelles de rythme : les accélérations, ralentissements, ruptures.
- Le rythme visuel : celui des slides éventuels, celui de la vidéo.

Parmi tous ces rythmes, il y a le cocktail avec lequel vous vous sentez bien. Non parce qu' « il faut », mais parce que c'est celui qui fonctionne bien pour vous ET pour l'auditoire. Même s'il est inhabituel pour vous. Pour trouver ce rythme, ce temps, cette longueur, pour ajuster votre rythme au rythme de l'auditoire, vous aurez besoin de faire des essais.
La pratique en amont avec des auditeurs que vous aurez recrutés pour vous entraîner vous permettra d'apprendre à « écouter » l'auditoire, à vous ajuster à lui en temps réel. Le public devant qui vous

parlerez le jour J sera probablement différent de celui de ces répétitions, mais vous aurez appris à écouter et à vous ajuster.

Prendre le temps de chercher du feed-back

La préparation de votre prise de parole est aussi un moment où il est possible, et même souhaitable, d'avoir des retours, des informations, des ressentis, des éléments, en un mot du feed-back, sur ce que vous faites et dites, la manière de les faire et de les dire. L'œil ne peut pas se voir, et nous ne pouvons pas nous voir en train de parler. Et même si nous utilisons la vidéo, comme nous sommes *a priori* d'accord avec nous-même quand nous parlons, d'autres personnes restent indispensables pour donner un feed-back, un reflet de ce qu'elles ont perçues. Ces personnes seront votre premier public, différent de vous et qui vous permettront de voir ce qui fonctionne, ou non, avec lui.

Pour cela, vous avez besoin qu'elles vous renvoient des informations *utilisables*. Si elles se contentent de vous dire « C'était bien, bravo » ou «J'ai rien compris ! », « C'est nul... », cela ne vous sera d'aucune utilité. Vous avez besoin de savoir ce qui a provoqué ou alimenté cette sensation chez ces personnes. De savoir à quel moment du talk cette sensation s'est produite, si elle a été provoquée par un mot, un exemple, un silence, une émotion chez vous... Savoir le plus précisément possible ce qui s'est passé vous donne les moyens de décider en conscience comment orienter votre prise de parole.

> *Le directeur d'une* business unit *dans un groupe du CAC 40 devait faire une présentation en interne sur la coopération entre les équipes. C'était un chantier stratégique pour le groupe, qui avait décidé d'investir en grand sur cette* business unit *pour conserver son avance sur le marché. Le directeur a alors choisi de parler d'un épisode qui datait de quelques mois: il y avait un problème avec un client et les différentes équipes se repassaient depuis « la patate chaude ». En substance, chaque équipe disait aux*

autres: «J'ai bien fait mon boulot», en passant beaucoup de temps et d'énergie à prouver qu'elle avait suivi le protocole. Pendant ce temps, la situation restait non résolue. Un exemple négatif, mais qui illustrait bien l'intérêt d'une bonne collaboration entre les équipes.

Lors de la répétition générale devant une douzaine de personnes, trois intervenants ont dit qu'ils n'aimaient pas le talk, arguant qu'ils le trouvaient mauvais et que l'orateur devrait changer d'approche. Comment extraire un feed-back utile de ce ressenti négatif, assorti d'une injonction? Nous avons demandé à ces personnes de dire précisément à quel moment chacun d'eux avait commencé à ne pas apprécier le talk. Ce qui leur avait déplu, où se trouvait ce qui ne collait pas selon eux. La confidentialité de la session de travail a permis à chacun d'exprimer le fond de sa pensée.

Le problème était le suivant: l'erreur avait été commise par une équipe interne et les trois intervenants critiques, qui faisaient partie de la direction du groupe, pensaient qu'il n'était pas judicieux de parler de cet échec, qui soulignait un manque de professionnalisme. Et ils redoutaient que les 80 personnes présentes à la conférence en viennent à douter de la qualité de cette équipe, et par ricochet de celles des autres équipes.

L'orateur n'avait pas envisagé les choses sous cet angle. Ces critiques lui ont permis de prendre conscience de deux choses: d'abord, il n'avait jamais douté de la capacité de l'équipe à évoluer, ensuite parler de cet épisode aurait pu même la motiver pour changer de comportement. Il avait donc confiance dans cette équipe, ce qui n'était pas le cas des trois autres directeurs. Cet incident l'a amené à orienter son propos sur la confiance qu'il portait depuis toujours à l'équipe et en quoi il pensait qu'elle pouvait réagir dans le bon sens. Cet exemple a donc été conservé et la prise de parole a rencontré un vrai succès.

Le feed-back avait permis de voir que le propos questionnait sans donner les clés du problème. C'est en révélant et en intégrant les éléments factuels sur l'équipe qu'il a pu répondre aux inquiétudes et transformer ce qui passait pour le récit d'un échec en opportunité de changement.

Le sentiment final renvoyé par l'auditoire est la résultante de plusieurs paramètres. Chercher du feed-back, et le questionner quand il n'est pas assez précis, permet de trouver où le bât blesse et d'ajuster son propos en conséquence: mieux expliquer une situation, donner des clés de lecture supplémentaire, enlever un élément qui perturbe, etc.
Gardez bien en tête que ce public d'entraînement a pour mission de vous donner des retours. Votre tâche n'est pas de les prendre tels quels, mais d'en faire des feed-back utiles qui VOUS aident à prendre la parole comme vous le souhaitez et à faire passer votre message.

EXERCICE

Pour développer cette écoute, voici un entraînement qui vous aidera à plusieurs niveaux:

- écouter le public;
- avoir du feed-back sur votre talk;
- apprendre à tenir plus ou moins compte des feed-back renvoyés.

Vous allez faire le talk deux fois de suite devant 2 personnes. C'est-à-dire que vous parlez, vous pouvez faire une pause pour boire, puis vous recommencez le talk sans avoir encore échangé avec ce public. Vous et vos auditeurs avez chacun une grille de lecture.

Côté auditeur: choisissez 2 à 4 personnes (pas plus) en qui vous avez confiance et qui sont prêtes à travailler pour vous aider dans votre prise de parole. Je dis bien «qui sont prêtes à travailler»: vous avez besoin qu'on vous indique précisément ce qui va et ce qui ne va pas, c'est cela qui va vous aider. Entendre que ce que vous faites est bien peut être rassurant, mais cela ne vous aide pas à écrire, à ajuster, à améliorer votre prise de parole.

L'orateur a besoin de savoir quand un public suit ou ne suit pas, ce qui fonctionne et pourquoi, quand les auditeurs décrochent, etc. C'est pour ces raisons que vous allez fournir des tâches aux personnes venues vous écouter en séance de travail.

Dans une prise de parole en public comme dans une symphonie, on est amené à écouter plusieurs niveaux. Pour votre prise de parole, voici différents niveaux sur lesquels votre public de répétition peut vous donner un retour.

- Qu'as-tu retenu comme impression/sensation ?
- Qu'as-tu ressenti comme émotion ?
- Qu'as-tu retenu comme idée ?
- Quel exemple t'a marqué ?
- À quel moment es-tu particulièrement emporté ?
- À quel moment décroches-tu ?
- À quel moment as-tu été rattrapé / as-tu commencé à réécouter ?
- Quand as-tu oublié que tu étais dans un exercice et t'es-tu mis juste à écouter ?
- Si tu as un peu décroché, quand était-ce ?
- Comment était le rythme pour toi ? (Trop lent, bien, trop rapide ?)
- En termes de rythme de quel ajustement aurais-tu eu besoin ? (Vitesse du talk et modulations de vitesse.)

Côté orateur: de votre côté, c'est plus compliqué, parce que vous êtes en train de parler. Parlez avec vos notes écrites ou de tête, mais de manière fluide. L'important est que votre parole soit facile à entendre, pour que le public vous écoute sans effort. Lorsque vous êtes en train de parler, identifiez dans votre tête les moments où vous sentez les auditeurs plus présents ou plus absents, les moments où vous sentez qu'il faudrait faire des ajustements, ceux dont vous avez l'impression qu'il faut les conserver.

Aller chercher du feed-back permet d'aller au-delà des réponses habituelles et d'investiguer les ressentis réels des auditeurs. Cette enquête fournit des éléments de réflexion différents, qui reconfigurent parfois le problème soulevé par votre prise de parole. Cela permet d'affiner une prise de parole de manière parfois surprenante et lui donne aussi l'occasion d'une nouvelle profondeur.
Le public écouté dans ses besoins se sent davantage compris et aura ainsi un autre lien avec vous. À vous maintenant d'écouter vos

différents auditoires, lors de la préparation en amont, afin d'intégrer à votre manière leurs feed-back pour être prêt, dans la bonne temporalité, avec le « vrai » public visé.

5

Montée & Contraste

La beauté n'est pas une idée absolue,
et ne peut s'apprécier que par le contraste.
Théophile Gautier

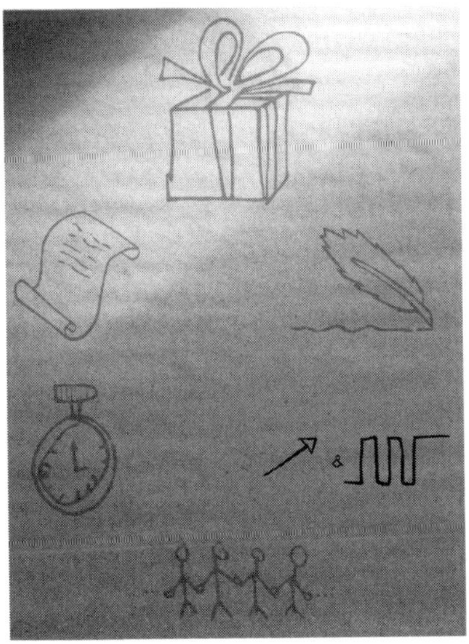

Toute prise de parole réussie peut se lire sous la forme d'une histoire, c'est-à-dire le récit d'une transformation. Il y a un avant et un après. Pour que l'*après* soit intéressant voire désirable, il y a besoin qu'il soit mieux que l'*avant*. L'histoire peut mal commencer et bien se terminer, le problème se résoudre par la mise en œuvre réussie d'une solution. Ce mécanisme implique deux choses : que l'auditoire puisse imaginer un point d'arrivée et que ce point soit bien différencié du point de départ.

En termes de récit, le mouvement part du bas pour aller vers le haut (quand ça se passe bien) et le chemin global à prendre est une montée. Il s'agit aussi de travailler sur la différence entre les deux niveaux pour permettre au public de se les représenter *par contraste*.

Comme dans les contes de fées

Tous les contes de fées commencent par « Il était une fois… ». Dans ces quatre mots est contenue la promesse d'une fin heureuse. Vous l'aurez remarqué, assez souvent ces contes commencent mal. Cendrillon a perdu son père et sa marâtre la méprise, la Bête a subi un sort puissant, les bonnes fées se sont penchées sur le berceau de la Belle au bois dormant mais une fée jalouse oubliée lui a jeté une malédiction, Le Petit poucet est le dernier d'une famille pauvre qui compte sept garçons et n'arrive pas à s'en sortir, etc.

Quel que soit le contexte, le stéréotype des contes de fées peut se résumer par ces deux propositions : ça commence mal, puis ça finit bien.

En termes de dramaturgie, la situation de base (S du modèle SPOC) est souvent médiocre, voire carrément mauvaise. Pourtant le public continue à écouter parce que la forme du conte, et par extension celle d'une prise de parole, induit une attente. Dans la très grande majorité des cas, nous écoutons des histoires pour en connaître la fin heureuse, l'amélioration de la situation, ou voir advenir un changement. C'est précisément cet aspect qui nous tient en haleine, parce qu'il est agréable qu'une histoire se termine bien (ce qui n'est pas toujours le cas dans la vie) et pour entendre ce que nous pourrions en retirer pour nous-même.

> *Dans une réunion interne, le directeur de l'innovation d'une entreprise d'un grand groupe voulait parler de la genèse du produit qu'il était en train de lancer. Au moment de travailler son accroche, il a proposé sans y penser plus que ça la phrase: «Tout a commencé dans un garage.»*
> *C'était une excellente idée. Le nouveau produit avait certes un rapport avec la voiture, mais ce début dans un garage mettait surtout en valeur le caractère entrepreneurial du projet. Cette image largement utilisée dans la Silicon Valley a été longtemps la signature des entreprises parties de rien et qui avaient rencontré le succès (les fondateurs d'Apple ont d'ailleurs commencé dans un garage). L'image était aussi particulièrement adaptée, car il s'agissait d'un produit de haute technologie.*
> *Cette manière de débuter sa prise de parole est une sorte de «Il était une fois» où l'on s'attend que l'histoire finisse bien. Ce qui était le cas pour ce produit, donc chacun retrouvait ses repères.*

Commencer d'une manière qui invite à penser que l'histoire va bien se terminer suggère aux auditeurs qu'il y a quelque chose à modéliser: un comportement à reproduire, une approche à reprendre, une manière de voir les choses qu'on peut transposer. Le travail de l'auditeur est de franchir les ponts entre la situation qu'on lui décrit et sa propre situation; celui de l'orateur est de rendre visibles et intelligibles les étapes, motivations et outils qui ont permis à cette idée d'avancer un pas après l'autre jusqu'au succès final.

Et quand ça finit mal?

Pour la petite portion des histoires qui finissent mal, c'est presque la même chose. La situation initiale est bonne ou mauvaise et le héros va évoluer jusqu'à une fin malheureuse. Le chemin qu'il nous montre est alors *a priori* un chemin à éviter. Une sorte de guide de tout ce qu'il ne faut pas faire.

Mais en quoi est-ce mieux à la fin qu'au début ? C'est mieux parce que l'auditeur a grandi en connaissance, voire en sagesse. Le fameux « C'est mieux après qu'avant » du chapitre 1 (« Le Cadeau ») réside dans ce partage. L'orateur travaille à mettre en lumière ce qu'il y a à retenir, en quelque sorte la « morale* », laquelle sera la plus lisible possible et la plus simple à retenir. Le but de l'orateur est d'éviter au public d'avoir à vivre lui-même l'expérience difficile.

Dans son talk, Ric Elias partage avec le public cette nouvelle sagesse acquise dans un avion sur le point de se crasher (www.qavad.fr/ricelias). Nous n'avons pas à vivre cette expérience extrême pour en tirer les enseignements.

Richard St. John a connu le succès, puis une énorme faillite (www.qavad.fr/RSJ2). Dans son talk, il partage ce qu'il a appris par cette expérience, nous permettant de profiter de ce qu'il a appris sans avoir à vivre un tel désastre. Il procède en évoquant les indicateurs de succès qu'il a identifiés pour voir en quoi il ne les a pas suivis. L'orateur n'est pas nécessairement plus riche aujourd'hui, mais il a mis en lumière là où il a fait des erreurs et nous donne ainsi des indicateurs pour ne pas les reproduire.

Quel mouvement dans quel contexte ?

Dans une conférence, l'orateur peut prendre un chemin vers le haut ou vers le bas. Ceci étant, on attend plus souvent de lui une progression vers le mieux. Les Américains ont d'ailleurs cette devise : « *End on high !*** »

---

* Voir chapitre 2, « L'Histoire », p. 49.

** Cette expression signifie à la fois « finir fort » (sur le plan de l'énergie) et « finir haut », c'est-à-dire bien.

Cette fin *« high »* peut être seulement de l'ordre de la perception, du ressenti, la réalité du contexte restant finalement inchangée.

Lors d'un atelier, un intervenant a parlé du harcèlement professionnel dont il avait été victime. Pendant des mois, quelques années même, il se disait que c'était injuste, que son patron n'avait pas le droit de lui faire subir cela, que c'était trop dur, etc. Pourtant il restait à son poste, miné par les assauts répétés. Son entourage, voyant que la situation durait, lui a dit, et même presque ordonné, de consulter un avocat pour savoir s'il pouvait attaquer son manager aux prud'hommes. Il a donc pris rendez-vous tout en se disant que c'était inutile, vain. Pendant l'entretien, l'avocat lui a posé des questions très factuelles, sans entrer dans quelque aspect émotionnel que ce soit, ce qui a d'abord déstabilisé le client. Au bout d'un moment, l'avocat a regardé ses notes et a examiné la liste en disant : « Eh bien, dans les événements que vous me racontez, les actions A, B et C sont interdites par loi et condamnées par les articles X, Y et Z. »

L'intervenant a raconté comment le fait de savoir que dans la réalité de la loi, de ses textes et de son application, son manager n'avait légalement pas le droit d'agir comme il le faisait a complètement changé la donne. Avant, quand il se hurlait dans la tête « Il n'a pas le droit ! », il interprétait cela comme une rébellion puérile et peut-être sans fondement. Après son rendez-vous chez l'avocat, ce « Il n'a pas le droit » était devenu une information, une réalité. L'intervenant ne se racontait pas d'histoire.

De retour à son travail, il a regardé la situation d'un nouvel œil. Son manager a continué à agir comme avant, mais l'intervenant savait ce qui était légal et ce qui ne l'était pas. Et sa situation professionnelle a été beaucoup moins douloureuse à vivre. Il a pu ainsi arriver à se demander s'il voulait quitter l'entreprise, attaquer en justice ou faire autre chose. Parce qu'il était maintenant au clair avec lui-même, il a pu aussi regarder ce qui lui plaisait dans l'entreprise, dans ce qu'il mettait en place, dans ce qu'il apprenait. Il a alors décidé de rester un an de plus.

Son travail n'avait pas changé, son manager non plus, mais cela n'avait rien à voir intérieurement. Le contexte n'avait pas changé, lui si. Et cette dernière année a été beaucoup plus simple à vivre.

Cet exemple n'est pas une histoire classique avec un bourreau et un héros (la victime) qui décide de sortir de la situation, récupère des forces et finalement, par un coup d'éclat, renverse la situation (en claquant la porte, en attaquant en justice, en prenant la place du manager, en le faisant licencier, etc.). Le sujet de l'histoire, c'est l'évolution du héros. La fin heureuse n'est pas le licenciement du manager suivi d'une offre de la direction pour reprendre son poste, c'est la résolution du problème.
Pour une prise de parole plutôt orientée produit ou projet, montrez en quoi ce que vous apportez, le produit que vous défendez, est une solution à un problème. Même dans ces thématiques plus techniques, on peut retrouver la structure SPOC (Situation – Problème – Outil – Confrontation). Une telle intervention pourrait suivre le canevas suivant : à partir d'une Situation d'origine, émerge un Problème (qui peut être généré par le contexte) et, pour le résoudre, il faut élaborer et construire un nouvel Outil ; une fois ce dernier achevé, la Confrontation entre le problème et l'outil a lieu.

Comme en cours de philo

Si j'ai tout de suite aimé les cours de philosophie en découvrant Socrate, Platon ou Freud, pour ne citer qu'eux, j'ai longtemps eu des mauvaises notes dans cette matière. Jusqu'au jour où j'ai rencontré M. Detape. Professeur de philosophie en classes préparatoires, il était un amoureux de la philosophie et de la pensée, œuvrant à transmettre cet amour à ses élèves. Il nous a donné la clé du plan de la dissertation par un schéma simple et toujours d'actualité. Cette manière de faire est surtout une démarche intellectuelle, qui se retrouve aussi dans la prise de parole.
Ce plan comporte trois temps de natures différentes, dont chacun alimente notre réflexion de lecteur ou d'auditeur. Or tout ce qui alimente notre réflexion de manière construite et argumentée nous

fait plaisir, car nous avons pu suivre l'articulation de la pensée qui nous était présentée. La personne qui s'exprime sait où elle va et structure son propos en fonction de cette direction ; les auditeurs se sentent alors guidés sur un chemin clair et balisé.
Et si l'orateur apporte des contenus nouveaux, le public est aux anges. Il se sent plus intelligent, plus capable, car vous l'aurez conduit d'un point de réflexion à un autre de manière très logique et très articulée.
Ces trois temps sont les suivants :

1. Introduction et problématisation du sujet: comment en arrivez-vous là et en quoi est-ce un sujet qui mérite qu'on s'y intéresse ?
2. Développement: sur le fil qui relie le début à la fin, vous allez reprendre tous les éléments qui sont venus lors de la réflexion et voir où ils ont leur place dans le développement en parties.
3. Conclusion et ouverture: une fois arrivé là où vous vouliez arriver, au moyen d'une progression logique vers le haut, vous ouvrez le propos pour permettre au public de continuer la réflexion.

Avoir cette structure en tête donne à voir la dynamique de mouvement vers le haut (comme dans les contes). Marquer, même de manière simplifiée, les éléments de l'introduction et de la conclusion, puis les éléments de chacune des parties du développement, permet de voir comment l'ensemble tient la route.

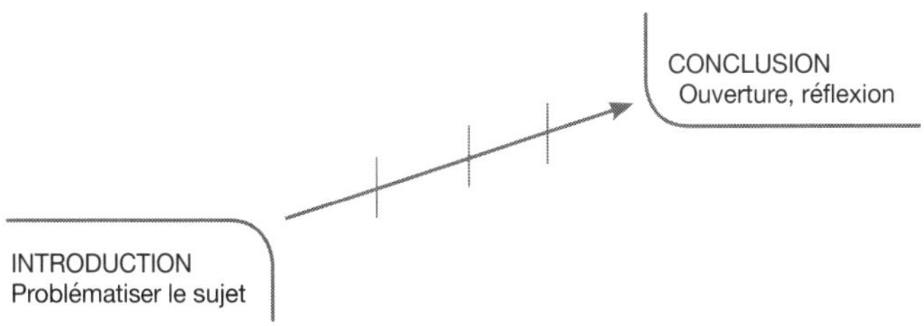

Le schéma qui précède montre la montée à partir du niveau de l'introduction vers celui de la conclusion. Cette ascension continue entre les différentes parties du développement met en scène le besoin de progression et de logique d'une partie à l'autre (par chronologie, déduction, compréhensions successives, etc.).

Le psychologue américain Barry Schwartz intervient régulièrement à TED. Dans son 4e talk, en 2015, il aborde la question de savoir pourquoi nous travaillons (www.qavad.fr/travail). À travers ce talk, nous allons assister à l'histoire d'une idée déployée selon ces trois temps :

1. Introduction et problématisation. *On dit qu'on travaille pour gagner de l'argent, sinon on n'irait parfois pas travailler, le travail étant souvent inintéressant. Et il n'y a pas d'autre raison de faire un travail inintéressant que d'être payé pour le faire. Mais comment se fait-il que nous ne travaillions que pour de l'argent ?*

2. Développement. *Si la technologie des objets ne change pas les objets (un objet continue toujours à obéir aux lois de matière), la technologie des idées, elle, modifie les idées.*

Si une mauvaise technologie des objets ne peut durer (car les lois de la matière vont la réfuter), une mauvaise technologie des idées peut perdurer, parce qu'elle va modifier l'environnement des idées et rendre cette technologie vraie.

Or, pour Adam Smith (un des pères de la révolution industrielle), on n'obtient rien d'un être humain si on ne le paye pas…

Il a, de ce fait, créé les conditions où l'idée est devenue vraie.

*Nous modelons/*designons* *la nature humaine par les institutions dans lesquelles les personnes vivent et travaillent.*

3. Conclusion et ouverture. *Vous qui êtes des patrons, quand vous allez retourner dans vos entreprises, au service de quelle nature humaine voulez-vous concevoir et structurer/*designer *vos organisations ?*

Poser ainsi les enchaînements de la prise de parole présente de nombreux avantages :

* *Designer* au sens de « faire le design » de quelque chose.

- mise en lumière de la structure logique;
- identification des éléments clés;
- vérification de l'enchaînement des éléments clés;
- simplification par mise en exergue des éléments clés, ce qui facilite la mémorisation.

Le contraste pour mieux percevoir

Dans une prise de parole, comme à vélo, une montée est perceptible par l'effort nécessaire pour la gravir. À vélo, monter de 5 mètres d'altitude est imperceptible sur une distance de 500 m (soit une pente de 1 %) mais extrêmement ardu sur une distance de 25 m (soit une pente de 20 %, plus inclinée que les pires grimpées du Tour de France).
Le contraste fonctionne sur le même principe: c'est un mode de présentation qui fait ressentir le différentiel, un moyen de comprendre, de visualiser, de se rappeler la différence entre le haut et le bas, entre le début et la fin, de prendre la mesure de l'écart.

> *Il y a cinq ans, j'accompagnais mon fils aîné à l'école primaire et nous parlions de son anniversaire, qu'il venait de célébrer. Nous avons eu ce court échange:*
> *— Papa?*
> *— Oui?*
> *— Tu sais, il y a neuf ans j'étais un bébé, et dans neuf ans j'aurais 18 ans.*
> *— …*
> *En une phrase, j'ai eu le vertige.*
> *Il était encore petit, plutôt du côté des jeunes enfants, et là, d'un coup, il venait de mettre côte à côte sa naissance et le moment où il serait un jeune homme développé, en capacité de quitter la maison… Une mise en perspective forte par contraste, que j'avais oubliée dans le quotidien, en suivant pas à pas son évolution. J'avais perdu de vue le chemin sur lequel nous étions, l'alpha et l'oméga de cette période particulière de la vie où le parent est le*

tuteur légal. Ce puissant contraste m'a ému et je repense souvent à cette phrase sortie de la bouche d'un bout de chou qui avait saisi le chemin sur lequel il était, et sur lequel je l'accompagnais.
Quand je suis avec lui, mon rôle est de l'accompagner sur cette route et, surtout, vers cette destination. Ce contraste me sert de rappel et de point de repère.

Le contraste permet de retrouver le différentiel, que nous avons tous tendance à oublier. Il nous apporte la sensation physique d'un écart que, sinon, nous ne voyons plus, ne ressentons plus.
Notre esprit comme notre corps sont des outils beaucoup plus sensibles au contraste qu'à la réalité intrinsèque des choses : en hiver, pénétrer dans une pièce à 25 °C quand on vient de l'extérieur donne l'impression qu'il y fait bien chaud, alors qu'on ressentira plutôt de la fraîcheur en été, dans le sud de la France.
Ce mécanisme existe pour toutes les sensations. En peinture et en photographie, pour représenter une lumière éclatante, on ne peut pas tellement augmenter la luminosité du blanc, mais on peut modifier la couleur qui est juste à côté afin d'augmenter le contraste. Un texte est lui-même un intermédiaire entre la réalité qu'il décrit et notre réalité sensible. Utiliser le contraste, c'est retrouver cet aspect corporel, ces sensations suggérées qui nous permettent de

Sur cette photo de sable découvert à marée basse, l'intensité lumineuse du blanc n'est pas supérieure à celle du papier, et pourtant elle apparaît comme telle. À tel point que le sable au-dessus de la pierre brille d'une lumière éclatante qui nous éblouit presque.
Les peintres et les photographes utilisent d'ailleurs largement cet effet pour, grâce à ce procédé, créer des sensations chez le spectateur.

nous représenter une scène ou, mieux encore, l'impression que provoquerait cette scène si nous en étions réellement spectateurs.

Un dernier parallèle entre le corps et l'esprit : nous ne ressentons pas la vitesse mais nous ressentons l'accélération. Dans un TGV à pleine allure, nous ne savons pas à quelle vitesse nous roulons, mais dans une voiture à l'arrêt qui démarre en trombe pour passer de 0 à 30 km/h, nous ressentons que cela va vite.

Dans une prise de parole, on retrouve un phénomène équivalent : les auditeurs vont plus difficilement avoir la sensation de ce qui est décrit que la sensation du contraste ou de l'écart. Le contraste donne des repères.

Le contraste comme moteur de l'histoire

Dans le conte de fées, le début et la fin sont souvent radicalement opposés. Misère et soumission d'un côté, richesse et liberté de l'autre. On retrouve de tels contrastes dans les interventions qui parlent de technologie : d'un côté, en 1980, recevoir ou passer des appels quand on est sur la route est fastidieux ; de l'autre, en 2010, on peut appeler et être appelé le plus simplement du monde avec les téléphones portables.

Le contraste peut s'appliquer à tous les domaines, scientifiques, business, sociétaux, etc.

L'écart perçu au début crée de la tension et le désir d'entendre la suite pour comprendre comment passer d'un état à un autre.

Le conte de fées commence par « Il était une fois », donc il va bien finir. Pourtant, ça commence mal. Le tout est de savoir comment le narrateur va passer de l'un à l'autre.

> *Un pitch possible d'Airbnb au début de leur histoire aurait pu être : « Quand on voyage à plusieurs, l'hôtel est pratique et vous permet d'avoir un lieu où dormir. Mais c'est souvent cher, et les chambres ne sont pas toujours grandes. Et si, au lieu de cela, vous*

aviez tout un appartement, voire une maison pour vous, et que cela coûte moins cher ?»

La différence d'état permet de mesurer à quel point la situation (ou le personnage) peut/va changer. Plus le changement est grand, plus la valeur des étapes que l'idée et/ou le héros ont franchies est grande, et plus ce qui est partagé a de valeur.
Voir cette différence nous donne envie de savoir comment a eu lieu le passage du début à la fin. L'auditoire sait, devine ou a une idée de l'endroit où la prise de parole va arriver, mais il ne sait pas comment l'orateur va passer d'un état à un autre.
Gaëlle Copienne résume cela en une phrase: «Le suspense est sur le comment, pas sur le quoi.»
On retrouve cette caractéristique dans la toute première partie de la prise de parole, avec le PEJ (Pourquoi Écouterais-Je ?*).

Au début de son TED Talk de 2016 (www.qavad.fr/leilahoteit), Leila Hoteit, directrice associée du Boston Consulting Group de Dubaï, raconte la réaction de sa fille de 3 ans devant un immense poster des trois dirigeants des Émirats arabes unis. Elle lui demande: «Maman, pourquoi est-ce que, là où nous vivons, et au Liban où mamie et papy vivent, nous ne voyons jamais de photos de femmes puissantes sur les murs ? Les femmes ne sont pas importantes ?»
Il y a dans cette question de multiples contrastes qui nous permettent de bien en saisir la teneur: entre l'immense poster des trois dirigeants et la petite fille, entre les photos des hommes et des femmes, entre une norme et une question enfantine. L'intervenante est une femme d'affaires arabe, elle parle à TED, les auditeurs se doutent bien du type de réponse qu'elle aura pu apporter à sa fille. Mais ils n'en connaissent pas le détail ni le cheminement, ni comment fournir à toutes les autres personnes une réponse profonde et argumentée.

---

* Voir chapitre 3, «Écrire», p. 49.

Le contraste est fort et le suspense présent. Le contraste permet de donner du relief dès le début, de comprendre ce qui est en jeu et d'entrer dans l'histoire. Le vrai destinataire du talk n'est pas la petite fille, mais le public.

EXERCICE

Voici un outil, simple en apparence, pour vous entraîner à repérer et à formuler des contrastes moteurs dans les prises de parole en public. Il est très pratique et permet de poser une situation de base pour n'importe quel talk. C'est le « Savez-vous que… ? Eh bien… »

Il s'agit de regarder un talk avant d'en poser les bases selon ce canevas. Faites-le plusieurs fois, avec plusieurs interventions différentes, jusqu'à ce que vous ayez bien compris le truc, puis appliquez-le à votre prise de parole. Voici trois illustrations de ce canevas.

www.qavad.fr/LeilaHoteit (TED@BCG, mai 2016)

Savez-vous que, en tant que femme du monde arabe, je n'ai jamais trouvé de modèle à qui m'identifier pour suivre mon propre chemin en tant que femme libre, indépendante et qui réussit ? Quel modèle alors donner aux jeunes femmes et à ma fille ?

Eh bien, voici trois leçons aidantes et durement apprises pour être heureuse et réussir dans cet environnement, et dans d'autres aussi.

www.qavad.fr/ManuPrakash (TEDGlobal, Juin 2012)

Savez-vous que le paludisme tue un million de personnes par an alors que le virus se détecte simplement grâce à un microscope ?

Eh bien, j'ai inventé avec mes étudiants un microscope en papier qui coûte 50 cents.

www.qavad.fr/MihoJanvier (TEDGlobal, août 2017)

Savez-vous que les orages solaires provoquent des perturbations des télécommunications, des GPS ou même des installations électriques, comme en 1989 au Québec, où il y a eu une panne géante d'électricité ?

Eh bien, mon équipe travaille sur le premier système de météorologie solaire qui va nous permettre de prévoir les orages solaires et nous en protéger.

La gestion de l'écart

Si l'écart est essentiel pour ressentir, prenez garde qu'il ne soit pas trop grand entre le début et la fin, car l'auditeur risque de ne pas croire à votre histoire. La différence devient crédible parce que le chemin parcouru aura été d'une longueur et d'une difficulté proportionnelles à cet écart.

Toute histoire est celle de la transformation d'un héros (personne ou idée). Pour que ce héros se transforme, il passe par des étapes qui demandent une implication, et très souvent un effort. Cet effort doit être à la hauteur, à la mesure de l'intensité du contraste. Sinon, la transformation n'est pas crédible, pas plus que le chemin parcouru. Mettre en avant l'écart n'aura donc servi à rien.

En 2016, Thordis Elva et Tom Stranger partagent la scène de TEDWomen et parlent chacun leur tour (www.qavad.fr/reconciliation). L'histoire commence par leur rencontre, quand ils étaient étudiants, puis leur relation amoureuse. Elle tourne mal quand Tom a une relation sexuelle avec Thordis sans qu'elle l'ait demandé ni eu la force de la refuser. L'histoire qu'ils racontent est celle de leur réconciliation. Ils ont d'ailleurs écrit un livre à quatre mains sur ce sujet. C'est d'un viol qu'il est question et il est important que tout le monde le comprenne. Thordis va donc passer du temps à en parler. À parler ensuite du chemin qu'elle a parcouru pour arriver à vouloir reprendre contact avec Tom, puis le faire et lui écrire pendant huit ans, avant qu'ils se revoient et puissent se parler en face à face. Pour sortir alors de leur condition respective de victime et d'agresseur et redevenir des êtres humains avant tout.

Faire cette conférence ensemble pour dénoncer la violence sexuelle trop ordinaire est un énorme chemin parcouru. Pour nous donner les moyens de les suivre sur ce chemin dont les deux extrémités sont si contrastées, si éloignées, il est nécessaire de prendre l'espace de décrire les étapes clés, de prendre le temps de raconter comment elles ont été franchies successivement.

Prendre ces 19 minutes (ce qui est très long pour un TED Talk) pour parcourir cette distance permet au public de croire ce qu'il voit, de comprendre les différents niveaux et de les intégrer.

Gérer la hauteur des marches

Vous devez gérer l'écart entre le début et la fin pour qu'il soit crédible, et en parallèle garder à l'esprit la manière dont vous faites franchir cet écart au public. Votre travail est de donner à vos auditeurs les moyens de le faire. Si la marche est trop haute et s'apparente à un mur abrupt, elle stoppe net la progression du public vers la compréhension ou le point de l'histoire vers lequel vous voulez l'emmener. Faciliter cette progression revient à placer des étapes intermédiaires pour passer d'un niveau à l'autre tout en faisant décrocher le minimum de personnes.

Examinons sous cet angle le talk de Sebastian Thurn sur la voiture autonome dont j'ai déjà parlé plus haut (www.qavad.fr/thurn). Au début, il dit que des jeunes se tuent en voiture et que la voiture autonome est une solution. Posée en ces termes, l'affirmation semble « sortie du chapeau ». Il n'y a pas d'articulation entre les deux éléments, l'écart entre eux est trop grand.
Pour représenter cet écart, utilisons la métaphore des marches. En bas il y a la situation initiale, en haut la situation finale. Si vous ne dites rien de plus, les auditeurs n'auront que ces deux éléments et ils devront passer directement d'une marche à l'autre.

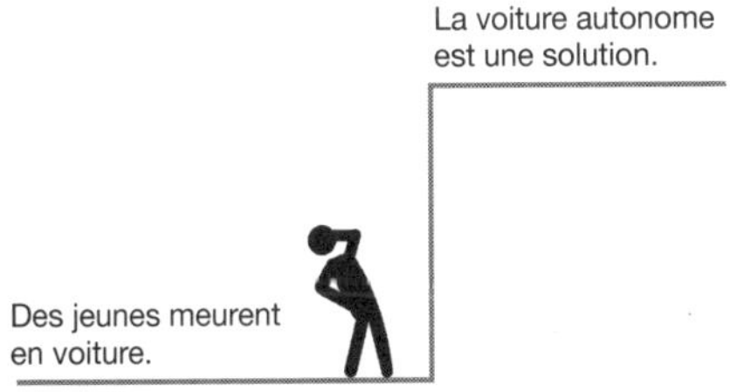

Si la marche est trop haute, l'écart entre les deux éléments trop important, vous perdez le public.

Pour passer du niveau du début à celui de la fin, pensez à lui faciliter la tâche au lieu de la lui rendre difficile. Vous allez donc « découper » cette marche très haute en marches plus petites. Plus petites et donc plus proches les unes des autres, elles seront naturellement plus liées et permettront à l'auditoire de les monter l'une après l'autre et de parcourir tranquillement la distance entre le début et la fin.

Un bénéfice corollaire du chemin à parcourir

L'écart entre le début et la fin de l'histoire doit valoir le coup. Sinon l'histoire n'a pas d'intérêt, pas de valeur, et tous les efforts faits n'en valent pas la peine.
Si le prince n'est pas amoureux fou de la princesse, pourquoi irait-il risquer sa vie à affronter un dragon de 10 m de haut et bien plus fort que lui ? Il n'a aucune chance de le vaincre ! Et s'il y parvient, ce sera mauvais pour la biodiversité !
Affronter les dangers, combattre le dragon n'a de sens que si le prince aime profondément la princesse, si la vie sans elle serait pire que la mort qu'il risque en essayant de la libérer. Le chemin à parcourir, l'écart à franchir doivent offrir un bénéfice qui vaut vraiment la peine de se donner tant de mal. Si c'est pareil au début et à la fin, alors il n'y a pas de motivation et l'histoire n'est pas crédible,

en ce sens que le héros se mobilise pour un but qui n'est pas assez intéressant.
Dans votre prise de parole, l'écart entre le début et la fin est fondamental. Si le personnage principal n'a pas de bénéfice à se lancer dans l'aventure, à penser autrement, à développer un nouveau concept, le public ne suivra pas. Votre rôle est de veiller à ce que les bénéfices reçus soient à la hauteur des épreuves rencontrées. Le grand bénéfice est le cadeau de l'histoire (la « morale »).

> *Dans* L'Âge de glace, *les dangers rencontrés et affrontés par les personnages sont à l'aune du monde merveilleux qu'ils vont découvrir à la fin. Dans la mécanique de l'histoire, on sait que plus le chemin à parcourir sera semé d'embûches, plus la récompense finale sera grande**.
>
> *Dans son TED Talk de 2012, Amy Cuddy nous parle de l'influence de notre posture corporelle sur notre comportement (www.qavad.fr/amycuddy). Selon elle, une posture physique influence notre comportement et nous permet de réaliser plus facilement ce que nous voulons. Et ça, c'est un truc qui intéresse tout le monde ! Nous allons donc l'écouter attentivement. Comme nous imaginons que ce n'est pas non plus si évident que ça, nous avons besoin que le chemin pour arriver au but soit suffisamment long et que l'oratrice entre dans les détails.*

La durée attendue par le public

Ensuite, les chemins pour avoir le bénéfice sont plus ou moins longs. C'est là qu'intervient la notion de « difficulté attendue ».
Quand un problème et le chemin qui conduit à sa résolution nous sont présentés, nous avons presque tous immédiatement une idée (plus ou moins juste) de la difficulté de ce chemin. Nous escomptons donc certains types de dénouement, de rebondissements. Plus

---

* Cette mécanique est particulièrement marquée et visible dans les films pour enfants.

la difficulté attendue est grande, plus la résoudre prendra d'énergie, donc plus le public attend un exposé long. Vous devez prendre cet élément en compte pour ajuster en conséquence la longueur de la partie qui présente la solution.

MISE EN SITUATION

À partir d'une même situation initiale, les attentes des auditeurs seront différentes selon le type de solution proposée. Prenons un exemple : dans le secteur des assurances, 70 % des assurés ont eu une mauvaise expérience avec le service clients, ce qui les incite à changer d'assureur. Mais pourquoi les clients sont-ils insatisfaits ?

Examinons deux chemins de résolutions différents, à la complexité différente, donc au temps de mise en place différent imaginé par le public. (Le tableau se lit verticalement.)

Thème	Version 1	Version 2
Manière d'envisager le problème (et de poser la question oralement)	« Parce que les conseillers ne savent pas être en relation empathique avec les clients. »	« Parce que les conseillers sont face à des produits trop complexes. »
Manière d'envisager la manifestation du problème	« Les clients ne se sentent ni écoutés ni entendus, ils ne se sentent pas rassurés, et répètent souvent leur demande, s'impatientent, ce qui crée du mécontentement. »	« Et aller chercher toutes les informations dans tous les outils et toutes les bases de données qui ne sont pas les mêmes, cela prend du temps. »
Solution envisagée	« Apprenons à nos conseillers à avoir une écoute empathique qui leur permettra d'accompagner au mieux les clients, ce qui les satisfera et augmentera leur adhésion à la marque. »	« Inventons un produit qui simplifie l'accès aux informations pour le conseiller, ce qui fera gagner du temps et augmentera la satisfaction produit. »

Champ d'application	Humain/comportement	Technique/outil
Évaluation probable du public quant à la résistance que les conseillers vont a priori opposer à la solution proposée	Forte	Faible à moyenne
Évaluation probable du public de l'effort à fournir par les conseillers	Très grand	Petit si l'outil est bien fait .
À quels temps et coût est estimée la mise en place de la solution ?	Long, voire très long… Et cher *a priori*.	Ça peut être court. Et s'il s'agit d'une solution technologique, peut-être pas très chère.
Dans la prise de parole, quel temps est attendu de la part du public sur la mise en place réelle de la solution ?	LONG Comme le public imagine une grande difficulté, l'écart est donc très grand. Il est donc nécessaire de prendre le temps de parler de la mise en place de la solution. Que ce soit rapide ou non dans la réalité, plus on imagine que c'est compliqué, plus il est nécessaire d'expliquer dans le détail pourquoi ça marche. Comme le public est plutôt enclin à penser que changer la manière d'être d'une personne ne se fait pas en deux jours, le temps pour parler de cela aura besoin d'être long	COURT À MOYEN Comme le public est plutôt favorable à la technologie, qui offre des outils très performants, il a surtout besoin de comprendre la logique du logiciel dans les grandes lignes. Comme le public est plus enclin à croire aux bénéfices de la technologie, la démonstration aura moins besoin d'être poussée, donc le temps d'en parler sera court

Dans son talk (www.qavad.fr/amycuddy), Amy Cuddy parle d'un outil pour modifier notre comportement et aussi de qui nous sommes. Pas uniquement notre comportement, mais notre identité. Comme c'est un sujet dont nous mesurons la complexité, nous nous attendons à un exposé long. Ce qui est le cas. Le talk d'Amy Cuddy est l'un des plus longs sur TED.com : 21 minutes. Pourtant, cette durée est ici nécessaire. L'oratrice met plus de 15 minutes à montrer l'efficacité d'une posture de puissance, qui donne aux autres l'impression que nous sommes sûrs de nous, même si c'est faux, et qui finit par provoquer en nous un sentiment de confiance en soi. Le cadeau reçu par le public est donc immense. Il a fallu 18 minutes pour y arriver, mais ce cadeau les vaut.
Mais ce qui a encore plus contribué à propulser cette intervention à la 2e place des talks les plus regardés, c'est sa seconde partie. Amy Cuddy nous apprend ceci : une fois qu'on a fait semblant, non seulement on peut le refaire, mais on finit par devenir ce que l'on mime. Il n'y a que 3 minutes d'écart entre ces deux parties, avec de nouveau une histoire d'échec annoncé qui se transforme en réussite, mais un cran au-dessus. Amy Cuddy est allée encore plus loin, c'était encore plus dur et cela nous a menés encore plus loin en tant qu'auditeurs.
À la fin des 21 minutes, certes le talk a duré longtemps, mais il n'a pas eu de longueurs ; il a duré un temps proportionnel à la difficulté attendue et à l'importance du sujet.

Quand l'écart fait la vente

Les tableaux comparatifs font partie des outils de vente classiques. Surutilisés, ils ont tendance à perdre en efficacité, car tout le monde sait qu'on peut choisir les éléments de la comparaison pour peindre un tableau plus favorable. Le procédé reste toutefois très efficace quand l'écart est énorme et que, à le voir, on ne se pose pas la question tellement la conclusion est évidente : le bénéfice présenté à l'utilisateur est tel qu'il adopte tout de suite ce qui lui est présenté, à condition que la différence de prix reste dans la tranche imaginée

pour le bénéfice escompté. Le bénéfice différentiel (l'écart) est tel qu'il amène le public à faire son choix dans l'instant.
De nombreuses innovations fonctionnent et ont été adoptées selon ce principe. Les baladeurs sont devenus numériques grâce à l'iPod, les smartphones sont devenus tactiles grâce à l'iPhone, les machines à expresso fonctionnent avec des capsules depuis Nespresso, un taxi peut se commander *via* un smartphone depuis Uber, louer son domicile est devenu accessible à tous depuis Airbnb, etc. S'il y a largement à redire sur le modèle social, économique, fiscal ou environnemental de nombre de ces solutions, le contraste avec les autres solutions est immense et suscite encore l'adhésion. Même si nous savons que ces solutions ne sont pas idéales, l'écart avec ce qui existait avant est tel que leur utilisation semble tomber sous le sens.
C'est parce que l'écart est énorme que cela se vend : c'est tellement évident qu'il n'y a même pas besoin d'y réfléchir (*no brainer*, disent les Américains, c'est-à-dire « pas d'utilisation du cerveau » !).
Mais attention quand même avec cette approche : vous avez toujours intérêt à ce que l'auditoire pense par lui-même. Si vous attendez que votre prise de parole fonctionne sans que les auditeurs aient besoin d'utiliser leur cerveau, cela veut dire :

- que ce n'est pas un cadeau que vous leur avez fait, puisque vous les considérez comme abrutis ;
- qu'ils ne peuvent pas se transformer, parce que la transformation demande un travail du cerveau.

Le jour où le cerveau des auditeurs se remet en marche, cela peut provoquer des rejets violents si vous avez utilisé cette technique non pas pour leur donner à voir une situation, mais pour les duper.
Dans l'exemple qui suit, l'écart énorme tient en une seule image. Utilisé à bon escient, il invite le public à réfléchir sur quelque chose.

En novembre 2017, Elon Musk présente les derniers modèles de voitures Tesla, notamment un roadster surpuissant. Les internautes ont repris en une image la différence qui existe entre le roadster Tesla et celui de Bugatti, pourtant réputé le plus puissant du monde. Cette infographie créée par un internaute dans *la semaine qui a suivi l'annonce est fondée sur le principe du fort écart*.*

Tesla Roadster	vs	Bugatti Chiron

1,9s	0-60mph	2,4s
8,8s	1/4 Mile	9,8s
4,2s	0-100mph	5s
250+mph	Vitesse max.	261mph
620mi	Distance	286mi
4	Places	2
200 000 $	Prix	3 000 000 $

Le contraste est saisissant.
Dans l'image originelle, les couleurs des deux voitures sont elles aussi à l'opposé l'une de l'autre (Tesla rouge, Bugatti bleue), ce qui contribue à alimenter la différence.
Cette infographie montre un réel écart de performance entre les deux voitures, écart d'autant plus frappant que Bugatti est une référence mondiale et que Tesla n'existait pas dix ans plus tôt. Le plus gros contraste, énorme même, se situe au niveau du prix, qui est ici LE marqueur de la rupture technologique. Avec un tel contraste, on ne peut que vouloir choisir le roadser de Tesla. C'est là que le contexte est important.
Si l'orateur dit: «Maintenant, le meilleur roadster du monde est abordable», alors qu'il coûte 200 000 dollars, c'est un mensonge parce que très peu de personnes peuvent mettre ce montant dans une voiture!
Si l'orateur dit: «Si vous aviez commencé à économiser 3 millions de dollars pour acquérir le roadster le plus puissant du monde,

* Tableau réalisé d'après: https://imgur.com/gallery/2k9Wi.

> *j'ai une bonne nouvelle pour vous : vous avez probablement déjà de quoi l'acheter», cela replace les éléments dans un contexte plus approprié.*

Cette infographie est un cas rare où l'écart est évident, simple, lisible. Sa lisibilité est telle qu'on peut la décoder avec la grille de lecture SPOC.

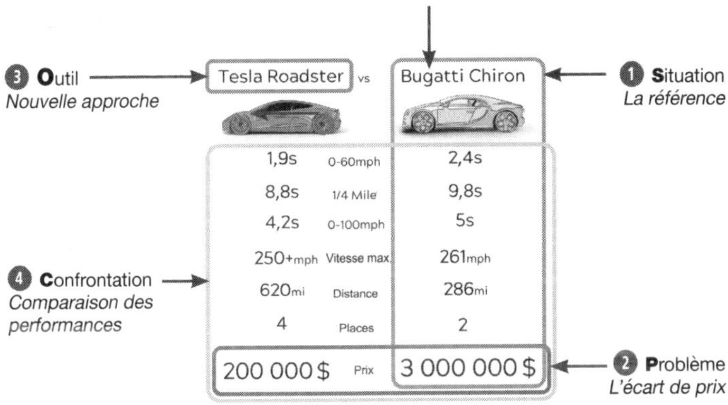

Si vous envisagez de faire une infographie ou d'utiliser un tableau comparatif pour confronter deux éléments, voyez dans quelle mesure vous y retrouvez le modèle SPOC.

Différencier emphase et contraste

Les présentations de Steve Jobs ou d'Elon Musk, comme la plupart des conférences américaines, sont souvent l'occasion d'une surenchère de qualificatifs. Quand on les regarde en version originale, tout est formidable (*awesome*), fantastique (*amazing*), du jamais-vu (*never seen before*), le meilleur à ce jour (*best ever*), etc.
L'orateur vise ainsi à renforcer la perception de qualité ou d'intensité d'un élément. Le mot ou l'expression accentuent la qualité : « le meilleur téléphone à ce jour », « un son d'une qualité incroyable », « pour une voiture hors norme », il fallait une équipe hors norme »,

« non seulement ce PC est génial, mais en plus il vous rend génial », « ne prenez que des photos extraordinaires », etc.
Un tel processus revient à dire au public quoi penser : « cet appareil photo produit des images extraordinaires », « ce PC est génial », « cette voiture est hors norme (donc mieux que bien), « ce casque est incroyable », « ce son vient d'une autre planète », etc. On souffle ainsi au public la manière dont il doit considérer ce qui lui est présenté. Libre à chacun ensuite d'accepter ou non cette manière de voir les choses.
Pour résumer, si vous ne savez pas si vous êtes dans l'emphase ou dans le contraste, voici comment faire la différence :

- dans l'emphase, l'orateur dit au public quoi penser ;
- dans le contraste, il montre deux éléments l'un à côté de l'autre et invite les auditeurs à penser par eux-mêmes (pour le roadster Tesla, je peux penser que cette voiture est top ou que c'est idiot de mettre autant d'argent dans une bagnole !).

Donner à voir l'écart

Prenons le cas du danseur Sergeï Polunine, que j'ai découvert dans le clip de *Take me to Church* et à travers le documentaire *Dancer**.
Pour résumer (trop) rapidement son histoire jusqu'à ses 20 ans, on pourrait dire ceci :

> *Sergeï Polunin est un prodige de la danse classique. Né en 1989 d'un père ouvrier dans une famille ukrainienne pauvre, il a été nommé à 19 ans premier danseur du prestigieux Royal Ballet, le plus jeune à avoir ce titre. Pour en arriver là, il a travaillé très dur, plus dur que tous les autres.*

* Sergeï Polunin a été révélé au grand public avec le clip de la chanson *Take me to Church* de Hozier, réalisé par David La Chapelle (www.qavad.fr/Polunin, 22 millions de vues sur YouTube). La BBC a réalisé en 2016 le documentaire *Dancer*, qui retrace son parcours (www.qavad.fr/dancer).

La description est claire, avec un contraste, mais l'auditeur reste extérieur à tout cela. Il ne peut qu'être spectateur, parce que « travailler dur » est trop générique et la pauvreté est évoquée si vite qu'elle reste du côté des concepts. Finalement, nous nous représentons peu la scène. Et les étapes traversées ne sont pas visibles. Ne voyant pas la transformation de cet enfant en prodige de la danse, il est difficile de croire que c'est grâce à son travail acharné qu'il est devenu ce qu'il est. Rien n'empêche l'auditoire de se dire : « D'accord, il a beaucoup travaillé, mais il devait être super bon de toute façon. Donc en quoi a-t-il réellement du mérite ? »

Reprenons la même histoire en travaillant le contraste ET la vraisemblance de l'écart. Dans cette seconde version, nous allons donner plus de matière pour représenter chaque extrémité de l'histoire : pauvreté et prestige. Ce qui aura pour effet de faire ressentir l'écart comme plus grand, car l'écart est de fait énorme.

Il sera nécessaire de passer plus de temps (donc d'employer plus de mots) pour montrer les étapes parcourues, les difficultés rencontrées et la manière dont le héros (Sergeï Polunine) a franchi ces différentes étapes.

Tout ceci a un but : donner à l'auditoire les moyens de se représenter la situation et le parcours, de mieux visualiser la situation ET de mieux apprécier le chemin parcouru, de donner à voir l'écart pour améliorer la compréhension.

> *Sergeï Polunine est un prodige moderne de la danse classique. En 1989 naît ce fils unique d'un père ouvrier et d'une mère au foyer à Kherson, petite ville d'Ukraine. Ses parents rêvent pour lui d'une vie meilleure que la leur et le poussent pour réussir : il commence la danse à 3 ans. L'enfant a des dispositions. Pour lui donner toutes ses chances, son père et sa grand-mère s'expatrient pour gagner davantage d'argent, lui comme jardinier au Portugal, elle comme femme de ménage en Grèce. Ils ne verront plus Sergeï, mais ils pourront financer son école de danse à Kiev et la chambre qu'il y partage avec sa mère. Il a alors 10 ans.*
>
> *Le petit garçon veut se montrer à la hauteur du sacrifice fait par toute sa famille et va travailler tout le temps, sans relâche, sans se*

distraire comme les enfants de son âge (en jouant au foot, en rigolant, en menant une vie insouciante), juste travailler au moins deux fois plus que tous les autres. Sa réussite est la seule chance de voir sa famille de nouveau réunie. C'est avec cet élan qu'il intègre le Royal Ballet à 13 ans et continue son travail acharné dans cette institution réputée pour l'intensité de ses cours. À 18 ans, il a dansé bien plus d'heures qu'aucun autre autour de lui. Il est devenu un danseur exceptionnel, avec trois ans d'avance sur le cursus habituel. Sachant tout ce qu'il devait à sa famille, Sergeï était plus que motivé. Et le succès est arrivé : à seulement 19 ans, il est nommé premier danseur du prestigieux Royal Ballet. Du jamais-vu pour quelqu'un d'aussi jeune. Pour en arriver là, il a travaillé dur, très dur, plus dur qu'aucun autre.

Il a fallu certes beaucoup plus de mots que dans le premier récit, mais nous percevons mieux les points de départ et d'arrivée, ainsi que les étapes qui les séparent. L'écart entre le début et la fin est tel que les difficultés rencontrées et la motivation pour passer de l'un à l'autre doivent « être à la hauteur » de cette distance. Dans les faits elles le sont, l'expression doit donc soutenir cette réalité. Cela participe à la compréhension et à la crédibilité de ce parcours hors du commun.

Donner à voir l'écart, c'est donner au public les éléments qui lui permettent de croire en votre prise de parole.

Où mettre le contraste ?

À chaque endroit où il permet aux auditeurs de mieux percevoir.

Et percevoir quoi ? Ce qui aide à mieux apprécier le cadeau de votre prise de parole, les étapes pour y accéder, à mieux percevoir les changements à réaliser, à mieux percevoir un nouveau point de vue.

Le contraste est un allié, il met un coup de Stabylo sur ce que vous voulez que votre auditoire ait bien en tête pour se rendre compte de ce que vous voulez lui apporter.

Considérer que les faits parlent d'eux-mêmes est une erreur courante. En réalité c'est rarement le cas. Nos sens, ou plus précisément notre cerveau, ne fonctionnent pas ainsi.
Voici le reflet de lumière sur le sol qui semblait si lumineux dans la photo vue précédemment.

La partie blanche apparaît ici un peu sale et sombre. Le contraste n'est plus par rapport aux couleurs sombres de la photographie, mais par rapport au blanc de la page, la perception change alors radicalement.
Les coups de Stabylo sont à poser aux endroits où vous voulez être sûr que l'auditoire saisira une certaine perception de l'élément exposé. Exposer à ses côtés un élément très différent permettra de faire ressortir celui que vous voulez mettre en avant.

Hocine Youbi aime l'école plus que tout. Diplômé d'un master 2 à la Sorbonne, il nous parle d'éduction (www.qavad.fr/hocineyoubi). Il a fait des études supérieures. Et alors ? En quoi peut-il nous apprendre quelque chose de différent ? La réponse est dans ses deux premières phrases. Il y met en lumière un contraste qui donne envie d'écouter la suite : « Je suis le dernier fils d'une famille de huit enfants, d'Auxerre, dont la mère était mère au foyer, et le père ouvrier devait cumuler les emplois d'ouvrier non qualifié pour subvenir à nos besoins. Je vais vous raconter comment je suis passé de l'avenir tracé d'ouvrier à celui de lauréat d'une bourse d'études supérieures des plus prestigieuses au monde. »

Dans un autre style, avec une écriture ciselée et un travail tout en délicatesse, J.K. Rowling, l'auteure de la saga Harry Potter, *prononce en 2008 un discours devant la promotion sortante d'Harvard (www.qavad.fr/JKRowling). En deux phrases simples, elle met en lumière (et en contraste) ce dont elle va parler, au point qu'on ne peut plus considérer de la même manière le succès attendu des élèves de cette promotion et la « vraie vie » dans laquelle ils vont maintenant entrer. Elle dit : « En ce jour merveilleux où nous sommes rassemblés pour célébrer vos succès académiques, j'ai décidé de vous parler des bienfaits de l'échec. Et alors que vous vous tenez sur le seuil de ce qu'on appelle parfois la vraie vie, je veux mettre en exergue l'importance cruciale de l'imagination. »*

Le contraste est présent également dans les expressions choisies, pour nous faire repenser les choses autrement, notamment quand l'auteure parle des « bienfaits de l'échec »*.*

Le rôle de l'orateur n'est pas de créer un contraste artificiel, mais de rendre visible dans sa prise de parole celui qui va pouvoir servir au public.

Attention toutefois à ne pas trop l'utiliser, sinon il cesse d'être efficient : quand tout un texte est surligné au Stabylo, plus rien ne ressort. Le but est de bien choisir les endroits où le contraste fait la différence.

La forme de la prise de parole

Depuis Aristote, de nombreuses personnes travaillent à formaliser ce qui fait une bonne prise de parole, et ce livre n'y fait pas exception. Dans mon apprentissage, une des grandes découvertes théoriques a été celle apportée par Nancy Duarte dans un TEDx Talk de 2011 (www.qavad.fr/duarte).

Passionnée par la prise de parole en public et professionnelle mondialement reconnue sur le sujet, elle a longtemps cherché la forme idéale qui lui correspond.

---

* Cette tournure est d'ailleurs presque un oxymore, figure de style dans laquelle on associe deux termes qui semblent se contredire. Par exemple, « voir l'invisible ». Utile à garder à l'esprit pour exprimer un contraste ET inviter à repenser les choses.

Il y a eu la norme linéaire d'Aristote avec un début, un milieu et une fin. On parlait aussi de l'arc dramatique. En 1863, Gustav Freytag découpe quant à lui une histoire en cinq parties, qui forment une pyramide.

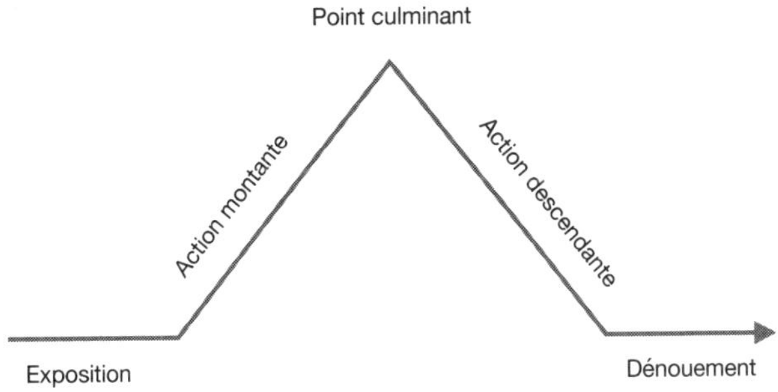

Si la forme a l'avantage d'être simple et lisible, elle ne convainc pas Nancy Duarte, qui continue à chercher une forme simple qui serait la structure cachée de toute grande prise de parole. Pour que cette découverte soit validée, il faudrait qu'elle soit opérationnelle avec des discours très différents (le discours de Martin Luther King ou la présentation du premier iPhone par Steve Jobs).
À force de recherche et de travail, elle formalise ce qui est, selon elle, la structure idéale :

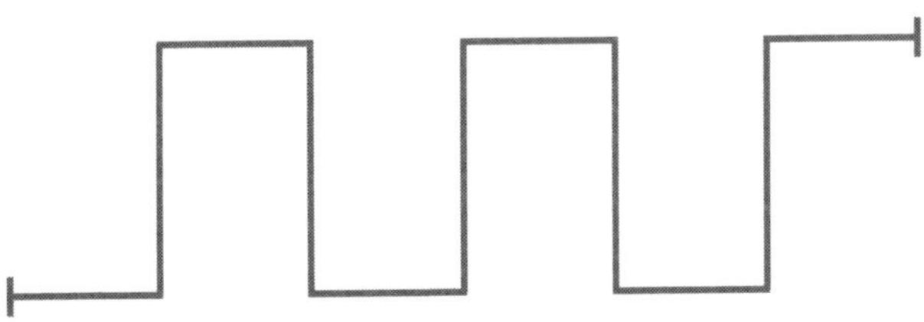

Comme toujours dans les histoires, il y a un début, un milieu et une fin. Et il y a aussi deux niveaux :

- en bas le monde tel qu'il est ;

- en haut le monde tel qu'il pourrait être*.

C'est là que réside le secret. Alterner entre les deux mondes permet de mieux voir chaque monde. Chacun est dessiné individuellement à son étage et chacun se dessine aussi en creux par rapport à l'autre. L'utilisation de cet outil consiste à mettre chaque phrase d'une prise de parole au bon niveau. À la fin du talk, l'orateur parle bien sûr du monde tel qu'il pourrait être ou même du monde tel qu'il est devenu. Une transformation a donc eu lieu : il y a une nouvelle manière de regarder le monde, les gens, la situation, voire de vivre.
Pour vérifier son modèle, Nancy Duarte affecte ainsi chaque phrase de la prise de parole de Martin Luther King ou celle de Steve Jobs à un de ces deux niveaux, et la mécanique fonctionne parfaitement.
Une fois le principe compris, pour expérimenter l'outil je l'ai mis en application avec une version extrêmement courte de ces deux discours. Et je me suis rendu compte que cela marchait plutôt bien (voir page ci-contre).
À vous de voir si l'outil de Nancy Duarte vous parle et vous simplifie le travail de votre prise de parole.
Faut-il l'utiliser en regardant si chaque phrase est en haut ou en bas ? Non. Du moins pas si vous ne passez pas des mois à travailler votre texte.
Pour autant, il y a dans cette forme des principes fondamentaux :

- le récit commence en bas et finit en haut ;
- il contient deux niveaux : le monde tel qu'il est et le monde tel qu'il pourrait être ;
- le public a besoin de pouvoir se représenter précisément les deux niveaux ;
- l'alternance de ces deux niveaux est nécessaire pour se rendre compte du changement par contraste.

* Il peut y avoir de nombreux hauts et de nombreux bas, bien plus que les trois montrés ici.

DISCOURS DE MARTIN LUTHER KING

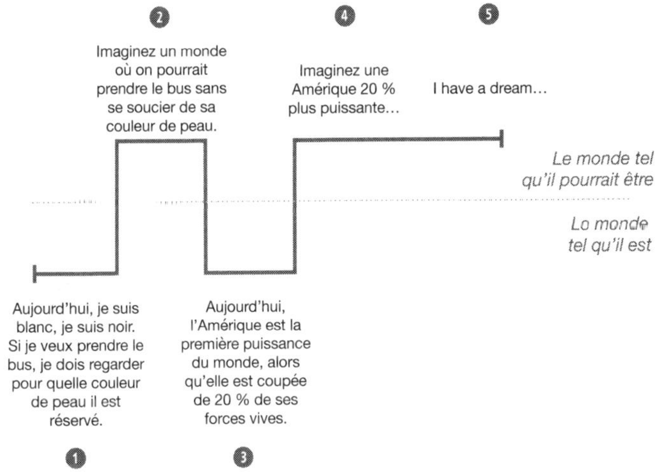

PRÉSENTATION DE L'IPHONE

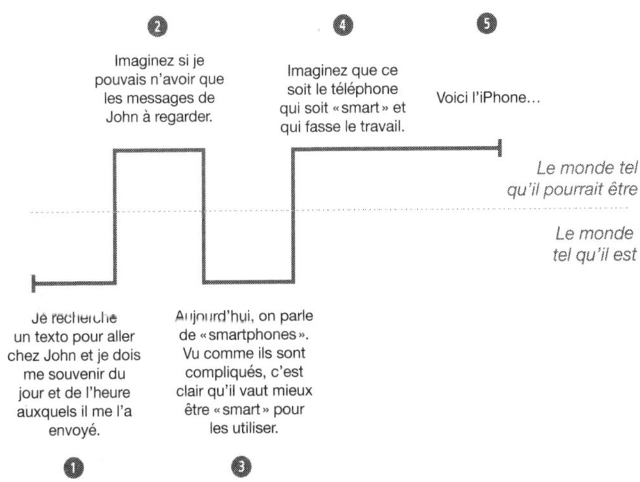

Veillez à respecter ces quatre principes pour votre prise de parole. Vous lui donnerez ainsi du relief et en faciliterez la compréhension.

6

Ensemble

La parole est à moitié à celui qui parle,
à moitié à celui qui écoute.
Michel de Montaigne

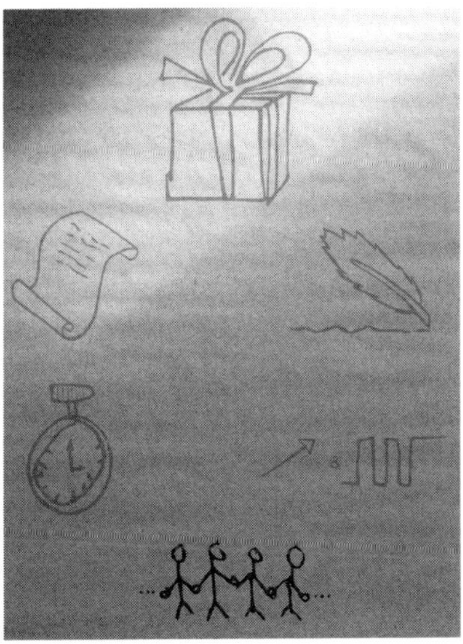

La citation de Montaigne mise en exergue de ce chapitre invite à une première question, immédiate : qui écoute ? C'est le son qui nous donne la première réponse. L'onde sonore, qui parcourt l'air, atteint en tout premier lieu les oreilles de l'orateur puis, quelques fractions de seconde plus tard, celles des spectateurs.

Donc, qui écoute ? Le public bien sûr, mais qui est-il ? Et comment faire pour qu'il ait la moitié de la parole ?

Ensemble avec toutes les parties de soi

Si vous voulez que le public vous écoute, à l'intérieur de vous-même tout le monde doit écouter aussi. La partie professionnelle, la partie personnelle et tout ce qui vous constitue : vos envies, vos compétences, vos valeurs, voire votre histoire. Parce que si personne n'écoute à l'intérieur de vous, pourquoi le public le ferait-il ? Attention c'est exactement le contraire de s'écouter parler et de se juger pour se dire qu'on est très bon ou très mauvais – ça, c'est du jugement, de l'autocongratulation ou de l'autocritique. Or le moment de la scène n'est plus ce temps-là.

Lorsque vous parlez sur scène, le but est que chacune de vos parties écoute et soit d'accord avec votre propos.

Le modèle de l'analyse transactionnelle* pose très bien ce principe par le recours aux trois états du Moi que sont le Parent, l'Adulte et l'Enfant. Pour simplifier à l'extrême, ces trois états du Moi sont

* L'analyse transactionnelle est une théorie de la personnalité et de la communication formalisé par Éric Berne dans les années 1950 et qui a comme principe fondateur ce qu'il a appelé les « États du Moi ». Pour en savoir plus sur le sujet, vous pouvez lire *Que dites-vous après avoir dit bonjour ?*, d'Éric Berne, ou *Manuel d'analyse transactionnelle*, de Ian Stewart et Vann Joines.

présents en chacun de nous et sont plus ou moins actifs en fonction des circonstances. Chacun a des fonctions particulières :

- le Parent représente notre système de valeurs, celles qui nous ont été transmises et celles que nous avons construites ;
- l'Adulte représente notre capacité à évaluer et à faire ;
- l'Enfant représente nos envies, nos élans, notre créativité et notre capacité à sentir l'ambiance.

Quand une personne prend la parole en public, tous ses états du Moi ont besoin d'être en accord : ce qu'elle dit (Adulte) est en accord avec ses valeurs (Parent) et le sujet qui la motive lui fait envie (Enfant). Autant cela paraît évident sur le papier, autant on a tendance à l'oublier quand on écrit ou quand on prépare sa prise de parole.
Ces parties sont représentées ainsi :

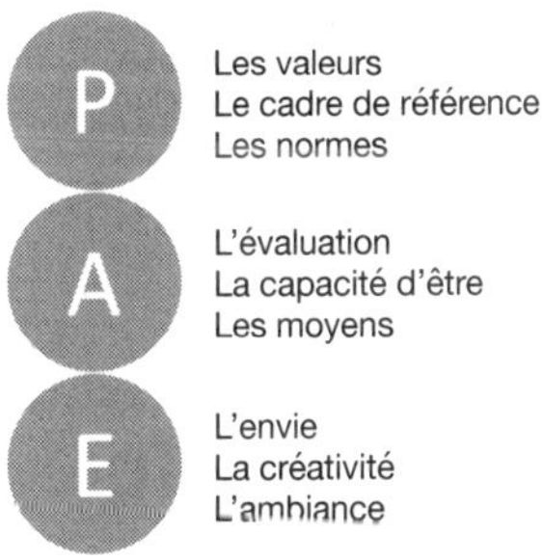

Concrètement, pour une prise de parole, comment cela se traduit-il pour chaque niveau ?

Ensemble avec le Parent

Au niveau du Parent, vous ne pourrez pas être bon si ce que vous dites va contre vos valeurs, contre le règlement du contexte dans lequel vous intervenez et auquel vous adhérez, ou contre les normes en vigueur (par exemple porter une cravate).
Donc, quand vous parlez, il importe que votre Parent vous écoute et puisse être d'accord avec ce que vous dites. Si vous devez défendre un projet opposé à vos valeurs, il est clair qu'une partie de vous sera

en lutte interne et vous ne serez pas totalement présent à ce que vous dites. Répéter un message stéréotypé auquel vous ne croyez pas ou qui vous est imposé aura mécaniquement moins de force que si vous y adhérez pleinement. L'exercice revient ici à faire en sorte que votre Parent soit d'accord avec ce que vous dites.

Le directeur d'un centre de production industriel devait s'adresser à ses salariés pour parler de l'année à venir, notamment les informer d'une diminution des effectifs dans le pôle formation de l'entreprise. Cette réduction allait advenir et le directeur ne savait pas trop comment l'aborder. Son premier mouvement a été de montrer des chiffres pour justifier ce choix à grand renfort de graphiques afin de prouver la solidité des raisons invoquées. Quand je lui ai demandé s'il trouvait que la réduction était justifiée selon lui, il a dit un oui franc et massif. Quand je lui ai demandé ce qui l'avait conduit à approuver cette mesure, il m'a indiqué que ce centre de formation avait pour but de former 100 personnes sur cinq ans, que 90 personnes étaient déjà formées et qu'il n'y avait plus besoin de former autant de personnes que les années précédentes.
Au niveau de son Parent (ses valeurs), le budget n'était pour rien dans son adhésion à la mesure envisagée, qu'il trouvait justifiée parce que le nombre de personnes formées était suffisant. Il a donc modifié son propos pour parler de quelque chose auquel il croyait et dans lequel il se reconnaissait. Et il a été de ce fait bien plus entendu que s'il avait dit des chiffres auxquels lui-même ne croyait que peu.

Ensemble avec l'Enfant

Le besoin de l'Enfant est double : d'une part comprendre ce que vous dites, d'autre part être en phase avec vos besoins et vos motivations.
L'Enfant est la partie plus émotionnelle, qui a l'accès le plus direct et le plus rapide aux registres du ressenti. Pour lui parler, pour l'atteindre le plus facilement possible avec ce que vous dites, astrei-

gnez-vous à adopter un vocabulaire compréhensible par un enfant de 8 ans, 10 ans au maximum. Comme l'Enfant est intelligent (et qu'une partie de lui est devenue Adulte !), vous pouvez tout à fait lui présenter de nouveaux concepts et de nouvelles idées. Il a juste besoin que vous lui racontiez au préalable ce dont vous allez parler, afin qu'il se le représente. Vous remarquerez que tous les orateurs qui ont de l'impact et dont les messages passent bien ont cette capacité d'expression simple et claire. Aussi bien ceux qui racontent des histoires personnelles que ceux qui lancent des messages engagés font des présentations de produit ou traitent un sujet technique ou scientifique.

Directrice de recherche au CNRS, Sharon Peperkamp travaille au laboratoire de sciences cognitives et psycholinguistique à l'École normale supérieure. C'est une scientifique reconnue dans le domaine de l'apprentissage du langage chez les nourrissons. Dans son talk de 2013 à TEDxVaugirardRoad, elle parle de ce sujet pointu tout en restant simple (www.qavad.fr/SharonPeperkamp) dans son propos. D'origine hollandaise, elle prend l'exemple d'un nouveau mot qu'elle a appris en français, un mot ancien et peu usité : « passementerie ». Elle demande d'abord comment ce mot se prononce, ce qu'il signifie, puis comment il s'écrit. Ce faisant, elle nous reconstitue comment nous apprenons les mots nouveaux. Mais si nous faisons ainsi aujourd'hui en tant qu'adultes, comment font les bébés pour comprendre les mots sans le support d'autres mots pour les expliquer ? Sans le support de la lecture et de l'écriture ?

La problématique de l'apprentissage du langage, et plus spécifiquement des mots, est posée de manière très simple et imagée. Un enfant de 8 ans comprendrait tout ce qui est dit et le public, qui suit un fil très simple (mais jamais simpliste), se retrouve devant la même interrogation que les scientifiques du langage. Certains auditeurs ont même pu ressentir à quel point une question scientifique aussi pointue pouvait être un objet de questionnements passionnant.

Dans cet exemple, la simplicité du vocabulaire et le récit d'une situation concrète (plutôt que sa description) permettent à l'Enfant de chaque auditeur d'écouter, de comprendre et, au final, presque de partager l'enthousiasme de l'oratrice sur un sujet en apparence trop technique et de peu d'intérêt. Si, à l'intérieur de vous, l'Enfant de 8 ou 10 ans se met à écouter aussi, voire à parler, alors celui des auditeurs sera plus probablement à l'écoute aussi.

Ensemble avec le Parent, l'Adulte et l'Enfant

Cette grille de lecture de l'analyse transactionnelle révèle que si nos trois états du Moi (Parent + Adulte + Enfant) sont d'accord entre eux, notre communication sera d'autant plus « pleine ». Ce qui présente plusieurs avantages.

Nous sommes plus solides dans ce que nous avons à dire, car nous le disons de « tout notre être ». Chaque partie de nous qui a quelque chose à dire ou à écouter avec intérêt va nous donner son énergie pour réaliser cette prise de parole.

D'autre part, comme chacun de nos états du Moi s'exprime avec un point de vue différent, et qu'ils sont d'accord entre eux, cela construit une vision plus complète du sujet exposé.

Pour qu'une parole porte, elle doit être portée par celui qui la dit.

Le fait que vos trois états du Moi portent votre propos lui donne une densité plus grande, dans laquelle les auditeurs peuvent alors puiser selon ce qui leur parle.

> *AnLo Piquet est mime. Son métier est de faire voir par des gestes ce qui n'existe pourtant pas. Dans son talk de 2016 à Bobino (www.qavad.fr/AnloPiquet), elle fait un parallèle entre son métier et les projets. Avant d'être terminés, par définition, ils n'ont pas encore d'existence propre et autonome. Comment en parler alors ? Comment parler de ce qui n'existe pas encore ? Pour parler d'un projet, nous dit-elle, nous avons besoin qu'il soit clair pour nous-mêmes, de le voir comme réalisé. Alors les autres pourront le voir à leur tour.*

En tant que mime, par son métier et son cadre de référence (son Parent), elle adhère à cette vision du monde.
En tant qu'Adulte, elle pose une question très pragmatique qui appelle notre pensée : «Si je ne vois pas cet essentiel [ce que je veux transmettre], comment les autres pourraient-ils le voir ?»
Cette phrase remporte aussi l'adhésion de l'Enfant, qui met de l'énergie à transmettre et partage le plaisir de cette pratique ludique. Le vocabulaire est simple et compréhensible de tous.
Cette phrase est le cœur du talk, on y retrouve la présence du Parent, de l'Adulte et de l'Enfant. Le propos étant habité pleinement, les auditeurs peuvent s'en saisir à leur tour à partir de leur état du Moi qui a été touché.

Ensemble avec le public

Ensemble avec le public, cela veut dire être là POUR le public (plutôt que pour soi).
C'est un des aspects du Cadeau*: le cadeau est POUR le public. Et c'est en cela que le public a lui aussi la parole.
Comment pouvez-vous être là pour lui ?

Dans les mariages ou fêtes qui réunissent beaucoup de monde, il y a souvent un moment où chacun y va de son petit discours en l'honneur des mariés ou de la personne fêtée. Il y a ceux qui «savent faire», qui ont un certain sens du spectacle (ou qui croient l'avoir) et qui font leur show. Comme s'ils disaient : «Nos mariés sont géniaux, regardez comment je vais faire le spectacle pour eux», ou «Regardez comme je suis brillant». Cela peut être un moment sympa, amusant, ludique. Mais il ne se sera pas nécessairement passé grand-chose en profondeur, au niveau des émotions.
Il y a aussi les personnes qui ne sont pas forcément à l'aise ou celles qui peuvent l'être mais ce n'est pas ce qui compte dans leur geste.

---

* Voir chapitre 1, «Le Cadeau», p. 23.

Ce qui importe à ce moment-là, pour ces personnes, c'est l'autre, celui et/ou celle qu'on célèbre ce jour-là. Implicitement, ils nous disent: «Hé les copains! j'ai un truc à vous dire, et même si je vais peut-être mal le dire, il faut que je vous le dise: regardez à quel point ces deux-là sont formidables.» La «prestation» sera peut-être moyenne, la fluidité pas au rendez-vous. Si l'intention de l'orateur est vraiment tournée vers l'auditoire pour partager cet émerveillement, cette émotion, cette tendresse, alors l'auditoire sera plus naturellement incité à vivre le regard de la personne qui parle sur les personnes célébrées. Chacun dans le public aura alors l'occasion de s'y retrouver ou d'apprendre de nouvelles manières de voir ces personnes.

Vous pouvez être là pour le public ou vous rappelant cette phrase de l'histoire ci-dessus: «Eh les copains, j'ai un truc à vous dire…» Pas parce que vous vous trouvez trop bon, ou parce que c'est un truc marrant, mais parce que vous sentez que vous ne pouvez pas ne pas dire ce que vous avez à dire. Parce que vous avez envie, parce que vous vous y sentez obligé intérieurement ou parce que c'est votre rôle.

Vous pouvez compléter cette phrase afin de continuer le mouvement: «Hé les copains ! J'ai un truc à vous dire… Et je trouve ça tellement important que je vais prendre le temps de bien vous le dire.»

Le travail de préparation de votre prise de parole est là pour permettre à votre auditoire de profiter de ce que vous avez à lui offrir.

Cette phrase est un guide qui permet de voir si vous êtes – osons le mot – *juste*. Si vous cherchez à ce que votre parole et votre propos sonnent juste. Lorsque vous êtes vraiment dans cette posture, alors vous laissez le public penser, vous lui donnez matière à réflexion plutôt qu'un matériau prédigéré. Vous le laissez être d'accord ou non, vous lui donnez des éléments qui lui permettent de se faire un avis. Autrement dit, vous donnez la parole au public, à chacun de vos auditeurs.

Votre prise de parole est-elle, sur le fond, plus égotique que didactique, plus dirigée vers vous-même que vers le public et ce que vous pouvez lui apporter? Sur la forme, est-elle plutôt laborieuse ou fluide? Elle peut être fluide mais centrée sur vous, et dans ce cas vous faites « le show » sans entrer en relation avec l'auditoire pour lui apporter quelque chose qui LUI serve, qui LUI soit utile.
Ces deux axes peuvent être représentés par deux droites perpendiculaires. Les tracer est un moyen pratique de réfléchir sur la position de votre prise de parole, cela vous donnant des indices pour la faire évoluer.

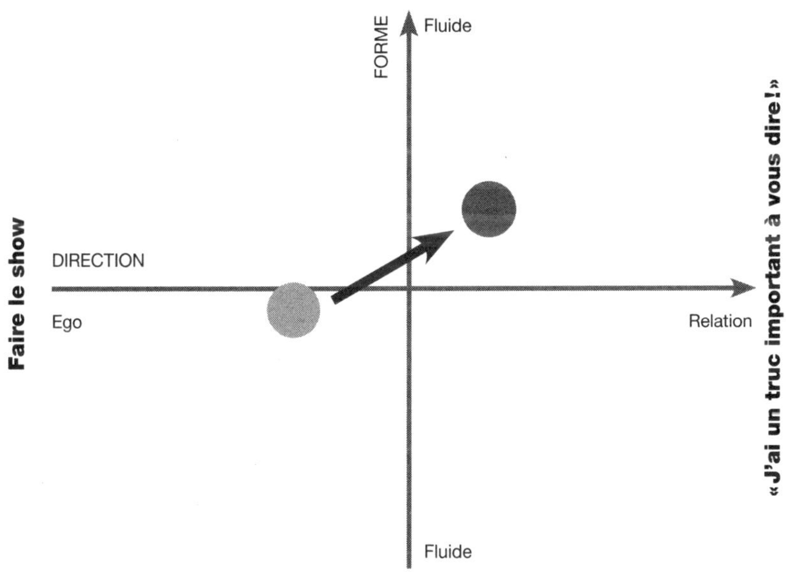

La flèche la plus large (gris foncé), qui montre le mouvement de la prise de parole, son changement de position, désigne le travail préparatoire réalisé avec cette phrase en tête: « Je trouve cette information tellement importante que je vais prendre le temps pour **vous** la dire bien, pour réellement vous la transmettre. »

Passer de gauche à droite, de l'Ego à la Relation, se fait en mettant l'accent sur « donner à voir » ce que nous voyons, montrer à l'autre en quoi ce dont vous lui parlez peut aussi être un cadeau pour lui. Se laisser aller à la facilité d'une forme laborieuse au service d'une intention pure n'est pas une solution viable : nous sommes tous sensibles à la forme et, si cette dernière nous heurte, elle ne nourrit pas la relation.

Passer de bas en haut, du Laborieux au Fluide, se fait par le travail de préparation. Les heures passées à affiner votre propos vous le rendent plus familier, le chemin est mieux balisé, donc mieux suivi, et votre propos devient plus fluide*.

Si vous devez favoriser un axe, évaluez celui qui est le plus adapté au contexte dans lequel vous intervenez et à votre positionnement dans ce contexte. J'ai vu de grands professionnels prendre la parole de façon très fluide, mais uniquement centrés sur eux-mêmes, et rencontrer pourtant un certain succès, parce que le public était là avant tout pour la performance. Un tel contexte, qui joue sur les comparaisons, incite aux prestations scéniques et ne favorise pas vraiment la sincérité. Sauf dans des environnements spécifiques où la performance de forme est plus importante que le fond, il est souvent plus profitable d'aller du côté de la Relation vers le public, quitte à moins préparer la « mise en scène ». Parce que, dans ce cas, votre propos sera peut-être un peu moins fluide en bouche, vous serez plus hésitant, mais le public qui voit et ressent ce que vous faites pour lui vous pardonnera bien plus aisément des aléas de forme que si vous n'êtes là que pour vous.

> *Quand il monde sur scène, dernier intervenant d'une soirée très riche, le mathématicien Jean-Pierre Goux n'est pas des plus à l'aise. Il a eu un petit mois pour préparer son talk à TEDxVaugirardRoad, alors que d'autres le travaillent depuis de nombreuses semaines. Il commence, ému, pas très sûr de lui, et pourtant il a tenu à venir raconter au public une histoire qui lui tient à cœur*

* Voir chapitre 3, « Écrire », p. 83.

(www.qavad.fr/JPGoux). Cette histoire, c'est le rêve de partager l'émerveillement de tous les astronautes quand ils voient la Terre depuis l'espace, émerveillement qui provoque chez chacun d'eux une prise de conscience de la beauté et de la fragilité de notre planète.
À travers sa prise de parole, il nous fait passer par les mêmes étapes que lui, mais en accéléré, et raconte le chemin emprunté qui l'a conduit à créer une application gratuite pour permettre à chacun de voir la Terre tourner, à partir de photos réelles de notre planète vue de l'espace et totalement éclairée (alors que pendant quanrante-cinq ans il n'existait qu'une photographie unique de ce type). Jean-Pierre Goux a monté ce projet pour offrir à chacun la possibilité de voir la Terre comme les astronautes la voient et de vivre ce même émerveillement. Alors qu'il bafouille parfois, qu'il hésite, que le public le sent stressé et tendu, ce « truc » qu'il a à dire va passer et la salle va répondre avec de plus en plus de chaleur. À la fin, il a même droit à une* standing ovation, *parce qu'il a pu offrir à chacun une expérience particulière.*

Parler le langage du client

Lors de ma formation initiale en école supérieure de commerce, il y avait du marketing et de la communication, et les professeurs nous disaient de « parler le langage du client ». Quand je me suis formé plus tard en psychothérapie, j'ai entendu la même chose**.
Dans les deux approches, l'idée est la même : parler le langage que comprend votre auditoire. Pas nécessairement pour dire ce qu'il attend, du reste, mais pour dire ce qu'il comprend déjà sans avoir

* www.qavad.fr/BlueTurn.

** Dans plusieurs modèles de psychothérapie d'origine américaine, on n'appelle pas les bénéficiaires de la psychothérapie des patients (ce qui induit qu'ils sont malades), mais des clients (ce qui indique qu'ils ont besoin du service d'un professionnel). En anglais, le mot *client* désigne le bénéficiaire d'un service, sans notion d'argent. Le *customer* est le client au sens de celui qui paye pour le service reçu.

à le traduire de votre langue dans sa langue. Le but est d'utiliser les canaux de communications existants déjà ouverts chez les auditeurs*.

Parler un langage compréhensible par un enfant de 8 ans est un chemin privilégié pour éviter l'écueil classique du jargon. Même s'il est souvent utilisé, il est par nature souvent abscons et employé pour montrer qu'on est savant ou « pour faire bien » (comme si être incompréhensible donnait plus de qualité à un discours). Si votre but est de faire passer un message, de transmettre une idée, alors ayez à cœur d'être compréhensible par chacune des personnes de la salle.

De fait, la personne qui s'exprime avec l'Enfant (voir plus haut) parle un langage que le public va toujours comprendre facilement. L'effort du public ne doit pas porter sur la compréhension des mots que vous lui dites. Il doit tendre vers l'endroit peu connu (voire inconnu) où vous voulez l'emmener. Métaphoriquement, chaque marche doit rester simple à franchir. L'endroit où ces marches conduisent le public peut être très complexe ou nouveau, mais pas les étapes pour y arriver**.

La règle d'or est d'utiliser un langage qui ne demande aucun effort aux personnes qui écoutent afin qu'elles puissent vous suivre. Moins cela demande d'effort, plus elles vous suivront facilement.

Autre métaphore : si vous faites traverser une rivière à un groupe de personnes en les faisant marcher sur des roches qu'une eau trouble dissimule, elles devront à chaque pas chercher les pierres cachées, réfléchir, vérifier leur stabilité. Le groupe sera uniquement centré sur les pierres à chercher et plus personne ne verra le paysage, ni la traversée, ni la destination. À éviter donc.

Toutefois, lorsque vous traitez d'un sujet technique pour un public versé dans la technique dont vous parlez, n'allez pas tout redéfinir ! Ce serait contre-productif ! Si vous vous adressez à un inves-

---

* À ce sujet, je vous recommande le TED Talk d'Uri Hasson sur la manière dont les humains communiquent entre eux, et font passer une représentation mentale d'un cerveau à un autre, notamment grâce aux histoires (www.qavad.fr/UriHasson).

** Voir « Gérer la hauteur des marches », chapitre 5, « Montée & Contraste », p. 169.

tisseur high-tech, inutile de lui parler de la révolution apportée par les smartphones par rapport aux mobiles classiques... Pas la peine non plus de définir la notion de *cash-flow* quand vous parlez à un financier, ni celle de code compilé avec un développeur de logiciels ou encore d'expliquer la constante de Planck à un physicien.

Votre travail de préparation, comme orateur, implique de connaître votre public pour savoir comment lui parler, quels mots il attend, quels concepts il connaît déjà.

Si vous avez encore un doute sur la façon de procéder, expliquez les choses à votre manière, de votre point de vue, d'une manière courte et imagée. La partie du public qui ne connaît pas le sujet pourra comprendre et celle qui le connaît verra comment vous l'appréhendez.

Journaliste scientifique et passionnée par les sujets complexes, Jennifer Kahn écrit régulièrement pour le New York Times Magazine. *Quand elle intervient à TED en 2016, elle parle du risque scientifique de la manipulation génétique, rendue simple par un outil nommé CRISPR (www.qavad.fr/crispr).*

Le sujet a déjà fait couler beaucoup d'encre et a été abordé trois fois à TED. La journaliste pouvait donc considérer, à juste titre, que l'auditoire connaissait cette technologie. Mais son intervention étant filmée, elle a eu pour but de dépasser le cadre des seules personnes présentes dans la salle. Elle a alors parlé de cet outil en manière de rappel, permettant de remettre tout le monde à la page. Cela donne un paragraphe court et simple que chacun peut comprendre, alors qu'il s'agit d'ingénierie génétique et de modification de l'ADN: « Vous avez certainement entendu parler de CRISPR, donc je vais juste dire que CRISPR est un outil qui permet aux chercheurs de modifier les gènes de manière précise, facile et rapide. Il utilise un mécanisme déjà présent dans les bactéries. En résumé, il y a une protéine qui agit comme des ciseaux et coupe la séquence ADN, et une molécule d'ARN qui dirige les ciseaux où vous voulez sur le génome. Cela donne en résumé un traitement de texte pour gènes. Vous pouvez enlever tout un gène,

en mettre un, ou même juste une seule lettre d'un gène. Et vous pouvez faire ça sur n'importe quelle espèce. »
En cinq phrases, le public sait ce que c'est que CRISPR et comment ça fonctionne dans le principe. Qu'il soit ou non composé de biologistes, car nous avons tous entendu parler d'ADN.

Dans l'idéal, votre prise de parole doit être « autoportée », c'est-à-dire se suffire à elle-même, sans qu'il y ait besoin d'aucun élément de contexte pour être comprise de son public cible. La prestation réalisée se propagera plus facilement, et vous pourrez plus aisément réutiliser votre travail dans d'autres contextes.

Les trois sincérités

Si la prise de parole n'est pas du théâtre, nous n'en sommes pas moins sur une scène, devant un public qui nous écoute. Nous parlons et le public ne répond pas.
Cela ne doit pas être du théâtre. Ne serait-ce que parce que, dans la plupart des cas, ce n'est pas notre métier. Surtout parce que ce n'est pas ce qui est attendu de nous à ce moment-là.
C'est avec ses réflexions en tête que je préparais une intervention devant un parterre d'étudiants d'un master 2 en événementiel. Lors d'un déplacement, j'écoute la radio et tombe sur une émission où l'acteur Charles Berling est interviewé. À un moment, il parle de ce qui fait un « moment de théâtre », ce moment d'une qualité particulière, ce moment spécial où on se dit : « Là, il s'est passé quelque chose d'un autre ordre. » Pour l'acteur, c'est le résultat de ce qu'il appelle les trois sincérités. Lorsque je l'ai écouté, cela m'a semblé si lumineux que j'ai réduit ma vitesse afin d'être plus attentif. Voici ce que j'en ai retenu.

D'abord, il y a la sincérité de l'Auteur

Molière, Racine, Shakespeare, Anouilh sont des auteurs sincères*, qui parlent des émotions humaines, des relations, de ce qui est facile ou non, de nos travers plus ou moins grands, de nos élans. C'est parce qu'ils sont sincères qu'ils sont des grands. Un jeune auteur (de théâtre ou de musique) peut tout aussi bien être sincère, s'il met dans son œuvre ses tripes, ce qui compte réellement.
Si on n'a pas cette sincérité, le texte est vide, creux, n'a pas de caractère universel.

Ensuite, il y a la sincérité de l'Acteur

C'est la sincérité de celui qui dit les mots que l'auteur a couchés sur le papier. Celui qui les interprète et leur donne corps. Ces mots écrits dans lesquels il est nécessaire de plonger pleinement. L'acteur ne peut faire les choses à moitié, il doit mettre toute sa sincérité personnelle à soutenir le propos de l'auteur qu'il récite. Un acteur qui n'a pas cette sincérité est comme le pâtissier qui ne cuit pas bien le gâteau qu'il prépare : il ne va pas jusqu'au bout de la démarche, ce qui la disqualifie de fait. Le gâteau ne sera pas cuit, donc pas mangeable, quelle que soit la qualité de ses ingrédients et de la recette.

Enfin, il y a la sincérité du Public

Tous les acteurs, chanteurs, et conférenciers le disent d'une manière ou d'une autre : il y a des publics qui vous portent. Il y a des publics meilleurs que d'autres. D'ailleurs, une phrase revient souvent dans les cas où cela se passe bien : « Le public était bon ce soir. »
Oui, le public peut être bon ou pas. En vrai, on recherche sa sincérité, on attend de lui qu'il joue le jeu d'être attentif et impliqué.

* Dans le domaine de l'art, l'adjectif caractérise un auteur ou un texte qui exprime une vérité, une réalité effectivement ressentie.

À l'écoute de Charles Berling, tout m'est apparu tellement clair ! J'ai même vu les trois cercles se dessiner sous mes yeux à mesure qu'il parlait.

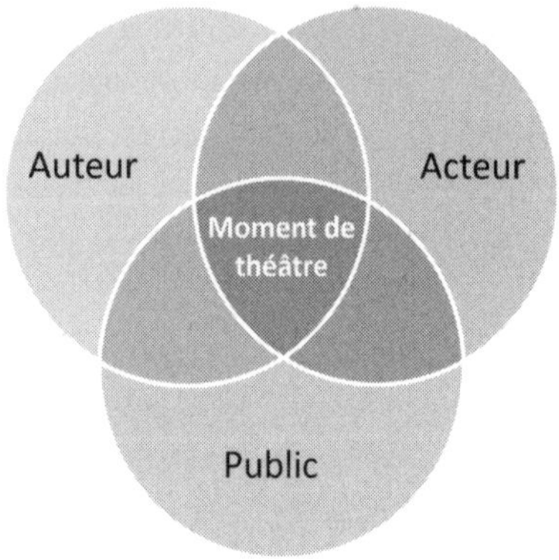

Ces trois sincérités, je pouvais aussi les appliquer aux talks !

La sincérité de l'Auteur est celle du speaker

Ce dernier veut réellement partager un sujet, transmettre une idée, dire ce qu'il a profondément ressenti.
Pour y parvenir dans vos talks, vous allez travailler à partir de vous-même, pour savoir en quoi ce que vous dites est important pour vous, vraiment, profondément.
En quoi cette parole que vous voulez partager vous touche, vous met en mouvement, est importante pour vous. À quoi cette prise de parole sert.
Parce que si tout ça n'est pas là, alors la prise de parole est un exercice scolaire. Sans la sincérité de l'Auteur, il n'y a pas cette profondeur qui touche.

La sincérité de l'Acteur est celle du speaker, encore

Le speaker se retrouve à dire ce qui compte pour lui, vu qu'il est l'auteur. Avec cette difficulté particulière qu'il devient le porteur de cette parole, et plus encore le porteur visible et identifié. Pour travailler cet aspect lors de sa préparation, il va dire son texte devant des auditeurs choisis et bienveillants ; leur rôle est alors d'exprimer si la manière dont le talk est dit « résonne » pour eux.

La sincérité du Public est celle… du public, bien sûr

Le public vient vous écouter, mais dans quelle disposition est-il ? Sa sincérité ne peut s'exprimer que si vous êtes au plus proche de lui.

Donc vous allez lui parler dans sa langue, selon ses codes, de manière compréhensible. Pour un talk, cela rappelle qu'il ne faut jamais « perdre » le public.

Les dispositions dans lesquelles le public est mis, avant d'être là à vous écouter, constituent un autre élément important. Cela passe par le titre de la prise de parole, la manière dont on en a parlé en amont, la manière de communiquer dessus. Tout ce qui concourt à mettre le public dans un certain type d'écoute.

Cette grille de lecture issue du théâtre donne à regarder autrement la construction des talks et éclaire les zones qui permettent à la prise de parole de créer un moment spécial.

Les trois sincérités, un cran plus loin

Le schéma des trois cercles est riche et très éclairant.

Avec mon intérêt pour les modèles et mon besoin de voir jusqu'où je peux les pousser, je me suis demandé s'il était possible d'affiner l'utilisation de cette représentation graphique.

Dans le schéma, trois cercles se rejoignent au milieu (la partie blanche sur le schéma ci-dessous). Si chacun des trois cercles est clairement identifié, comme l'est leur intersection, que peuvent représenter les intersections deux à deux (c'est-à-dire les parties plus foncées sur le schéma) ? Qu'est-ce qui peut compléter la figure ?

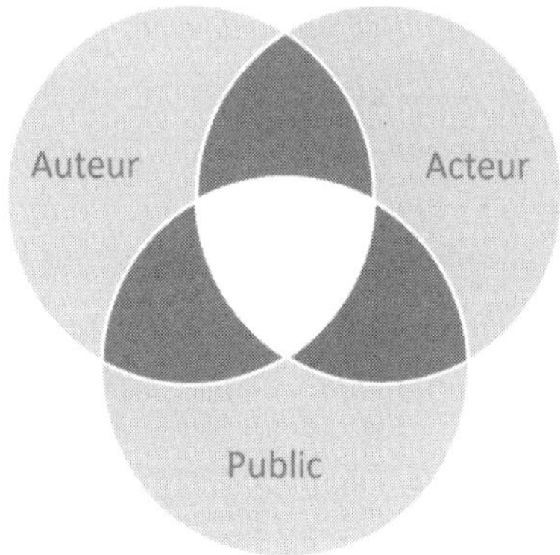

Nommer ces parties plus foncées avait pour but de donner des repères supplémentaires au speaker lors de l'élaboration de son talk, grâce à la mise en lumière des éléments en jeu.

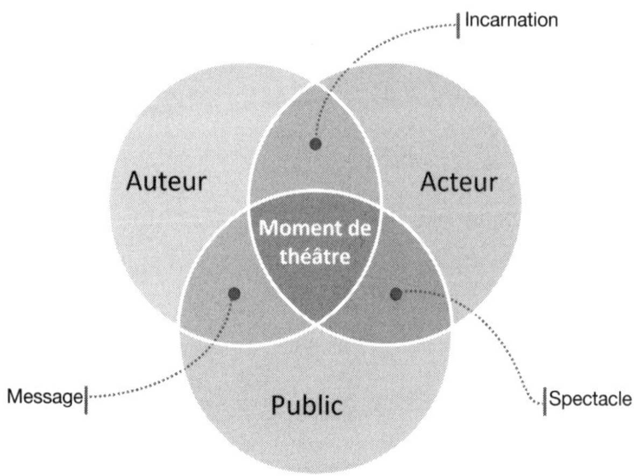

Avec ce schéma en tête, le travail a consisté à se remémorer les moments et les talks où l'une des sincérités manquait mais où les deux autres étaient bien là, et où il y avait du plaisir ressenti du côté du public. De nouveaux repères sont apparus, soutenant le schéma pour appuyer le chemin vers le « Moment spécial » que l'on vise.

Acteur – Auteur

Lorsque la sincérité du texte d'un auteur rencontre celle d'un acteur, alors il y a **incarnation** du texte. Le message et le messager sont alignés, disent les choses à l'unisson. Le messager devient le message, les mots dits sont le speaker et soutiennent le texte. Il n'est plus question ici de théorie expliquée, mais de réalité incarnée.

Acteur – Public

L'Acteur sincère et le Public sincère vivent un beau moment, où le public peut en prendre « plein les yeux », avoir du plaisir et profiter de ce moment. C'est le côté **spectacle**, qui est plein de joie et obéit aussi à certains codes.
Le Cirque du Soleil est particulièrement brillant en la matière.
Certains artistes font des shows, mais ils manquent de vision, d'univers, de singularité ; ce sont ceux dont on dit « C'était super bien fait », mais où il manque un quelque chose, une saveur particulière qui persiste en bouche.

Auteur – Public

L'auteur a écrit un texte riche de sens qui parle au public, c'est un **message** qui reste. Même si la forme n'est pas toujours sincère. Mais il y a cette longueur en bouche qui fait qu'on se souvient du spectacle, de la conférence, de la présentation. Même si on se dit que la personne en fait un peu trop (ou pas assez), il y a eu cette intensité de message.

Les trois sincérités appliquées à la prise de parole

Quand on présente un produit, un projet, une idée ou une entreprise, comment ce modèle des trois sincérités peut-il s'appliquer ? D'autant plus que, dans ce contexte, il n'est pas nécessairement question de spectacle.

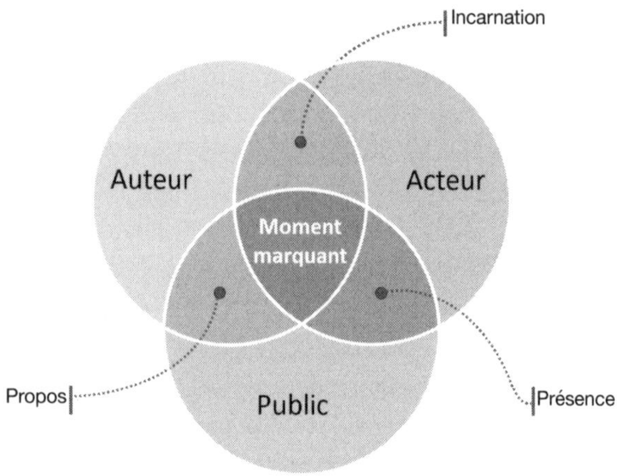

Auteur – Acteur

Ce binôme aura toujours pour enjeu **l'incarnation** (de l'entreprise, du produit ou du projet). Les personnes qui vous écoutent ont besoin de voir de quelle manière vous incarnez le projet, vous le vivez, car c'est à vous qu'ils vont faire émotionnellement confiance.

> *Parmi les idées nouvelles qui méritent d'être partagées, des réflexions sur l'organisation politique sont régulièrement présentées sur les scènes de TED/TEDx*. Un des sujets récurrents est la représentativité des votants après une élection. Deux exemples m'ont marqué : Alessandra Orofino à TEDGlobal 2014, au Brésil (www.qavad.fr/AlessandraOrofino), et le collectif #MaVoix à TEDxLaRochelle, en 2015 (www.qavad.fr/MaVoix).*
> *Chacun présente une démarche démocratique différente : pour l'un, les votants continuent de pouvoir voter sur les projets une fois le représentant élu ; pour l'autre, chacun peut devenir député par tirage au sort.*

* Sur le sujet, je vous recommande l'excellent talk de Pia Mancini sur l'adéquation des institutions démocratiques à l'ère d'Internet (www.qavad.fr/PiaMancini).

Les deux talks sont faits de manière sincère et les intervenants incarnent leur propos. Le talk de #MaVoix va un cran plus loin. L'idée est de prendre le contre-pied de la personnification, qu'il n'y ait pas une personne qui représente, mais un collectif : chacun peut devenir député, chacun peut porter la voix de tous, il n'y a plus d'individu mis en avant, plus de « star ». Pour incarner cette posture, les membres du collectif ont eu l'idée de faire le talk à plusieurs. Ils étaient ainsi quatre sur scène, qui parlaient à tour de rôle et plusieurs fois.
Ici, la sincérité Auteur-Acteur est à la fois dans le propos ET dans la forme. Elle est renforcée et montrée, ce qui permet d'en saisir encore mieux la réalité.*

Auteur – Public

L'enjeu n'est plus d'avoir non plus un message qui se voudrait « inspirant » parce que cela parle de « grandes théories », la vie, la mort, etc., mais d'avoir **un propos**. Dans toutes les dimensions du mot :

- ce que l'on propose ;
- ce que l'on dit/ce dont il est question ;
- d'une manière qui convient (dans le sens de « à propos »).

Le premier et le dernier points peuvent sembler aller de soi, mais ils sont essentiels : quelle est votre proposition ? Et en quoi parle-t-elle à l'auditoire qui est en face de vous ?
En prenant la parole, votre rôle est de faire une proposition à ceux qui vous écoutent. Y compris quand vous leur parlez d'un projet connu d'eux. Le but n'est pas tant de donner une nouvelle informa-

* Autre exemple d'incarnation : John Bohannon propose, dans son talk, de remplacer PowerPoint par des danseurs, y compris en thèse pour faire et exposer ses recherches. Et le speaker va faire aussi cela dans son talk : utiliser des danseurs au lieu de PowerPoint (www.qavad.fr/DanseYourPhD). Un talk remarquable de congruence.

tion, il est de faire *une nouvelle proposition sur ce projet*. Ce point est, dans le talk, en lien avec l'AAA (Appel À l'Action).

> *Dans son intervention à TEDxVaugirardRoad 2012, la psychothérapeute Isabelle Constant parle des relations de couple (www.qavad.fr/IsabelleConstant). Elle partage la manière dont elle aborde une plainte entendue régulièrement dans son cabinet et qui peut se résumer à : « J'aime faire l'amour, j'aime mon compagnon/ma compagne, mais je n'ai plus de désir sexuel pour lui/elle. Aidez-moi à retrouver du désir. »*
> *L'intervenante passe du temps à poser le problème et à en décortiquer le fonctionnement, mettant notamment au jour le cercle vicieux enclenché : chacun dans le couple a envie que l'autre ait envie de faire l'amour, mettant la pression sur l'autre, lui enlevant son désir, renforçant la pression que l'autre ait envie. Isabelle Constant propose alors de faire un pas de côté et de poser le problème autrement. De sortir de cette manière de voir les choses, ce qui permettra de sortir de ce cercle vicieux et délétère pour le couple. Quelle forme cela prend ? Le couple va prendre rendez-vous au lieu d'attendre. Parce que cela change la dynamique du couple. Puis l'intervenante traite les idées reçues sur le sujet et montre le fonctionnement de cette démarche.*
> *À la fin du talk, tout le monde a compris la proposition, sait comment l'appliquer, quels en sont les possibles difficultés et bénéfices. Il y a eu une proposition appropriée, donc un propos.*

Acteur – Public

Ce binôme ne sera plus versé sur le spectacle, car les codes de conférence ou d'entreprise ne sont pas exactement les mêmes. Ce qui reste identique, et le cœur de cet exercice, c'est la **présence**. Dans le sens d'être totalement présent pour le public, être là pour lui. Pas pour soi, ni pour faire une super-présentation-de-la-mort, mais pour le public. Ce qui a plusieurs implications, dont il a été souvent question depuis le chapitre 1 (Le Cadeau ») :

- vous êtes là pour apporter quelque chose au public, lui faire un cadeau, et cela implique d'être centré sur les personnes en face de vous ;
- comme vous êtes là pour elles, vous allez écouter leurs réactions, vous mettre à leur rythme ; ce qui implique de laisser des silences pour écouter leurs respirations, la manière dont ce que vous dites porte ou ne porte pas, pour leur laisser la place dans votre prise de parole ;
- votre état intérieur est orienté vers le public. Si vous faites un appel à l'action (AAA*), y compris pour faire une demande, intérieurement votre état est vraiment tourné non vers vous, mais vers le public.

En 2017 quand Flore Vasseur, auteure, journaliste et réalisatrice, monte sur la scène de TEDxVaugirardRoad, elle s'apprête à parler de l'emprise d'un certain type de discours sur notre manière de penser le monde et notre vie (www.qavad.fr/FloreVasseur).

Son talk a un propos fort, servi par une incarnation solide. Mais ce qui se dégage dès la première minute est l'intensité de sa présence. L'intervenante est totalement là pour le public. Au fur et à mesure qu'elle parle, elle va se mettre à son rythme, ou plus exactement au rythme qui va aux deux. En faisant cela, elle se connecte aux personnes qui lui font face, elle les regarde, réagit en fonction d'elles. À un moment, elle dit même « Je vois des sourires » et la salle rit par connivence. Il s'est écoulé à peine plus de 25 secondes depuis le début du talk, ce qui est très peu. C'est la qualité de présence qui a amené le public à réagir ainsi.

Cette qualité perdure tout au long du talk, que je vous invite à regarder, pour écouter la qualité des silences, voir la manière dont Flore Vasseur est présente avec le public, qui, de ce fait, lui renvoie aussi une belle qualité de présence.

* Voir chapitre 3, « Écrire », p. 83.

Évaluer vos sincérités

Vous avez la carte et son « mode d'emploi », il est maintenant temps de l'appliquer à votre prise de parole.

Vous avez probablement déjà accompli la première étape en lisant les paragraphes précédents : vous questionner sur votre sincérité « réelle » et faire quelques éventuels ajustements. Vous avez deux rôles sur les trois sincérités et avez maintenant à passer du temps sur ces points.

Quand le public entre en jeu, comment faire pour évaluer où vous en êtes ? En travaillant ce point en amont avec un public choisi, sous forme d'exercice qui vous permettra d'avoir le feed-back dont vous avez besoin.

EXERCICE

Cet exercice est à réaliser quand vous voulez tester la sincérité de votre prise de parole, donc plutôt lorsqu'elle est à peu près structurée. Il pourrait s'intituler « J'te crois, j'te crois pas ».

Choisissez une personne bienveillante avec une culture et un langage proches de celui de votre futur public. Mettez-vous debout face à face, à 2 mètres l'un de l'autre. La personne qui vous écoute doit pouvoir avancer ou reculer facilement. L'exercice se déroule de la façon suivante :

- Vous parlez avec le plus de sincérité possible. Le but : que la personne en face de vous ait la sensation que vous êtes sincère. (L'auditeur vous croira : ce que vous direz ce sera vrai pour lui, parce que ce sera vrai pour vous.)
- L'auditeur écoute et, à la fin de chaque phrase, il avance ou il recule : il avance si, selon lui, vous êtes sincère ; il recule si, selon lui, vous n'êtes pas sincère.

Dans l'idéal, vous avez un moyen d'identifier quelle phrase fait avancer ou reculer l'auditeur. Cela peut se faire en filmant ses réactions avec votre smartphone, ce qui vous permettra de savoir sur quelle phrase, voire quel mot, il a reculé ou avancé. Vous pouvez aussi demander à une troisième personne, qui aura la structure ou le texte imprimé de votre intervention, d'y indiquer les mouvements de l'auditeur.

Le but est bien sûr que l'auditeur soit le plus proche possible de vous, en moyenne sur le talk, et surtout à la fin. Idéalement, l'auditeur est proche tout le temps.

Dans un schéma classique, l'auditeur se rapproche un peu au début, puis s'éloigne un peu ensuite (pour revenir au point de départ), pour finir par être très proche sur la dernière partie de l'intervention.

What's in it for me?

Cette expression signifie mot à mot : « Qu'est-ce qu'il y a dans ça pour moi ? »

Quand on travaille sa prise de parole et le message qu'on veut faire passer, on est souvent tellement concentré sur son propos qu'on en oublie le public. Pas consciemment, car aucun orateur ne veut consciemment oublier le public, mais il oublie de diriger son intention vers les auditeurs.

Le mécanisme à l'œuvre pourrait se résumer ainsi : vous avez trouvé votre idée puis vous la travaillez afin qu'elle parle au public, qu'il comprenne bien ce que vous dites. Inconvénient : le public peut tout comprendre, mais ne rien trouver pour lui !

Les auditeurs retiendront votre prise de parole à partir du moment où il y aura quelque chose pour eux. Qui parle d'eux. Qui leur apporte quelque chose à eux, sachant que toutes les qualités que vous ou votre produit avez ne parlent que de vous, pas d'eux. Par exemple être un grand scientifique très étonné par une découverte passionnante, avoir vécu un moment hors du commun qui a changé votre vie ou encore proposer un produit d'une qualité rare, tout cela ne peut intéresser le public que si vous lui apportez quelque chose *à lui*. Parfois le contexte peut sembler répondre à cela et on peut avoir l'impression qu'il n'y a pas besoin de passer du temps sur le « *what's in it for me ?* ». Mais prendre ce temps, avoir cette attention, y compris quand le contexte fait que le public sera par nature intéressé par votre propos, permet de construire encore mieux le pont entre l'intérêt du public et votre propos. En outre, cela vous offre la possibilité de transformer son intérêt superficiel en intérêt profond et durable.

Magicien et pickpocket, Apollo Robins a un numéro particulièrement impressionnant, dans lequel il demande à une personne de suivre un jeton de poker qu'il manipule. Bien sûr, ce jeton se retrouve partout sauf à l'endroit où il est censé être et, au cours de ses manipulations, le magicien prend la montre, voire le portefeuille de sa victime. Ce numéro est très, très au point. Il a généré dans ses différentes versions plus de 2 millions de vues sur YouTube et est passé dans plusieurs émissions de télé. Il y a de quoi faire un superbe moment de spectacle sur une scène, mais y a-t-il une idée ? Qu'est-ce que le public va gagner à voir ce numéro ? En quoi sera-t-il plus riche, en quoi aura-t-il appris quelque chose ? En quoi y aura-t-il un cadeau pour lui dans cette prise de parole ?

Quand il intervient à TEDGlobal 2013 (www.qavad.fr/apolloRobbins), Apollo a ajouté des éléments à son tour habituel. Avant de faire sa performance, il parle de ce qu'il utilise dans ses numéros : il manipule notre attention. Tandis que tout le monde évoque l'art de la diversion comme talent des magiciens, lui considère les choses autrement : il ne cherche pas à détourner l'attention, mais au contraire à lui donner une cible bien précise. Il « manage » l'attention de la personne en face de lui. À travers quelques questions et expériences courtes, il fait vivre et comprendre au public que son attention est complètement parcellaire. L'idée au cœur de son talk est celle-ci : « Notre attention n'est pas aussi pleine et entière que nous le pensons. » Et le numéro en devient une illustration, un exemple fort. L'orateur nous a donné matière à réfléchir sur cette question : « Comment est-ce que je gère mon attention ? », et il apporte quelques éléments de réponse.

Sa conclusion (que je vous laisse découvrir) scelle *sa* prise de parole en nous laissant avec une question sans réponse immédiate, *mais* qui va un cran plus loin sur la gestion de l'attention de l'autre. Le public n'a pas eu *seulement* un spectacle bluffant, il a aussi reçu des pistes de réflexion pour lui-même.

C'est d'ailleurs cela qui a très probablement propulsé ce talk dans le top 20 des TED les plus vus au monde.

Répondre à la question « Qu'est-ce qu'il y a pour moi là-dedans ? », posée du point de vue du public, oblige l'orateur à se décentrer de lui-même, à se concentrer sur ce qu'il peut apporter au public. Voire sur ce que le public voudrait recevoir. Vous poser cette question et y répondre, c'est vous assurer que le public aura du grain à moudre et le lui fournir.

Ensemble avec son corps

Tout le monde ou presque l'oublie : prendre la parole sur scène est un exercice physique. Si votre corps à ce moment-là n'est pas avec vous, mais contre vous, votre présentation en sera extrêmement affectée, et pas dans le bon sens.

Lorsque vous projetez de faire un match, une course, une épreuve sportive, il est bon, à défaut de vous préparer, au moins de réduire les problèmes que pourrait vous poser votre corps. Il en va de même pour une prise de parole.

Concrètement, cela implique des choses très triviales auxquelles on ne pense pas assez et qui peuvent, si on s'en occupe, rendre la scène plus confortable (la scène et par extension toute situation d'examen, de test, d'entretien, là où il y a un enjeu pour vous).

Quand vous êtes sur scène, le but est que votre corps réponde à vos sollicitations, qu'il soit votre allié, qu'il soit un lieu qui vous fait du bien, voire confortable. Pratiquement, cela passe par porter des vêtements où vous vous sentez bien dans votre peau. Idéalement, ce sont des vêtements confortables et où vous êtes beau/belle. Pour certains, ce sera un costume cravate ou des talons de 10 cm, pour d'autres ce sera un vêtement plutôt neutre mais très confortable qui leur donne confiance. Cela peut aller jusqu'à choisir des sous-vêtements dans lesquels vous vous sentez bien. Pour trivial que cela puisse paraître, l'aisance corporelle, la confiance dans votre corps va participer à votre aisance sur scène.

Dernier point, l'odeur. Le parfum que nous portons fait partie de l'environnement sensoriel que nous pouvons maîtriser. Mettre le parfum (ou le déodorant) qui vous fait vous sentir bien est un détail qui va vous plonger sensoriellement dans un lieu que vous appréciez. Certaines personnes préfèrent l'odeur de leur parfum quand elles viennent de le mettre, d'autres son odeur 10 minutes ou 1 heure après. Choisissez ce qui vous va.

De même qu'il semble évident qu'une personne qui court va investir dans des chaussures confortables, prenez le temps de choisir la tenue adaptée au contexte et dans laquelle vous êtes le mieux possible.

Cette aisance du corps à travers le « quadriptique » vêtements/ sous-vêtements/ chaussures/parfum viendra alimenter votre aisance dans votre prise de parole, avant même que vous ayez prononcé votre premier mot.

Préparer son corps

Votre corps est à la fois ce qui vous véhiculera jusqu'à la scène (que celle-ci soit une salle de réunion ou la scène d'une salle de spectacle), ce que le public verra en premier et ce qui vous permettra de faire votre prise de parole.

Comme pour tout acte sportif, il y a besoin de le mettre en condition.

Physiquement, vous allez utiliser votre bouche pour parler, utiliser les muscles de la bouche pour prononcer vos mots. Plus ces muscles seront échauffés, moins leur mobilisation pour articuler demandera d'effort et plus vous serez compréhensible par votre auditoire, donc plus il retiendra votre propos.

LES 6 EXERCICES DE JULIAN TREASURE

Julian Treasure est un passionné du son qui en a fait son métier. En plus d'être sound designer de talent, il est aussi conférencier renommé et a fait de nombreux TED Talks. Lors de l'un d'eux il présente une série de 6 échauffements à effectuer avant toute prise de parole importante, cela

dure moins d'une minute. Cette partie de son talk est visible : www.qavad.fr/JulianTreasure*.

1. Levez les bras, inspirez profondément, puis dites un grand « AAAAHHH » en baissant les bras d'un coup. À répéter deux fois.

2. Échauffement des lèvres : dites de manière forte « Ba ! Ba ! Ba ! Ba ! Ba ! », en ouvrant la bouche presque au maximum et comme si vous vouliez faire « pop » avec vos lèvres à chaque syllabe.

3. Faites « Brrrrrrrrrr », comme un cheval qui s'ébroue. Pas avec la gorge mais avec les lèvres, comme quand vous étiez enfant.

4. Ensuite vient la langue : vous allez dire « La ! La ! La ! La ! La ! La ! La ! », en ouvrant bien la bouche à chaque syllabe et en exagérant bien le mouvement de la langue.

5. Puis roulez un R, comme si vous imitiez l'accent italien : « Rrrrrrre ! Rrrrrre ! Rrrrrrre ! »

6. Pour Julian Treasure, s'il ne peut faire qu'un exercice, ce sera celui-là. Il s'agit de faire un son qui ressemble à une sirène en faisant aller la voix des très aigus aux très graves. Cela commence avec « ouiiiii » et passe progressivement à « ÔÔÔÔ ». Le « Ouiiii » est aigu, et « ÔÔÔ » est grave. Et vous passez de l'un à l'autre : « Ouiiii-ÔÔÔÔ-ouiiii-ÔÔÔÔ. »

En fonction du contexte, vous pourrez faire plus ou moins de bruit avant de monter sur scène et les échauffements 2 à 5 sont réalisables à peu près partout.

Ensemble avec Internet

Entre la facilité de diffusion d'une vidéo par Internet et la qualité des prises de parole préparées en amont, il y a toutes les raisons pour que ces dernières soient filmées afin d'en permettre la diffusion. Et ce quelle que soit la nature de votre prise de parole : en interne, auprès du grand public, ou d'un public ciblé (par exemple, des

* Pour voir l'intégralité du talk sous-titré en français, allez à cette adresse : www.qavad.fr/JulianTreasureTout

investisseurs). Le but de ces vidéos est d'étendre le « Ensemble » aux personnes qui ne sont pas dans la salle. C'est d'ailleurs une des spécificités des conférences TED et TEDx : le public visé n'est pas uniquement celui qui est physiquement présent, il compte aussi les internautes.

Cette caractéristique amène les personnes chargées de la vidéo à se poser deux questions* :

- comment faire pour que le contenu se diffuse le plus facilement possible ?
- comment faire pour que les internautes aient une expérience la plus équivalente possible à celle des auditeurs ? (Dans l'idéal, il s'agit de créer de l'inclusion, de provoquer un sentiment de communauté.)

Deux clés pour créer de la viralité

1. Que les 30 à 60 premières secondes donnent envie de continuer à regarder la vidéo. Sur Internet notre propension à la distraction est énorme. D'autant plus quand nous le consultons sur nos smartphones. Ayez à l'esprit de proposer le plus rapidement possible quelque chose d'intéressant qui motive à continuer de regarder CETTE vidéo, et pas une autre. C'est là que le PEJ entre en jeu (PEJ = Pourquoi Écouterais-Je ?**). Donner un début intense crée une tension, donne envie d'écouter la suite et offre à votre vidéo la possibilité d'être regardée plus que les 30 premières secondes.

> *Les YouTubers l'ont bien compris et suivent aussi ce schéma. Norman Thavaud, YouTuber humoriste qui cumulait déjà plus d'un milliard de vues en 2016, a commencé beaucoup de ses vidéos par un PEJ simple : il donnait une affirmation en donnant l'air*

* Ces questions valent autant d'un point de vue éditorial global de l'événement que pour la production audiovisuelle.

** Voir chapitre 3, « Écrire », p. 83.

d'y croire et d'un coup il disait « FAUX ! », avec le mot écrit en gros sur l'écran. « Personnellement je déteste les mecs musclés. Voilà ça m'énerve, c'est tout. C'est pas du tout de la jalousie. FAUX ! » (La vidéo est visible sur www.qavad.fr/Norman). En 4 secondes, nous connaissons le thème, savons que le YouTuber va faire rire en parlant de ce sujet, probablement en se moquant à la fois de lui-même, des mecs musclés et des clichés associés. En très peu de temps, il a donné envie de voir la suite, de découvrir de quelle façon il va procéder.

2. Que le contenu soit là. Une vidéo sur YouTube est un peu comme une bande dessinée : on la regarde pour le dessin et on l'achète pour le scénario. Pour une prise de parole, on regarde les 30 premières secondes pour le PEJ et on continue si le contenu est intéressant. C'est d'ailleurs ce contenu que l'internaute retiendra, dont il parlera autour de lui en partageant cette vidéo. Et là on retrouve tout ce que dit ce livre sur la création de contenu intéressant !

Un des exemples les plus marquants sur l'importance d'un contenu de qualité est le talk de Simon Sinek autour de son célèbre thème « Start with Why » (« Commencez avec le pourquoi » : www.qavad.fr/SimonSinek). C'est le troisième TED Talk le plus regardé au monde, avec 36 millions de vues, alors que la vidéo est plutôt médiocre : le son est désagréable par moments (le speaker changera d'ailleurs de micro au cours du talk), le speaker a un micro main au lieu d'un micro oreillette invisible, l'éclairage est vilain, le papier du paper board est moche, etc. Le contraire des vidéos très abouties produites depuis quelques années par TED. Mais si la vidéo est moche, le contenu, l'idée sont de grande qualité. Simple, limpide, compréhensible, applicable et inspirant. Le PEJ est du même acabit. D'où le succès de la vidéo, qui ne se dément pas depuis sa sortie.

Pour créer de l'inclusion

Il s'agit de faire en sorte que chaque personne qui regarde la vidéo se sente appartenir à un ensemble plus grand qu'elle et le speaker sur une scène vide. Cela requiert deux éléments.

Percevoir le public dans la vidéo. Cela semble évident quand on le dit, mais la tentation est souvent grande de filmer l'intervenant afin de le mettre en lumière. Parce que c'est lui qui est important. Si l'intention est louable, elle est en fait délétère pour l'impression de qualité qui émane de l'intervention. Quand on est seul devant son écran à regarder un intervenant seul sur une scène vide, on ressent visuellement un grand vide. Nos sens nous indiquent uniquement la présence du speaker seul sur scène, laquelle est en général assez dépouillée. Nous, spectateurs, sommes seuls devant la vidéo. À partir de ces ingrédients, nos sens vont extrapoler que le speaker est face à une salle vide et notre cortex interpréter qu'il n'est pas très intéressant (voire en train de faire un bide…). Comme on ne voit pas le public, c'est comme s'il n'y en avait pas. Et les silences peuvent donner l'impression d'être d'une longueur interminable*. Voir le public de temps en temps permet de l'intégrer dans le paysage mental de la salle.
Ceci peut passer par trois grandes familles de plan :

1. plans d'ensemble : public + intervenant dans le décor ;
2. plan en pied élargi : aux pieds de l'intervenant, on peut voir des ombres de têtes ;
3. plan public : une caméra filme le public en train de regarder l'intervenant.

Si vous n'avez pas la possibilité de procéder de cette manière, pensez à intégrer le son du public ; des rires, mêmes faibles, donneront du rythme. Le but est simple : donner corps au public pour la personne

* Pour éviter les blancs et les vides qui gênent en vidéo, les YouTubers font des montages très rapides, qui ne laissent pas de respirations au public, ce qui les contraint d'une certaine manière à des vidéos courtes de moins de 5 minutes (vu qu'il faut tenir le rythme en tant que spectateur).

qui regarde la vidéo, soit donner un contenu image et son à voir et à entendre.

Avoir des plans rapprochés de l'intervenant. Même s'il est loin, l'attention des spectateurs est sur le speaker. Comme toute notre attention est fixée sur cette personne, elle occupe tout notre espace sensoriel. Même si, dans l'image vue par nos yeux, il y a une scène immense, un décor immense, notre regard est naturellement porté sur les expressions du visage, des mains et du haut du corps. La captation vidéo doit alors être régulièrement centrée sur ces points d'attention.
Le moyen d'avoir, sur la vidéo, la perception la plus proche possible de l'expérience vécue dans la salle est d'avoir une captation, des plans de caméra et un montage qui suivent les points d'attention d'un spectateur. Toute personne dans la salle, même si elle voit tout le temps le même décor, va focaliser son attention (visuelle et auditive) sur des éléments qui changent tout le temps. Par exemple, on peut avoir une séquence : speaker entier, torse, visage, regard, slide, speaker qui montre la salle, salle entière, public (parce que quand le public rit, il s'écoute rire aussi), speaker de nouveau, regard, etc. Être dans la salle donne ce mouvement et offre la possibilité de percevoir le rythme de la prise de parole et de l'interaction avec le public. Puis de la retransmettre en vidéo.

Ensemble en cascade

Finalement ce chapitre « Ensemble » couvre énormément de dimensions.
Celle par laquelle il convient de commencer est bien sûr celle du speaker. C'est parce que le speaker sera Ensemble avec toutes ses parties (Parent – Adulte – Enfant) que les auditeurs/spectateurs seront invités à être ensemble avec eux-mêmes. C'est parce que le speaker sera en présence du public qu'il sera Ensemble avec celui-ci, les deux s'imprimant mutuellement un rythme qui les emmène de concert. C'est parce que le speaker sera Ensemble avec lui-même et Ensemble avec le public dans la salle qu'il pourra être Ensemble

avec le public sur Internet. Cette alliance, voire cette connivence, le temps d'une prise de parole se verra. Elle sera de ce fait visible en vidéo, ce qui par cascade permettra qu'elle s'établisse aussi sur Internet.

Stop ou encore ?

Vous avez maintenant parcouru les six dessins de ce modèle de prise de parole. Vous en avez exploré les détails, les illustrations et le fonctionnement, ainsi que les liens qu'entretient chacun d'eux avec les autres. Il y a beaucoup d'informations et, en même temps, une bonne partie d'entre elles sont là pour vous montrer la façon dont ces six dessins s'articulent et fonctionnent ensemble.
Dès à présent, vous avez tous les éléments et repères nécessaires pour travailler votre prise de parole. Ils sont dans ce schéma et dans la manière dont vous l'avez alimenté par ces pages et par vos réflexions.

La seconde partie de ce livre propose d'aller un cran plus loin en entrant dans le détail de certains aspects techniques de la prise de parole. Les sept chapitres à venir ne sont pas liés entre eux et

peuvent être lus indépendamment. Si vous les lisez tous, l'ordre présenté continue de suivre une certaine progression. Ces chapitres zooment sur un point particulier, qui relève d'un ou de plusieurs dessins. Vous y retrouverez des textes plus courts sur des sujets plus détaillés : narration, voyage du héros, slides, légitimité du speaker, entraînement, fondamentaux de la scène, outils supplémentaires.
Comme pour tout ce qui est présenté ici, prenez ce qui vous est utile et vous aide pour faire la prise de parole dont vous avez besoin.
Pour clore ici votre lecture, allez directement page 361.
Pour la continuer, passez simplement à la page suivante.

II
Dans le détail de la technique

7

De la démonstration à la narration

On ne peut pas penser sans langage,
on ne peut pas intégrer d'expérience sans histoire.
Christina Baldwin

Le but de votre prise de parole est de créer pour le public un avant et un après. Comme il y a eu pour vous un avant et un après, une série d'événements, qui vous a conduit à penser ce que vous pensez aujourd'hui. Et comme vous avez suivi un cheminement qui a du sens pour vous, vous pensez que c'est vrai. Ça l'est certes pour vous, mais pas encore pour les personnes qui vous écoutent.

Si l'endroit où vous êtes arrivé peut être décrit par le langage, ce n'est pas nécessairement lui qui vous a mené à cet endroit-là. C'est plus souvent l'expérience, directe ou indirecte, qui mène nos réflexions en un point précis. C'est donc cette expérience, cette expérimentation, qui est à partager en premier lieu.

Sortir du registre con-vaincre

Au-delà du jeu de mots, qui peut sembler idiot, rappelons que « convaincre » signifie « amener quelqu'un, par des preuves ou par un raisonnement irréfutable, à admettre quelque chose comme vrai ou comme nécessaire* ».

Les deux mots importants sont « irréfutable » et « admettre ».

« Irréfutable » veut dire que l'auditeur ne peut pas réfuter les éléments donnés par l'orateur, et par extension le contredire.

Or « admettre » indique que l'auditeur doit changer d'avis. Donc qu'avant il avait tort. Ce qui veut dire que ce qu'il pensait avant était un peu pourri…

Certes, ce dernier mot est familier, mais qui a envie d'avoir l'impression que sa manière de voir les choses avant que l'orateur ne parle était un peu pourrie ? Personne.

Pourquoi ?

* http://www.cnrtl.fr/definition/convaincre

Parce que cela voudrait dire qu'on pense mal. Et personne n'a envie de s'entendre dire qu'il pense mal, ni même de se le dire. Le but d'une prise de parole est que les auditeurs se sentent mieux après, comme savent le faire les très bons profs. Ceux qui arrivent à vous faire sentir plus intelligent, à vous faire sentir que vous êtes quelqu'un de bien. Que vous êtes heureux d'écouter.

Le psychiatre américain Robert Waldinger est l'un des directeurs successifs de l'étude d'Harvard sur le développement de l'adulte, l'une des plus longues jamais réalisées sur le bonheur : depuis 75 ans elle interviewe et suit les mêmes personnes et leur entourage, relevant un maximum d'indicateurs physiologiques, historiques, personnels, environnementaux, psychologiques, relationnels, etc. Le but est de trouver ce qui fait le secret du bonheur. L'homme est brillant et l'étude qu'il dirige, hors du commun. Dès le début, il sait où il veut nous emmener : il veut que nous soyons d'une certaine manière d'accord avec les résultats de l'étude d'Harvard. Mais lors de son talk à TEDxBeaconStreet, en 2015 (www.qavad.fr/RobertWaldinger), il ne passe pas de temps pour nous convaincre que son étude est faite de la bonne manière, il ne dit rien du protocole, ne détaille pas le nombre de questions sur chaque item, ne dit pas en quoi les questions ont évolué ou sont restées les mêmes, ni quelle est la répartition exacte dans l'échantillon du milieu social, du poids, de la taille, de la religion, de la couleur des yeux des personnes observées, etc. Au lieu d'argumenter sur le bien-fondé de son étude et de sa méthodologie, il met en perspective la démarche de cette étude par rapport à la question centrale à laquelle elle permet de répondre : qu'est-ce qui nous rend heureux ? Non pas en théorie, c'est-à-dire ce que nous pensons qui nous rend heureux, mais par l'analyse croisée de données récoltées durant 75 ans.

Robert Waldinger nous raconte la démarche de l'étude, pas ses détails opérationnels. Il nous emporte dans sa logique et il ne cherche à aucun moment à nous dire qu'il a raison. Il nous raconte une manière de voir et de procéder, révélant aux auditeurs de

nouvelles informations. Libre à eux ensuite d'adhérer ou non à cette logique.
Cette démarche et le contenu présenté ont permis à son talk de rencontrer un énorme succès, puisque c'est, en deux ans, le 12e talk le plus regardé au monde, avec plus de 20 millions de vues.

Rallier plutôt que convaincre

On peut convaincre les autres par ses propres raisons ;
mais on ne les persuade que par les leurs.
Joseph Joubert

Il s'agit de donner au public les moyens d'être d'accord avec vous, de se rallier à ce que vous dites. Lui donner des éléments qu'il peut librement s'approprier tout en restant extérieur. C'est parce que les auditeurs auront pioché parmi les éléments que vous aurez proposés, parce qu'ils étaient les leurs à l'origine ou qu'ils le seront devenus, que vous pourrez alors les embarquer. Pas en les poussant voire en les contraignant à monter à bord, mais en les y accueillant – mouvement qui exclut totalement l'idée de convaincre.
Évitez de démontrer en quoi vous avez raison, montrez plutôt les faits, émotions et concepts* qui vous ont amené à votre position actuelle, les étapes qui vous ont permis d'arriver à votre propos en présentant à l'auditoire ce que lui peut appréhender. Vous avez parcouru un chemin, parfois durant des années, que vous connaissez dans son ensemble. Votre rôle est d'en extraire les étapes essentielles, les moments de bascule, et d'illustrer comment cette dernière s'est opérée pour vous. Ce qui prend peu de temps à dire.
En outre, cette approche vous met dans une posture de partage avec le public et non dans une posture de combat pour défaire des adversaires qui, par nature, auraient tort. Agir ainsi réduit la

* Voir chapitre 3, « Écrire », p. 83.

pression sur l'orateur comme sur le public, car le rapport posé n'est plus dans l'axe raison-tort.

Jean-François Caron est maire de Loos-en-Gohelle, commune de 7 000 habitants dans la périphérie de Lens, dans le Nord, et marquée par un passé de mineurs. Depuis plus de vingt ans, il œuvre avec succès à sortir sa commune d'une situation de crise profonde (elle a fait partie des 100 communes les plus pauvres de France). Quand il monte sur la scène de TEDxVaugirardRoad, en 2015 (www.qavad.fr/JFCaron), ce n'est pas pour nous expliquer pourquoi son approche est la bonne, ni pourquoi il faut devenir écologiste. C'est pour nous retracer son parcours et celui de sa ville, fait d'histoires, de convictions, d'obstacles et d'avancées. Alors qu'il est, comme il le dit lui-même « un écolo au pays des gueules noires », son but n'est pas de nous faire voter pour les Verts, mais de nous montrer un chemin de réussite et de nous en donner les clés. À partir de là, libre à chacun d'entre nous de suivre, de s'inspirer de son action, en totalité ou en partie.

Votre public prendra d'autant plus facilement des éléments que vous lui proposez que vous les lui aurez présentés en le laissant libre d'en faire ce qu'il veut. Sans compter que notre attachement bien français à une certaine indépendance nous incite souvent à n'être d'emblée jamais d'accord ! Proposer des éléments, des idées, dont les auditeurs peuvent se saisir permet à chacun de prendre tout ou partie de ce que vous exposez. Donc de faire avancer la réflexion de votre auditoire.

Passer de décrire à représenter

Quand nous partageons une histoire ou un cheminement personnels, nous racontons finalement notre parcours de manière assez naturelle. C'est d'ailleurs cette manière de dire, de raconter, qui permet aux auditeurs de « faire leur part » de la prise de parole : ils doivent se représenter la scène (pas uniquement la comprendre) et c'est déjà une manière de s'approprier le récit de l'orateur. Si ce dernier ajoute un niveau supplémentaire de compréhension, cela donne encore plus de relief à la scène.

Par exemple, ne dites pas :

> *Étant donné l'évolution des moyens digitaux et de l'organisation qui en découle, le bal (populaire ou non) a été remplacé par des apps sur smartphone, dont le but reste le même : permettre à des humains de sociabiliser à dessein amoureux et/ou sexuel. Henri a donc choisi de procéder ainsi.*

Dites plutôt :

> *Henri cherchait à rencontrer quelqu'un, mais il n'y a plus de bal (populaire ou non), alors il s'est créé un compte sur une app de rencontres.*

Cela semble évident pour une histoire personnelle, mais quand il s'agit de partager une pensée plus élaborée ou une analyse de contexte, une tendance largement répandue consiste à partir tout de suite dans la théorie, sans la relier à une expérience. En partant de l'expérience vécue, vous donnez plus de poids, plus de corps à votre propos. Le processus décrit n'en sera que mieux représenté. Et la trace laissée, plus profonde.

Si vous souhaitez ajouter de la pensée, des concepts ou une élaboration que vous avez développés pour analyser une expérience vécue, vous pouvez compléter cette première partie descriptive, qui devient le socle (partagé avec le public) de votre réflexion.

Pour l'exemple d'Henri, cela pourrait donner ceci :

> *Henri cherchait à rencontrer quelqu'un, il est allé faire un tour sur les apps de rencontre. Pourquoi ? Parce que le bal n'est plus le meilleur moyen de faire des rencontres et qu'il a, en plus, tendance à nous enfermer dans un cercle connu, donc restreint, de personnes. Les apps sortent des cercles connus, offrant un plus large éventail de rencontres possibles.*

Emmener plutôt que décrire

En classe de seconde, ma professeure de français disait : « Lorsque je dis le mot "fleur", ce sont autant de fleurs qui naissent dans l'esprit de chacun des auditeurs. » Depuis, les neurosciences l'ont confirmé : dire le nom de quelque chose active tout de suite les aires du cerveau dédiées au langage et à la représentation et nous fait tout de suite, et presque malgré nous, imaginer l'objet en question, nous le représenter dans ses grandes lignes. Ce mécanisme rapide et tellement pratique au quotidien a néanmoins l'inconvénient de couper court à la rêverie, à l'évocation, à la création touche par touche d'une image qui va nous correspondre et pouvoir nous émouvoir.

Stéphane Mallarmé en faisait d'ailleurs un point important de son art poétique : « Nommer un objet, c'est supprimer les trois quarts de la jouissance du poème qui est faite du bonheur de deviner peu à peu ; le suggérer, voilà le rêve. »

Quand une personne vous raconte qu'elle a vu le plus beau paysage du monde, à cet instant même des bouts de représentations sensorielles vont vous venir à l'esprit : sons, odeurs, texture de l'air, visions. Si vous vous rendez compte, quand ensuite elle se met à le décrire, que c'est pour vous le paysage le plus horrible qui soit, cela complique très nettement le fait d'être « embarqué » dans le récit.

A contrario, si la personne vous décrit le paysage tel qu'elle le voit, elle le fera d'une manière qui vous permettra de découvrir ce qui est beau pour elle, et comment c'est beau pour elle, bout par bout, petite touche par petite touche, pour vous faire sentir en quoi, pour elle, ce paysage est le plus beau du monde. Pas pour vous convaincre qu'il l'est. Au final, elle n'aura peut-être même pas besoin de dire que c'est le plus beau paysage du monde, puisqu'elle l'aura fait vivre à l'auditoire.

Prenons l'exemple d'un homme qui tombe amoureux d'une femme au premier regard, situation dépeinte en quelques phrases courtes : « Elle est entrée dans la pièce, je suis tombé amoureux. Je ne savais plus quoi dire, j'avais les mains moites, mon cœur s'est accéléré et je me suis mis à bafouiller. »

Faible capacité de démonstration. Certes, on peut le croire, mais ce n'est pas forcément très convaincant si on n'a pas soi-même exactement la même façon de tomber amoureux ou qu'on se représente ce moment différemment.

On peut aussi faire autrement : utiliser les mêmes groupes de mots et en changer l'ordre. Car si l'ordre des mots à l'intérieur d'une phrase importe parfois peu (« C'est bonnet blanc et blanc bonnet »), l'ordre des phrases peut en revanche changer non pas le sens du propos, mais la manière dont l'auditoire va le recevoir – le sens vécu du récit et le ressenti de la phrase. Avec l'exemple précédent, voici ce que cela pourrait donner :

> *Elle est entrée dans la pièce, je ne savais plus quoi dire.*
>
> *J'avais les mains moites, mon cœur s'était accéléré et je me suis mis à bafouiller.*
>
> *Je suis tombé amoureux…*

En tant qu'auditeur, nous pouvons être d'accord ou non, mais nous avons d'abord vu la scène se dessiner sous nos yeux avant d'avoir la grille de lecture de la personne qui la vivait. D'une certaine manière il devient plus difficile de réfuter la scène dans notre esprit. En outre, les symptômes décrits par l'orateur prennent tout leur sens une fois l'explication donnée, ce qui permet de mieux mémoriser la scène. Pour rappel, un souvenir, c'est un fait allié à une émotion. S'il n'y a pas d'émotion, notre esprit passe à autre chose et a tendance à oublier le fait.

Dans nos expériences, nous vivons d'abord les sensations et ensuite seulement vient la compréhension. Si nous ne sommes pas d'accord avec la manière dont l'homme de l'exemple ci-dessus est tombé amoureux, nous pouvons toujours dire : « Ah, O.K., pour lui cela se passe comme ça », nous pouvons par l'écoute avoir vécu le trouble et parfois compris de l'intérieur ce que voulait dire l'orateur.

EXERCICE : INVERSER L'ORDRE

Quand vous travaillez votre prise de parole (à l'écrit ou à l'oral si vous enregistrez ce que vous dites), prenez le temps d'écouter chaque phrase ou paragraphe. Vérifiez pour chacun d'eux si vous êtes bien « dans l'ordre expérientiel », c'est-à-dire :

1. permettre au public de se représenter la scène ;
2. lui proposer une lecture, une compréhension.

Si ce n'est pas le cas, astreignez-vous à changer chaque élément, quitte à ajouter du contenu pour que l'ensemble ait du sens. Puis faites lire/écouter la nouvelle version à un nouveau public et voyez comment il réagit, s'il est « embarqué », si cela lui parle. Si les retours sont bons, gardez cette nouvelle forme ; s'ils se valent, gardez celle avec laquelle vous êtes le plus à l'aise.

Changer l'ordre de la description en ne commençant pas par le concept permet de sortir d'une approche purement « mentale », conceptuelle, et vous invite à mettre en lumière, dans l'écriture, les éléments qui vous ont permis d'arriver à votre conclusion.

Aller jusqu'à la narration

Maintenant que les descriptions sont agencées dans un ordre qui raconte en plus de décrire, pourquoi ne pas aller jusqu'à la narration ? Jusqu'à raconter les choses sous la forme d'une histoire parce que c'est ce que notre cerveau retient le mieux ?
Voici un exemple parlant pour illustrer l'intérêt de la narration*. Il présente de manière très synthétique le bénéfice, voire l'envie et la nécessité de développer l'économie de service en opposition à l'économie de biens. La phrase pose le concept ; maintenant comment le mettre en scène, quelle histoire, quelle scène décrite va permettre au

* La rumeur attribue cette phrase à Jacques Séguéla, mais je n'ai pas trouvé de source le confirmant.

public de se représenter de quoi il est question ? De voir la réalité, la forme que cela prend au quotidien ? Cela tient en trois phrases toutes simples :

> *Robert est chez Bricorama et va au rayon perceuses.*
> *Mais il s'en fout de la perceuse. Ce qu'il veut, c'est un trou.*

Nous savons de quoi cela parle, comment ça fonctionne. Ensuite, il est facile d'enchaîner sur d'autres exemples, voire d'autres concepts, et tout ce qui va nourrir la réflexion menée par l'orateur et le propos qu'il partage avec le public.
Le but est de mettre l'auditoire non pas dans les chaussures du héros de l'histoire, mais dans sa trace et son élan, de le rendre « témoin de l'intérieur ».

> *À l'occasion des vingt ans de son émission* Taratata, *Nagui présente sa sélection des moments qui l'ont particulièrement marqué. Il parle de cette jeune artiste alors inconnue qu'il a fait jouer dans l'émission la veille de la sortie de son disque, ce qui a permis un décollage immédiat des ventes (www.qavad.fr/Nagui). S'il était resté très neutre, factuel, sans raconter une histoire ou sans chercher à nous embarquer, il aurait pu dire : « À un moment, j'entends une superbe chanson d'une chanteuse inconnue, je décide de la passer dans l'émission, la maison de disques se cale pour lancer l'album le lendemain et les ventes sont bonnes. »*
> *Au lieu de cela, il nous raconte qu'il était en voiture et qu'il écoutait un disque, comment il a été surpris, qu'il a aimé cette musique et qu'il a voulu la passer dans son émission, qu'il a contacté la maison de disques et qu'on lui a répondu qu'elle ne s'occupait pas de cette artiste, qu'il a alors appelé le directeur de la maison qui lui dit alors qu'il venait juste de signer avec elle, qu'elle est venue jouer dans l'émission, que le lendemain de la diffusion elle est allée dans une grande enseigne de disques pour voir si son album était sorti, comment elle s'est mise à pleurer quand elle a vu que son disque n'était pas dans les rayons, qu'elle a pensé que sa vie d'artiste était foutue, comment un vendeur lui a demandé ce qui lui*

arrivait en la voyant si mal, et comment ce même vendeur lui a dit que tous les CD mis en place le matin même avaient été vendus en une heure à peine…

À la fin de cette histoire de 2 minutes racontée par Nagui (que je vous recommande de regarder tant elle donne la pêche), nous le public, nous sommes contents avec l'artiste, au lieu de constater de l'extérieur à quel point elle est contente.
Passer de décrire à raconter, c'est passer d'arrêts sur image plus ou moins heureux à un film qui bouge, du statique au mouvement, de la description qui pose à la narration qui embarque. Fonctionner ainsi offre de nombreux avantages :

- D'abord, votre travail d'orateur ne se limite plus à vous remémorer un texte ou une liste d'informations (faits), mais consiste à vous souvenir de moments que vous pouvez voir et à les raconter. Ce qui est bien plus facile à faire et à mémoriser.
- Votre point d'appui n'est pas uniquement un texte, mais une scène, une situation que vous avez « sous les yeux » dans votre tête. Vous êtes alors beaucoup plus en phase avec ce que vous dites. Votre pensée ne cherche pas à anticiper sur ce que vous dites pour savoir quels mots vous allez dire ensuite, il n'y a plus de décalage entre ce à quoi vous pensez et ce que vous dites. C'est plus agréable pour vous, c'est plus agréable pour le public.
- Conséquence directe, votre propos est beaucoup plus incarné, il porte donc davantage.
- Dépeindre, représenter un lieu ou une situation dans sa dynamique vous conduit naturellement à la narration.
- Vous vous extrayez d'une manière de parler où il faut tout le temps tout prouver. Certes, si vous prenez la parole, il y aura très probablement des éléments à prouver et des raisonnements à tenir, mais ils ne sont pas la base sur laquelle vous allez vous appuyer*.

---

* Voir « Concepts, faits, émotions : équilibrer les trois plans du discours », chapitre 3, « Écrire », p. 105.

Un produit, un bilan ou une entreprise ont aussi une histoire

Quand le talk porte sur un projet ou une entreprise, on a souvent tendance à décrire le projet ou l'entreprise de manière la plus précise et factuelle. Alors que l'expérience que nous en faisons passe d'abord par une appréhension sensorielle, puis émotionnelle.

Pour présenter un produit, racontez l'histoire de la personne qui l'utilise plutôt que les caractéristiques dudit produit. Si vous parlez de votre entreprise à des investisseurs, racontez-leur en quoi votre stratégie, vos produits sont des solutions à des problèmes au lieu d'essayer de leur démonter par A+B que votre entreprise est la meilleure opportunité pour investir.

Quelle que soit la composition de votre public, ses idées sur le sujet dont vous allez lui parler ne sont pas exactement les mêmes que les vôtres. Par définition, vous croyez plus au projet que votre auditoire, vous connaissez mieux les changements d'organisation à venir, vous voulez féliciter quelqu'un ou vous avez une annonce à faire. Bref, vous avez une histoire à raconter à ce moment-là. Ne cherchez pas à décrire votre produit/service/entreprise/projet ; racontez une histoire à laquelle l'auditoire peut adhérer, l'histoire dont il fait partie, a envie de faire partie. Alors il aura envie d'acheter le produit/service/entreprise, d'adhérer à votre proposition.

Le directeur financier d'un groupe français devait faire une prise de parole en interne, retransmise en direct devant des milliers de salariés, alors qu'il était en poste depuis moins d'un an. Il tenait à dire à quel point le cash-flow du groupe s'était amélioré, car c'est un marqueur de la bonne santé de l'entreprise et un bon indicateur de sa capacité à être plus indépendante. Ce qui était évident pour lui en tant que financier ne l'était probablement pas pour l'écrasante majorité de l'auditoire. Nous avons donc travaillé non pas à donner une description du cash-flow, mais à raconter son histoire, notamment à travers les nouvelles opportunités créées par son augmentation.

Le directeur financier a donc raconté que l'activité normale de l'entreprise avait généré des bénéfices et que la société avait aussi réalisé des investissements pour renouveler son parc matériel et engager de nouveaux projets. La différence entre les bénéfices et les investissements, c'est le cash-flow net, et cette différence, c'est de l'argent disponible pour faire des investissements SANS recourir à un prêt bancaire. Dit autrement, plus le cash-flow net est important, plus l'entreprise est en capacité d'investir, mais aussi (voire surtout) de choisir librement ses investissements, parce que leur financement ne dépend pas d'une banque.

Certains salariés ont alors compris pour la première fois à quoi servait ce fameux cash-flow dont on leur parlait si régulièrement lors des présentations des résultats financiers, mais qui n'avait pour eux, jusqu'à présent, aucune réalité ou aucun intérêt.

La réflexion à laquelle vous êtes arrivé, votre conviction, tout cela est toujours le résultat d'un cheminement intérieur, mêlant pensées et sentiments.

Le but de la prise de parole est de permettre à votre auditoire de faire ce chemin en accéléré, parce que vous lui racontez les étapes clés que vous avez parcourues, étapes que vous aurez préalablement clairement identifiées et rendues lisibles.

De l'information à la compréhension

Si on parle d'infobésité (obésité de l'information) dès le début des années 1980, on n'avait alors pas l'idée de la quantité ingérable et indigeste d'informations qu'Internet allait générer. Mais la question de faire le tri dans cette immensité se posait déjà, de même que la difficulté de faire sortir une information claire hors du « bruit » ambiant généré par ces tonnes d'informations inutiles ou inappropriées qui parasite la compréhension.

Il y a quelques années, un même Internet* très intéressant est paru sur le sujet. Il montrait en deux dessins la différence entre l'information et la connaissance. Une première piste pour rendre lisible une quantité importante d'information.

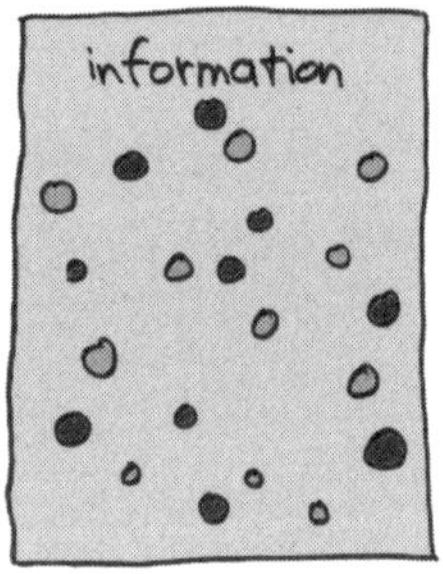

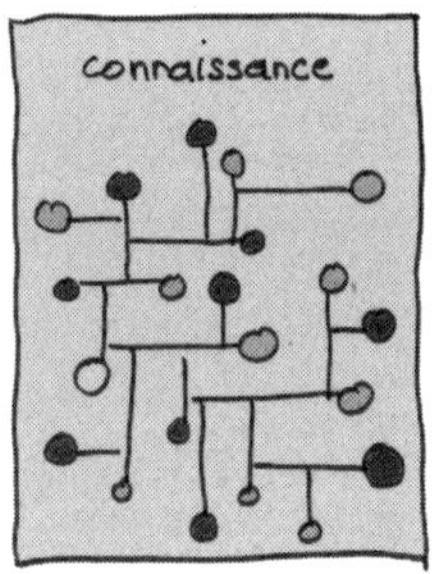

La différence entre les deux images est claire : on passe d'une masse d'informations non organisées et disparates à une forme organisée et plus structurée. À partir de là, on peut avoir l'idée d'organiser les choses autrement, de proposer des variantes, mais le mouvement est lancé. Et nous, en tant que public, nous modélisons ce procédé pour créer nos propres lectures, nos propres structures.
Comme le dessin est simple, il a donné lieu à de nombreuses variantes. Ma préférée est celle intitulée « Creativity ».

* Élément ou phénomène repris et décliné en masse sur Internet.

Quand on regarde ce dessin, on voit immédiatement la forme du chat. La première fois que je l'ai vu, j'ai même cru que les points n'étaient pas au même endroit que sur les deux dessins d'origine, qu'ils avaient été déplacés pour dessiner la forme du chat. Or ce sont exactement les mêmes emplacements.

Cette série de dessins est une belle illustration d'une idée centrale : ce sont les liens entre les éléments représentés qui rendent ces derniers lisibles, ce qui permet de les appréhender rapidement, de leur donner un sens immédiat.

À partir du premier dessin, qui ne contient que des points, on arrivera à reproduire un chat facilement (même si ce n'est pas exactement le même chat), donc à reproduire le sens donné à ces points.

Les liens entre les points sont dessinés par une histoire, une narration d'un propos, un cadeau fait à l'auditoire. Pour une prise de parole, cela se traduit par l'ordre dans lequel vous placez les éléments, la manière dont vous les reliez, les transitions, les articulations et les hiérarchisations que vous agencez entre eux. Ce sont ces liens qui font la différence.

C'est parce qu'il y a une histoire, une narration, que les auditeurs vont se souvenir de votre talk. C'est parce qu'il y a une histoire qu'ils pourront intégrer l'expérience que vous tentez de leur transmettre et la reproduire à leur tour.

> *Dans leur talk de TED, en 2016, Thordis et Tom sont sur scène pour raconter leur histoire (www.qavad.fr/reconciliation). Disposées à plat, les informations contenues dans leur talk peuvent paraître disparates et parfois incompréhensibles.*

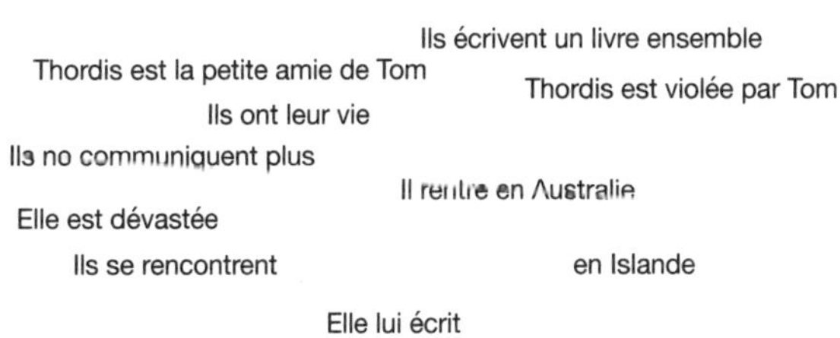

Même si les informations ne sont pas reliées entre elles, nous les lisons dans un certain ordre et notre cerveau ne peut pas ne pas faire des liens entre elles, ne pas essayer de les classer. De les remettre dans un certain ordre. De fait, notre esprit essaye de récréer une histoire, de passer au stade « connaissance », pour faire naître de la compréhension.

Au moment où j'écris ces lignes, je n'ai pas revu le talk de Thordis et Tom. Ce qui me reste est leur histoire, qui m'a marqué. Parce que, alors qu'ils la narraient, j'en étais devenu témoin, à leurs côtés.*

Voici l'histoire dont je me souviens, racontée de mémoire : Thordis est amoureuse de Tom, un Australien venu étudier en Islande. Un soir de fête, alors qu'elle est éméchée et malade, celui qu'elle voit comme son prince charmant la reconduit chez elle. Après l'avoir mise au lit, il a une relation sexuelle avec elle, alors qu'elle n'a pas dit oui, alors qu'elle n'a aucune énergie physique pour exprimer qu'elle ne veut pas. Elle vit un viol en étant consciente de ce qui se passe, sans pouvoir réagir. Tom repart ensuite en Australie, apparemment sans s'être aperçu de quoi que ce soit. Des années passent, mais le trauma de Thordis ne passe pas. Elle se sent victime et cela la ronge en permanence, elle est dévastée. Un jour, elle se dit qu'elle en a assez de se définir autant autour de son statut de victime. Voulant reprendre sa vie en main, elle écrit à Tom. Ils correspondent alors pendant plusieurs années et Tom se rend compte de ce qu'il a fait, du mal qu'il a causé, ce qui l'amène aussi à se questionner : qui est-il vraiment ? est-il quelqu'un de mauvais ? Au bout de quelques années, ils décident de se revoir, pour aller plus loin dans cette exploration, pour comprendre l'impact de cet épisode sur leur vie, pour faire autre chose de ce qui a eu lieu. Puis ils retournent chacun à leur vie tout en continuant de s'écrire. C'est une reconstruction pour chacun. Un chemin de réconciliation plutôt que d'affrontement, avec l'autre et avec soi. Thordis et Tom se rendent compte que leur histoire peut aider de nombreuses

* Je l'ai évoqué plus haut, au chapitre 5, « Montée & Contraste », p. 155.

personnes qui ont vécu un épisode similaire et décident d'écrire un livre, puis de faire ce talk. Pas pour dire aux autres d'écrire un livre, mais pour leur montrer un chemin de reconstruction.
Si vous regardez le talk, vous trouverez peut-être quelques différences avec ce récit. Je vous livre ici l'empreinte qui m'en reste, l'histoire qu'ils m'ont transmise et le cadeau que j'ai reçu. Touché par leurs propos, je garde une trace du chemin emprunté, qui peut m'aider à mon tour dans toute situation difficile où je veux sortir d'un statut qui m'enferme et me fait souffrir.

La narration apporte une profondeur que les faits seuls n'apportent pas. Si je devais résumer ce que j'ai appris de ce talk, je dirais : « Nous sommes définis non pas tant par ce que nous avons subi ou fait subir que par ce que nous en faisons. Et par ce chemin, la résilience – y compris dans des cas difficiles – est possible. »
Cette idée est connue, hyperconnue même, standard, presque utilisée à toutes les sauces. Cette phrase seule ne m'aide pas, ne m'éclaire pas. Alors que l'histoire de Thordis et Tom, oui.
L'auditoire n'a pas besoin qu'on lui démontre en quoi la phrase est vraie, en quoi le concept est valide, il a besoin d'entendre comment faire pour en avoir les bénéfices, comment cela s'est passé, de comprendre (de « prendre avec lui »). Passer à la narration, c'est construire ce pont qui relie. Et c'est votre rôle en tant qu'orateur.

8

Le voyage du héros

Les gens pensent que les histoires sont façonnées par les gens.
En fait, c'est dans l'autre sens que cela se passe.
Terry Pratchett

Lorsqu'on demandait à J. R. R. Tolkien ce qu'on pouvait penser du peuple des Hobbits, dont sont issus les héros malgré eux du *Seigneur des Anneaux*, il répondait que ce n'était pas un peuple particulièrement héroïque ou valeureux. D'une certaine manière, les circonstances avaient amené Frodon et Sam à se dépasser bien au-delà de ce qu'ils pouvaient simplement concevoir. On retrouve là une philosophie proche de celle de Pratchett : ce sont les conditions qui font les histoires et forgent donc les héros.
Suivant cette manière de voir, il est alors nécessaire que le contexte obéisse à un certain nombre de règles pour permettre de forger de la bonne manière le héros qui va inspirer l'auditoire. Très simplifié, cela donne la structure SPOC décrite au chapitre 2*.
Les histoires sont d'ailleurs un élément de la culture qui se retrouve dans toutes les civilisations humaines, quel qu'ait été leur niveau de contact avec d'autres groupes humains. À travers le monde, on retrouve de manière récurrente deux éléments : des archétypes de personnages** et une manière de structurer une histoire.
Ce chapitre se concentre sur la structure d'une histoire, le détail de ses mécanismes, avant de voir comment l'appliquer à la prise de parole.

La naissance du voyage du héros

Professeur de mythologie comparée, Joseph Campbell, l'auteur du *Héros aux mille et un visages****, a étudié une quantité astronomique de mythes et d'histoires, incluant aussi bien les histoires de Krishna, Bouddha ou Jésus que les contes de fées européens, les mythes de

* Par exemple, on retrouve tout le temps le Mentor, la Déesse, etc. Pour plus d'informations, voir www.qavad.fr/archetypes.
** Voir chapitre 2, « L'histoire », p. 49.
*** Voir chapitre 2, « L'histoire », p. 19.

l'Égypte antique ou des traditions de tous les continents, toutes les époques et toutes les cultures.

Sa théorie s'appuie sur une intuition : pour lui, on retrouve dans toutes les histoires la même grande histoire archétypale. Et les histoires que nous racontons n'en seraient que des déclinaisons. Dit autrement : il n'y aurait qu'une seule histoire, et elle prendrait plusieurs formes. C'est ce que Campbell a appelé le Monomythe.

Dans son livre, il donne à voir les formes récurrentes identifiables dans tous les mythes : une structure de récit, des moments clés, des personnages archétypaux. Cela donne un livre épais et touffu, le premier en son genre et un véritable trésor.

C'est ce livre que découvre George Lucas alors qu'il est en train d'écrire le scénario de la première saga *Star Wars*. Grâce à cette lecture, il réorganise son scénario pour créer le succès qu'on lui connaît.

À Hollywood, un étudiant en cinéma du nom de Christopher Vogler découvre lui aussi le livre de Campbell. Relecteur de scénarios, il en fait une synthèse en sept pages dactylographiées qu'il appelle « Le voyage du héros : guide pratique du Héros aux mille et un visages » et qu'il construit comme une aide pour repérer les éventuels défauts de structure ou manques dans un scénario.

Ces sept pages dactylographiées ne sont au début qu'un outil personnel, mais elles se retrouvent vite dans presque tous les studios d'Hollywood. Elles deviennent la grille d'analyse des scénarios. Vogler en fait ensuite un livre, *Le Guide du scénariste*, qu'il présente comme une introduction aux idées de Campbell et un guide pratique pour faire des films (ou des séries). L'ouvrage a été une référence pour la conception de nombreux films.

Fait intéressant, on retrouve le modèle de Vogler dans des succès de cinéma dont l'écriture et la réalisation se sont faites sans le connaître. Ainsi on le retrouve dans *Le Roi Lion*, *Le Monde de Nemo*, *Matrix*, *Titanic*, *Harry Potter*, mais aussi *Les Choristes*, *Intouchables* ou *Bienvenue chez les Ch'tis*.

Les douze étapes

Le principe décrit par Vogler est que toute histoire se découpe en 12 étapes, toujours les mêmes quelle que soit l'histoire.
Assez souvent on représente les étapes comme des portions d'un cercle illustrant le voyage accompli par le héros.

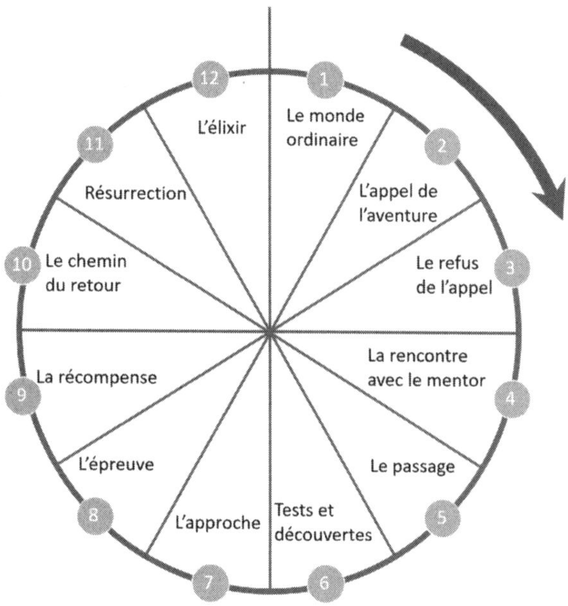

Les 12 étapes sont les suivantes :

1. Le monde ordinaire. Le héros nous est présenté à l'origine, ainsi que le monde dans lequel il vit.
2. L'appel de l'aventure. L'aventure vient frapper à la porte du héros. Cela peut avoir la forme d'un problème, d'un défi, d'une aventure.
3. Le refus de l'appel. Le héros n'est pas encore prêt à accepter l'aventure et la refuse ou est réticent.

4. La rencontre avec le mentor. Une personne vient donner au héros le coup de pouce qui lui permet d'avancer.

5. Le passage. Le héros a maintenant toutes les informations et décide d'entrer dans le nouveau monde. Il a accepté l'aventure.

6. Test et découvertes. Le héros a accepté l'aventure et rentre dans un nouveau monde. Mais il ne connaît pas les règles de ce nouveau monde. Il doit donc faire des tests et apprendre qui sont ses alliés et ses ennemis.

7. L'approche. Le héros se prépare à affronter ses ennemis ou ses démons pour la première fois dans ce nouveau monde.

8. L'épreuve. Le héros doit passer l'épreuve, affronter sa plus grande peur et pour la vaincre montrer un changement profond. C'est parce que la difficulté est réelle et insurmontable avec ses moyens habituels que le héros a peur ET doit aller chercher de nouvelles ressources afin de pouvoir continuer.

9. La récompense. Le héros a passé l'épreuve avec succès et reçoit en récompense un objet, une compétence, ou une information.

10. Le chemin du retour. Le héros revient dans le monde ordinaire et se prépare à l'affrontement final.

11. Résurrection. C'est l'affrontement final, le héros peut vivre ou mourir. Symboliquement son ancien soi doit mourir afin de permettre au héros de devenir un être nouveau.

12. L'élixir. Le héros victorieux célèbre sa victoire et partage avec le monde sa nouvelle sagesse.

Cela peut sembler trop facile ou stéréotypé, donc pas réel. Mais quand on commence à appliquer cette grille de lecture sur des films ou sur la manière de construire des histoires, on se rend compte de son intérêt.

Le tableau qui suit vous présente, résumées en 12 étapes, les histoires de *Matrix*, du *Monde de Nemo* et de l'achat d'un appartement. Dans ces trois cas, vous allez retrouver les mêmes étapes et avoir une histoire qui se tient.

Étape	**Nom de l'étape**	**Matrix**
Héros		Neo
1	Le monde ordinaire	Neo au travail et devant son ordinateur
2	L'appel de l'aventure	« Suivez le lapin blanc. »
3	Le refus de l'appel	Neo ne fait pas confiance à Trinité et veut quitter la voiture.
4	La rencontre avec le mentor	Neo rencontre Orphée / l'Oracle.
5	Le passage	Neo prend la pilule rouge, et se réveille hors de la matrice
6	Tests et découvertes	Neo apprend le kung-fu et se bat contre l'agent Smith.
7	L'approche	Cypher les trahit, Morphée est capturé.
8	L'épreuve	Sauvetage de Morphée
9	La récompense	Neo se rend compte de ses super-pouvoirs.
10	Le retour	L'EMP pulse sauve le vaisseau.
11	Résurrection	Trinité embrasse Neo, il est ramené à la vie.
12	L'élixir	Neo passe un appel et commence à voler dans les airs.

Nemo	**Achat appartement**
Martin, le papa de Nemo	Vous ?
Nemo et Martin à l'école sur le récif.	Je vis dans un deux-pièces que j'aime bien.
Nemo est capturé par les plongeurs.	Une amie a vu un trois-pièces qui serait top pour moi.
Martin est effrayé par la mer ouverte.	Je l'ai visité, mais le prix est nettement trop cher pour moi.
Rencontre avec Dory et rencontre avec la tortue de mer amicale.	Un ami me parle des courtiers.
Martin quitte le récif et part à la recherche de Nemo.	L'idée m'a plu, j'ai décidé d'en rencontrer un.
Il échappe à la frénésie gloutonne du requin, se bat avec le poisson-pêcheur, trouve des amies tortues.	Au début je n'ai rien compris. J'ai travaillé, cherché des infos et des moyens d'avoir un apport.
Avalé par la baleine, Dory communique avec elle.	J'ai préparé tout ça pendant des heures en vue du rendez-vous final de simulation.
Martin sauve Dory des méduses.	Et là, le rendez-vous a duré deux heures, alors que je ne connais rien à la finance. On a trituré, cherché, et finalement on y est arrivés : ça tient si je décale mon achat de six mois.
Nemo est libéré, Martin et Nemo sont réunis.	Le dossier est validé par le courtier, il peut être envoyé à la banque.
Martin laisse Nemo casser le filet.	Je rassemble les derniers papiers et apports.
Le Gang des poissons s'évade du cabinet de dentiste.	Le dossier est envoyé, mon banquier m'appelle, on règle un dernier point et il dit O.K. !
Martin n'est plus en train de surprotéger Nemo.	Je pends la crémaillère dans mon nouvel appart et j'ai même invité mon courtier pour en faire profiter mes amis.

Une histoire de transformations

La transformation, élément fondamental des 12 étapes de Vogler et pourtant rarement mis en avant, est au cœur de l'histoire et elle en fait tout l'intérêt. Dans une histoire, il y a trois transformations, successives et d'intensité croissante. (Pour rappel, une transformation induit un avant et un après.)
Regardons la séquence suivante.

> *François est allé à la boulangerie. Sur le chemin il y a eu un accident. Étant infirmier avec des compétences médicales, il a aidé le blessé en attendant les secours, puis est allé chercher son pain, tout content d'avoir aidé.*

Ici, il n'y a pas de transformation du héros. Si on ajoute une transformation, cela devient plus intéressant.

> *François est allé à la boulangerie. Sur le chemin, il y a eu un accident. Étant infirmier, il a des compétences médicales, mais le problème était mécanique : de l'essence fuyait d'un tuyau du bloc-moteur et, avec la chaleur, cela devenait dangereux. Et pas moyen de sortir le conducteur de la voiture. François est nul en mécanique et déteste ça, mais les tuyaux à l'intérieur du corps, il connaît. Alors il a fait comme en salle d'opération, il a mis les mains dans le moteur, a cherché en aveugle non pas l'artère mais le tuyau qui fuyait. Après quelques essais, il a trouvé et pu stopper l'hémorragie, ou plutôt la fuite ! Le conducteur était plus détendu pour attendre les secours et François s'est dit qu'il n'était pas si nul que ça en mécanique. Puis il est allé chercher son pain, tout content, partageant la bonne nouvelle avec ses proches.*

Il s'est passé quelque chose. Le héros a rencontré une difficulté qui lui a demandé de se transformer.

Dans les douze étapes, les trois transformations successives arrivent aux moments identifiés par les lettres « a », « b » et « c » sur ce schéma :

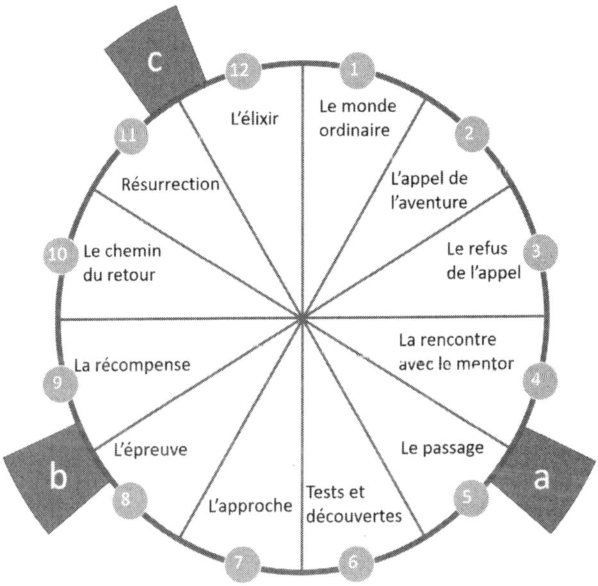

a. Le héros accepte l'idée de faire autrement que ce qu'il a toujours fait. Il accepte l'idée de la transformation* (souvent sans bien savoir ce qui est en jeu).

> *Si le héros échoue ici, c'est la mort de l'idée, et donc de la possibilité de transformation.*

b. Le héros met en application le changement, dans un environnement qui n'est pas encore celui de la confrontation réelle. Il s'agit d'une épreuve qualificative mais pas de l'épreuve finale. À

* On retrouve bien l'idée de Pratchett : ce sont les histoires qui façonnent les héros.

ce moment, le héros doit changer de manière de faire, de manière d'être. Dans toute l'histoire, c'est le passage où il doute le plus. Cette énergie de doute intense va lui donner l'énergie nécessaire pour accomplir un changement profond (qui, s'il arrive, conduira à la fin heureuse). C'est donc un point culminant, un moment paroxystique de l'histoire. Même si ce n'est qu'une répétition (au sens théâtral, c'est-à-dire une préparation). C'est, de fait, une initiation*. Si à cet endroit le héros n'arrive pas à surmonter l'épreuve, alors la dynamique change : l'enjeu pour la dernière étape (11 – résurrection) est encore plus fort. À la fin de l'étape 8, le héros a pu se transformer (ou pas), et la question demeure : est-ce assez pour pouvoir affronter le vrai problème ?

Si le héros échoue ici, c'est la mort symbolique du héros triomphant. Il peut continuer, mais ce sera plus difficile (c'est d'ailleurs un ressort dramatique possible : le héros est le dernier qualifié, et il est désavantagé).

c. Le héros est censé avoir vécu une transformation (étape b réussie) et doit maintenant confirmer sa transformation en conditions réelles, face à l'enjeu majeur de l'histoire en cours. Passer de l'apprentissage réussi à la maîtrise de son nouvel art**. S'il y arrive, il aura la gloire d'avoir relevé le défi avec succès et par là même il aura acquis/confirmé une nouvelle sagesse.

Si le héros échoue ici, c'est la mort réelle du héros.

* Cette partie est aussi ce que les scénaristes appellent la « quête qualifiante » : le rite de passage qui permet au héros d'être digne du vrai défi (par exemple, devenir un Jedi dans *Star Wars*).

** Les scénaristes parlent de « quête glorifiante » : le vrai défi à affronter est d'une telle importance qu'il demande de développer de nouvelles compétences pour pouvoir le relever (par exemple, détruire l'Étoile noire dans *Star Wars*).

Une structure très classique

Les douze étapes de Vogler respectent très clairement la dramaturgie classique : on y retrouve trois actes, trois temps de nature différente et, très naturellement un début, un milieu et une fin. Une situation initiale (**S**POC), un changement à affronter **SPO**C) et une confrontation (SPO**C**).

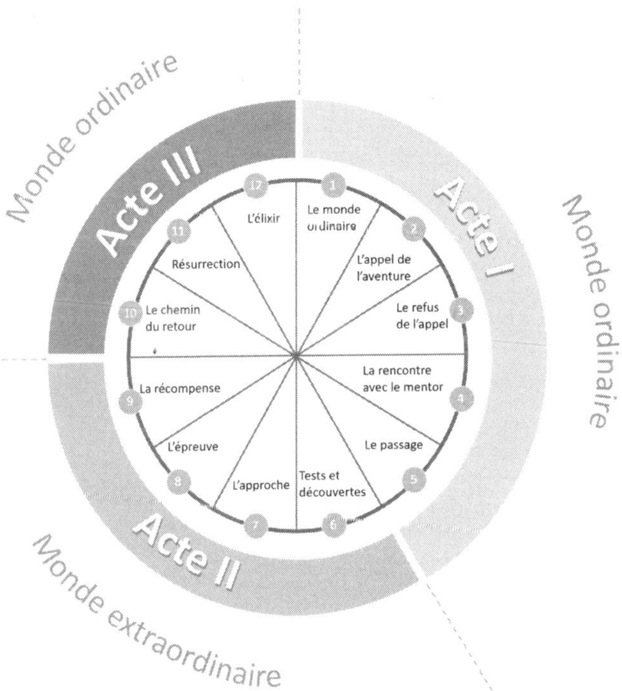

Un outil pour quel usage ?

Rappelons un élément crucial du voyage du héros. Fondamental et pourtant très souvent oublié des personnes qui l'utilisent.

Le voyage du héros N'EST PAS une grille d'écriture.

Commencer à écrire une histoire ou une prise de parole avec un tableau et des cases à remplir au fur et à mesure, c'est faire quelque chose de structuré, mais aussi prendre le risque d'un propos plat et sans vie. Parce que l'écriture est toute au service de l'outil, l'attention toute à la technique et pas à l'expression. Or une prise de parole est un cadeau, ce que vous avez à dire sur un sujet et que vous partagez avec un public. Et c'est cela, le noyau.

On peut faire un parallèle avec une langue étrangère : imaginez-vous en train d'écrire à votre aimé(e) dans une autre langue que la vôtre. D'abord vous allez vous concentrer sur vos sentiments, ensuite baragouiner ou écrire à peu près ce qui vous vient, et enfin vous allez vérifier la justesse des sujet-verbe-complément, des accords et des temps, etc.*

Dans la phase de construction d'une histoire, l'intention, le mouvement, l'élan doivent toujours primer sur la technique. Une prise de parole un peu bancale dans la forme avec une vraie intention marquera toujours plus durablement qu'une prise de parole avec une forme au cordeau mais où votre élan ne serait pas là.

Ce qui nous ramène à l'origine du « voyage du héros », à la raison pour laquelle Christopher Vogler a conçu ce modèle. Le contexte était celui d'un studio de cinéma américain, au sein d'une équipe chargée d'examiner des centaines de scénarios pour voir s'il était possible d'en tirer quelque chose. Le « voyage du héros » est un mémo que Vogler a établi pour son propre compte et qui est devenu

---

* L'analogie avec l'apprentissage d'une nouvelle langue vaut également pour la suite de l'apprentissage. Une fois qu'une langue est maîtrisée, on ne réfléchit plus aux structures grammaticales ou à la validité de l'orthographe ; ces éléments sont intégrés et ne sont plus un frein à l'expression de soi. Il en est de même du voyage du héros.

une note de service (puis, malgré lui, un standard d'Hollywood). Ces sept pages dactylographiées permettent d'identifier rapidement d'éventuels problèmes de structure dans les scénarios étudiés.

Le voyage du héros est une grille de VÉRIFICATION.

Une fois les éléments de votre prise de parole posés, si quelque chose dans le déroulé, dans le mouvement, vous semble manquer, alors vous pouvez consulter les 12 étapes. À partir de là, examinez si elles vous permettent d'accéder à une matière absente au début mais qui aurait sa place dans l'histoire et la renforcerait.

Delphine Buisson dirige une alliance de cabinets de comptables. Quand nous travaillons son intervention pour TEDxVaugirardRoad (www.qavad.fr/DelphineBuisson), nous arrivons à un talk qui dit ce qu'elle a à dire, lui ressemble et lui va bien. Ce à quoi nous sommes arrivés lui donne plein d'énergie et je suis content aussi. Pourtant, après avoir discuté et travaillé avec elle plusieurs heures sur plusieurs semaines, j'ai vécu dans nos échanges une profondeur, une intensité particulière que je retrouve quand elle parle (Incarnation), mais il manque un je-ne-sais-quoi quand je lis le texte qu'elle a écrit. Je me mets au tableau blanc, dessine un cercle et commence à mettre en correspondance les étapes du talk et celles du voyage du héros. Pour me rendre compte qu'il manque la partie 8, l'épreuve.*

Le but de cette étape est que le héros affronte sa plus grande peur. Le moyen de sortir victorieux de l'épreuve est de se transformer. En réalité, ce changement est le pivot de l'histoire. Cette étape, plus que toute autre, demande un vrai et profond changement. Alors je demande à Delphine de chercher dans sa mémoire ce qui, à un moment, l'a fait basculer, ce qui est de l'ordre de la décision de vie (car c'est bien le niveau où ça se plaçait pour elle) et qui a fait

* A un moment du travail avec Delphine, elle avait écrit tout à la virgule près. D'autres enregistrent leur talk et le travaillent à l'oral, ce qui me permet de ne regarder QUE le texte et de voir alors s'il fonctionne sans incarnation ni présence.

qu'elle est passée d'une absence totale d'intérêt pour la course à pied à runneuse dans l'âme, au point que cela structure complètement sa vie et sa manière d'être chef d'entreprise (ce qui est le sujet du talk). Elle réfléchit, rien ne lui vient, pas de souvenir particulier ou d'événement marquant… Alors j'explore du côté émotionnel, lui demandant s'il n'y a pas un moment où justement ça a basculé pour elle, où elle est passée de son ancienne manière de vivre sa vie à une nouvelle, où même si ce qui s'annonçait pouvait être effrayant, il était hors de question de faire un autre choix à ce moment-là, et l'ayant fait de revenir en arrière.

Le questionnement l'amène à chercher plus des sensations ou des émotions. Elle reste silencieuse un long moment, puis je la vois qui pleure, avec dans ses yeux l'intensité qu'ont les moments de vérité. Elle me dit: «À un moment tout allait mal: je venais de me séparer, je n'avais plus de boulot, j'étais seule avec mes filles sans savoir comment j'allais m'en sortir, et j'ai découvert que j'étais enceinte de mon 3e enfant, celui que j'avais désiré des années avec mon ancien mari et qui n'était pas venu. Et là il était dans mon ventre. Je me suis alors demandé ce que j'allais faire. Et la réponse est arrivée comme une évidence: je le garde. À partir de là, j'ai fait tout comme en running. Et j'ai remonté la pente.»

Ce moment d'une grande intimité donnait sens à tout son parcours, l'éclairait d'une intensité et d'une sincérité lumineuse. Après plusieurs échanges pour savoir si Delphine souhaitait partager cet épisode de sa vie et si cela m'allait de mettre un tel moment sur scène, cet épisode a été intégré dans le talk.

Ce soir-là, la salle a retenu son souffle et couru avec elle. Dans les retours qui nous ont été faits, très peu de personnes parlent de ce moment charnière. Il donne pourtant une intensité autre qui a permis à Delphine d'être ensemble avec elle et ensemble avec le public, lequel a retenu son talk comme un des plus inspirants de la soirée.

Surtout, n'inventez jamais. S'il vous manque une étape dans votre prise de parole, identifiez-la. Cela vous mettra sur la piste à explorer, la couleur à retrouver. Ne créez jamais de matière, n'inventez jamais

rien qui permettrait de respecter le voyage du héros. Parce que si vous le faites, alors vous ne seriez plus sincère, ce qui empêcherait le propos, l'incarnation et la présence*.
Ne cherchez pas la forme, cherchez l'étincelle. Une fois que vous l'avez trouvée, travaillez-la pour ne pas la dénaturer.

Du voyage du héros au talk

« Les gens pensent que les histoires sont façonnées par les gens.
En fait, c'est dans l'autre sens que cela se passe.
Les histoires existent indépendamment de leurs acteurs. »
Terry Pratchett

La suite de la citation de Pratchett teinte tout le travail d'un talk. Elle permet de comprendre comment on passe de l'histoire d'une personne (ou d'une idée) à un talk qui va servir aux personnes qui l'écoutent. Si vivre l'histoire a façonné le héros, puisque c'est l'histoire qui façonne, elle peut tout aussi bien façonner ceux qui l'écoutent.
C'est d'ailleurs le but de toutes les paraboles**, ces ancêtres des talks connus depuis des siècles pour leur « viralité » (leur capacité à se transmettre sans effort d'une personne à une autre). Ces paraboles cherchent à partager des expériences de vies qui sont l'incarnation d'une idée ayant pour but d'améliorer la vie des auditeurs***.
Le voyage du héros appliqué au talk devient le voyage de l'idée. Le voyage du héros classique vise le changement du héros pour partager une nouvelle sagesse. Le voyage d'une idée vise le changement de cette idée ou de la situation dans laquelle elle évolue pour que

---

* Voir « Les 3 sincérités », dans le chapitre « Ensemble », p. 200.
** Une parabole est un court récit allégorique sous lequel se cache un enseignement moral ou religieux, que l'on trouve en partie dans les livres saints et utilisé par de nombreux guides spirituels (Jésus, Bouddha, etc.).
*** Ici, je me concentre sur la forme parabole, pas sur le fond qui est de définir ce qu'est une meilleure vie (réponse qui peut d'ailleurs varier fortement suivant les manières de voir le monde et les époques dont elles sont issues).

l'auditoire profite de cette nouvelle sagesse et puisse lui-même la mettre en œuvre. Le but n'est pas que l'idée change pour elle-même, mais que son récit change le public.
Dans le mouvement du talk, il y a en fait un double mouvement :

- celui de l'idée, incarné par le speaker ou des personnages ;
- celui du public, incarné par le public qui peut être amené à changer en écoutant cette prise de parole (avoir une vie meilleure, avoir plus de clients, un plus gros chiffre d'affaires, etc.).

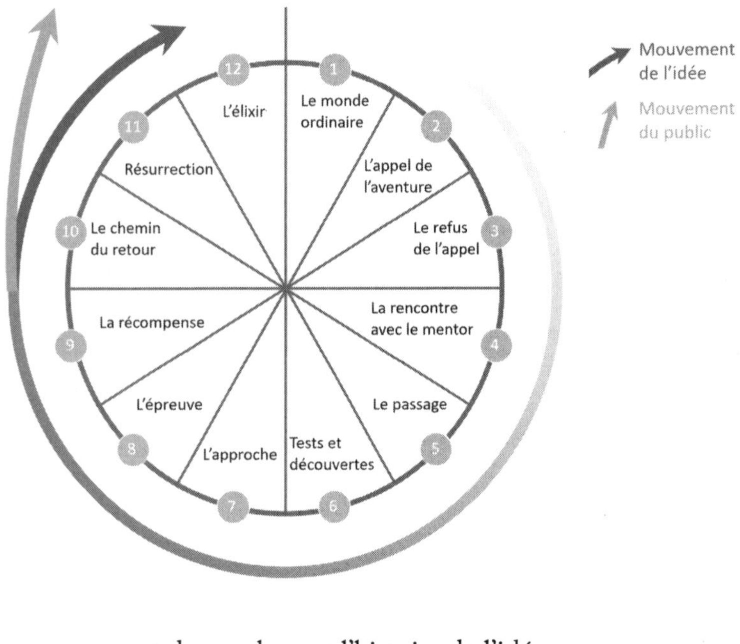

Le mouvement du speaker est l'histoire de l'idée.
Le mouvement du public est de suivre une histoire qu'il peut s'approprier au fur et à mesure de l'histoire et l'appliquer à lui-même.

> *En juin 2015, un homme grand et mince monte sur la scène de TEDxVaugirardRoad. Il commence à parler et raconte un petit matin de décembre 2010, rue Saint-Denis à Paris. Les prostitués hommes et femmes lui disent : « À la semaine prochaine, père*

Jacques », et lui sait qu'il ne sera pas au rendez-vous. Il ne sera pas au rendez-vous, car il quitte les ordres. Le talk de Jacques Arnould raconte l'histoire d'un prêtre devenu chargé de mission sur les questions éthiques au CNES, devenu amoureux aussi (www.qavad.fr/JacquesArnould). Il retrace son parcours étonnant des trottoirs de la rue Saint-Denis aux centres de recherche spatiale, en tant que spécialiste de l'éthique. Il y a de réels rebondissements, des questionnements et plusieurs transformations manifestes de l'homme, que je vous laisse le plaisir de découvrir. À la fin de son talk (la partie Élixir), l'orateur dit ce qu'est pour lui l'éthique à l'endroit où il en est de sa réflexion. Au lieu de donner une définition dont nous, public, ne serions que le témoin, il partage avec nous des mots simples et parlants dans lesquels nous pouvons tout de suite nous projeter. Il parle de nos comportements. Il utilise le « nous » pour parler de chacun et à chacun, la diction est lente (comme dans le schéma des balles de tennis, page 137) afin de permettre à chaque auditeur de se poser la question pour lui-même, d'avoir intérieurement un début d'espace pour commencer à y répondre, puis d'écouter l'orateur de nouveau. La réflexion a été lancée par le speaker, à nous auditeurs de la continuer à notre tour.*

De la fin d'une histoire à la fin d'un talk

Pour un talk, le voyage du héros est le voyage de l'idée qui en est le noyau : le voyage du projet ou du produit pour une présentation d'entreprise, le voyage d'une entreprise pour un pitch investisseur, etc.

Mais il y a une dimension très importante à prendre en compte : avec le talk, le vrai héros, c'est le public. Pas l'orateur**. Ni même l'idée au centre du talk.

* Centre national d'études spatiales, en quelque sorte la NASA française.

** Appel À l'Action – voir chapitre 6, « Ensemble », p. 187.

Le vrai héros est le public, parce que la transformation visée est celle du public. Pas celle du speaker (qui a déjà eu lieu).
Dans une histoire, le but implicite est de transformer le public pour lui apporter une perle de sagesse par l'entremise de personnages. Mais cette transmission n'est pas obligatoire ; chacun peut avoir écouté une histoire en spectateur, en ayant passé un agréable moment, mais rien de plus.
Dans le talk, le but est de finir par l'AAA* du public. De boucler l'histoire racontée, certes, mais avec un héros qui est passé du personnage principal au public. La fin du talk vise toujours à boucler l'histoire, mais de manière profitable au public.

> *Dans son talk de 2014 (www.qavad.fr/PascaleAuger), Pascale Auger, professeure à Kedge Business School, parle de son cours sur la complexité et le management de la créativité, qui vise à aider les élèves à devenir de futurs managers. C'est un cours un peu particulier, car il est centré sur l'incertitude, sujet en général peu apprécié des managers. Elle évoque les étudiants qui vont interviewer des professionnels qui gèrent l'incertitude au quotidien : pompiers, infirmières, aides sociales… Elle raconte comment cela change leur regard de futurs professionnels. Et c'est déjà une bonne histoire.*
> *Elle devient encore plus jolie après : les étudiants ont un autre regard sur l'incertitude et sur ces professionnels qu'ils interrogent. Ce nouveau regard les change aussi personnellement, dans leur vie et dans leur manière de voir le monde. Ils en tirent d'ailleurs des conclusions intéressantes. De nouveau, le talk pourrait s'arrêter là et ce serait une belle histoire. Le public aurait entendu les conclusions des étudiants sans faire de lien avec sa propre vie, sa propre manière de regarder l'incertitude.*
> *Et là l'oratrice fait un zoom arrière : elle se décale de l'histoire de ses étudiants et de son cours pour mettre l'accent sur ceux qui les*

* Pour plus de détails sur le déroulé PEJ – SPOC – AAA, voir le chapitre 3, « Écrire », p. 83.

observent, elle en tant qu'enseignante et nous en tant qu'auditeurs de son talk.
Elle parle de ce qui a changé pour elle, de ses conclusions qui pourraient être les nôtres. Le héros n'est plus ses élèves ou son cours, mais nous qui les regardons et qui pouvons apprendre à notre tour.
Durant une séance de travail sur son talk, elle dira: «Du coup j'ai l'impression que c'est moi qui apprend.» Une phrase qu'elle réutilisera d'ailleurs sur scène.
Elle partage ses apprentissages, elle, la professeure devenue témoin. Elle nous met en position d'observation et nous amène, par ce changement de point de vue, à nous poser les mêmes questions, nous livrant ses réponses à ses propres questions pour que nous trouvions les nôtres.
Le talk ne finit pas sur ses élèves ou sur la manière dont ils sont devenus de meilleurs professionnels, mais sur les réponses que leur démarche fournit à nos questions en tant que public.

9

Pourquoi il faut écrire l'introduction à la fin

La flèche a déjà atteint sa cible avant d'avoir laissé l'arc.
Proverbe zen

Lorsque vous commencez à parler sur scène, vous savez exactement où vous allez grâce à votre préparation. Vous connaissez la destination à laquelle vous voulez arriver, la cible que vous voulez atteindre. Comme avec le tir à l'arc où la cible est éloignée de l'archer, l'esprit du public est éloigné de la destination où vous l'invitez, votre auditoire est éloigné de la cible que vous voulez atteindre, le public ne pense pas encore à votre sujet de la manière que vous allez lui proposer maintenant.

De même que la flèche a besoin d'être orientée dans la bonne direction pour pouvoir atteindre la cible, l'auditoire a besoin que son attention soit mise dans la bonne direction afin de pouvoir prendre la trajectoire que vous lui proposez. Et cela se fait au tout début.

Visez quand vous savez où arriver

Le début d'une prise de parole n'est pas nécessairement le début de l'histoire. Il a pour but à la fois d'attirer et d'orienter l'attention, d'inviter le public à une écoute particulière et active, car c'est une écoute à dessein.

Quand vous écoutez le *Boléro* de Ravel, vous pouvez juste écouter et trouver cela joli ou agréable. La fois suivante, si vous prenez le temps d'écouter l'alternance puis le mariage des bois, des cuivres et des cordes, vous entendrez la même œuvre mais vous l'écouterez différemment. Comme le morceau est extrêmement connu, l'air et la fin sont déjà familiers. Pourtant cette « consigne d'écoute », cette « visée » de l'écoute, va apporter autre chose et emmener les auditeurs dans une redécouverte.

C'est cette redécouverte que vous voulez partager avec eux. Parce que vous aurez clairement identifié là où vous voulez les emmener, vous pourrez orienter l'écoute dans la bonne direction.

Pour une prise de parole, c'est la même chose.

Savoir où vous voulez emmener le public vous permet de viser cet endroit. Le public ne fait pas que vous écoutez, il a une idée de la fin. Quand on va voir le film *Titanic*, on sait que la vieille dame est l'une des rares survivantes du naufrage. Le suspense porte sur le « comment ? » (comment elle en est arrivée là), pas que sur le « quoi ? » (qu'est-ce qui s'est passé). C'est parce que James Cameron connaissait la fin de l'histoire qu'il a pu écrire le début, qui nous indique où nous allons nous rendre.

> *Dans son célèbre talk*, Amy Cuddy raconte une longue histoire avec beaucoup d'histoires et d'informations mêlées : ses recherches et ses applications dans la vie courante, les histoires de ses élèves, son histoire d'enfant, son histoire d'adulte, et la nôtre (www.qavad.fr/amycuddy). L'endroit visé est indiqué dès le tout début et tient en une phrase : « J'aimerais commencer en vous offrant une astuce gratuite non technologique, et tout ce que vous avez à faire, c'est de changer votre posture pendant deux minutes. »*
> *À la fin du talk, elle partage cette information : si nous nous tenons pendant 2 minutes d'une certaine manière, cela va changer notre manière de réagir l'instant d'après, et à long terme cela peut changer notre vie. Comme nous aurons eu tout le déroulé des expériences qu'elle a menées, son histoire et celles de ses étudiants qui corroborent cette affirmation, nous serons plus enclins à la croire. Dès le début, elle a visé cet endroit et orienté notre écoute.*

Créer la tension pour atteindre sa cible

Reprenons la métaphore du tir à l'arc. L'archer est l'orateur, la cible l'endroit où vous souhaitez que votre auditoire arrive, la flèche est le public, la trajectoire de la flèche le chemin que vous voulez que votre public suive. Et l'arc ? Ce sont les premières phrases de votre prise de parole.

* Talk détaillé plus longuement dans le chapitre 1, « Le Cadeau », p. 23.

Ce sont elles qui vont mettre la tension dans la corde de l'arc et propulser la flèche du point de départ (l'arc) vers le point d'arrivée (dans la cible). Et l'archer crée la tension qui met en mouvement.

De même, plus la cible est loin du point de départ, plus la tension a besoin d'être grande. Et en même temps, si on met trop de tension, la corde ou l'arc casse et la flèche ne va nulle part.
Donc oui, mettre sous tension dès le début est utile à condition de ne pas trop le faire, au risque de perdre le public (la tension a besoin d'être crédible dans le contexte où vous vous exprimez).
Quand on corrèle ce schéma avec la structure de talk (PEJ-SPOC-AAA*), on peut représenter les choses ainsi :

Il existe énormément de styles différents. Le point essentiel est de choisir celui qui vous correspond. Mieux : qu'il vous aille, comme

* Voir le chapitre 3, « Écrire », p. 83.

un vêtement tombe bien sur vous (et pour vous aider sur ce sujet, c'est souvent utile d'avoir un regard extérieur).

Prenons deux cas très différents de PEJ.
Elyn Saks est titulaire de la chaire de droit, psychologie, psychiatrie et sciences comportementales à l'université de Californie du Sud (www.qavad.fr/ElynSaks).
Cécile Roger, docteur en pharmacie et art-thérapeute, travaille avec des patients atteints de la maladie d'Alzheimer en France (www.qavad.fr/CecileRoger).
Les deux parlent de deux manières très différentes de sujets relatifs à la santé mentale, créant dans chacun des cas une mise en tension qui leur ressemble.

	Cécile Roger	Elyne Saks
Texte	Lorsque les mots s'effacent. D'abord leur signification… et puis leurs syllabes, une par une, jusqu'à disparaître. Lorsque les mots s'effacent, les mots ne viennent plus soutenir l'expression… Et c'est le vide. C'est difficile. Je suis art-thérapeute, et chaque semaine je rencontre et je parle avec des personnes atteintes de la maladie d'Alzheimer, sans les mots. Et ce soir j'ai envie de partager avec vous cette expérience. J'ai envie de mettre de la lumière sur ce qu'est la maladie d'Alzheimer.	Je suis une femme atteinte de schizophrénie chronique. J'ai passé des centaines de jours dans les hôpitaux psychiatriques. J'aurais pu finir par passer la plus grande partie de ma vie au fin fond d'un hôpital ; mais ça n'est pas ainsi que ça s'est passé pour moi. En fait, j'ai réussi à éviter les hôpitaux pendant près de trente ans. C'est peut-être ce dont je suis la plus fière. Ça ne veut pas dire que j'ai évité toutes les luttes psychiatriques. J'ai eu mon diplôme de la faculté de droit de Yale et obtenu mon premier emploi dans le droit.
Rythme	Le rythme de la parole est lent. Il y a des pauses. 78 mots (en français). Durée : 40 secondes. Soit 117 mots/minute.	Le rythme de la parole est rapide. Pas de pause. 83 mots (en anglais). Durée : 25 secondes. Soit 200 mots/minute.

Question/PEJ	Ça ressemble à ça, la perte des mots avec Alzheimer ? Et on peut quand même parler sans les mots à ces personnes ? Mais comment ça marche ?	Elle est schizophrène, aurait dû être à l'hôpital et ne l'a pas été tout en ayant eu un diplôme ? Mais comment elle a fait ?

Et maintenant, comment trouver la bonne mise sous tension pour vous ?

En allant chercher où est la tension intérieure chez vous. L'endroit qui vous met en mouvement à l'intérieur vous donne l'énergie de continuer à travailler et à œuvrer sur votre sujet.

Parfois c'est une donnée personnelle, parfois une donnée contextuelle, parfois une donnée « marché », parfois un mélange de différents éléments. Souvent, la difficulté est d'identifier avec précision L'élément (avec un L majuscule) à l'origine de votre mise en mouvement. Le but est de chercher LE déclencheur, et en général il n'y a pas 1 000 raisons. Quand il y en a deux, vous pouvez parler de la manière dont ces deux éléments se combinent pour vous, ou vous focaliser sur celle qui parlera le plus à votre auditoire.

Si vous n'y arrivez pas (et même si vous y arrivez), il est toujours intéressant d'aller regarder votre « pourquoi ? », ce qui vous a personnellement motivé pour faire cela, ce qui vous a donné envie de vous mettre sur ce chemin et d'y rester.

Commencer avec le « pourquoi ? »

Cette manière de faire est celle de Simon Sinek dans son célèbre « *Start with Why* » (= « Commencez avec le pourquoi »). Cette approche est décrite dans son TEDTalk, le 3e le plus vu au monde : www.qavad.fr/SimonSinek. Il est une référence pour tous les organisateurs de TEDx.

Sa question fondamentale est de comprendre où réside la différence entre deux entreprises, l'une innovante et leader d'opinion et l'autre pas, alors qu'elles ont toutes les deux accès aux mêmes talents à embaucher, aux mêmes technologies et aux mêmes clients.

La théorie de Simon Sinek est résumée ici, développée dans les 18 minutes de son talk et approfondie dans son livre*.
Tout s'articule autour de ce qu'il a appelé le Cercle d'or (« *the Golden Circle* »).

Niveau 1 = What/Quoi

Tout le monde, dans une organisation, sait ce qu'il fait : on fabrique des ordinateurs, des chaussures, on protège la nature, on accueille des bébés. C'est le Quoi (= *What*).

Niveau 2 = How/Comment

Dans cette organisation, il y a d'autres personnes, moins nombreuses que les premières, qui connaissent les moyens utilisés pour faire ce qu'elle fait. C'est le Comment (= *How*).

* Simon Sinek, *Commencer par le pourquoi*, Performances, 2014.

Niveau 3 = Why/Pourquoi

Enfin, il y a un cercle encore plus réduit de personnes qui savent pourquoi l'organisation fait ce qu'elle fait. C'est le niveau du Pourquoi (= *Why*). Mais avec une nuance importante dans l'anglais par rapport au français : c'est un pourquoi non pas causal comme dans « Pourquoi tu as fait ça ? », mais un pourquoi en termes de sens profond, voire d'aspiration. On pourrait presque dire « À quoi aspires-tu en faisant cela ? », ou « Quel est le sens de ta démarche ? », ou encore « Quelle est ton intention ? ».

Selon Simon Sinek, nous n'adhérons pas à un « Quoi », et encore moins à un « Comment ». Nous adhérons à un « Pourquoi ». Au sens de la démarche faite par une personne ou une organisation. C'est parce que nous sommes d'accord sur ce « Pourquoi », sur la motivation profonde de l'orateur, que nous allons le suivre dans son raisonnement, voire dans son action, et même éventuellement le rejoindre. Ce « Pourquoi » étant la réelle cause de notre adhésion, Simon Sinek nous dit alors de commencer par lui. De commencer par dire notre intention, pour un double bénéfice : connaître la destination (la cible) et éviter à l'auditoire de se demander en permanence s'il n'est pas manipulé ou de se questionner sur les raisons qu'a l'orateur de dire ceci ou cela.

> *Pour paraphraser le talk de Simon Sinek, voici deux manières de parler d'ordinateurs.*

1. « J'adore les ordinateurs, et comme c'est un super outil, j'ai choisi la meilleure mémoire vive, le meilleur disque dur, un processeur performant, un écran au top, des enceintes qui crachent, avec une super autonomie parce qu'un outil de travail, c'est fait pour fonctionner. Et c'est pour ça que je fais des ordinateurs. Vous voulez acheter un ordinateur ? »

À ce moment-là, quelle réponse avez-vous envie de donner ?

2. Je crois que les nouvelles technologies sont un des éléments qui vont permettre à l'humanité de passer à son prochain stade d'évolution. Je crois aussi que cette évolution passe par des outils qui doivent intégrer le beau dans leur conception. Et c'est pour ça que je fais des ordinateurs et que je mets un point d'honneur à ce qu'ils soient beaux. Vous voulez acheter un ordinateur ?

Quelle est votre envie à cet instant d'acheter un ordinateur ?

Votre premier élan sera généré par l'adéquation possible entre votre vision du monde et celle exprimée par l'orateur. Plus les deux sont compatibles, plus l'élan provoqué a de chances de se poursuivre en mouvement.

Dans la majorité des cas, la seconde formulation génère plus d'envie, de mouvement de l'auditoire, alors qu'elle n'apporte aucun argument technique. D'abord créer le mouvement, ensuite le confirmer. Tant dans sa direction que dans la durée. Dans la prise de parole, d'abord on va créer l'adhésion par le *Why*, et ensuite donner des éléments techniques, du contenu, pour consolider cette adhésion.

Procéder ainsi requiert d'avoir passé le temps d'identifier votre « pourquoi » dans cette prise de parole. Ce « pourquoi » a tout intérêt à être présent dans l'introduction, dans votre PEJ ou dans les premières minutes. De toute façon, il teintera, colorera votre prise de parole.

Pourquoi cette partie sur Simon Sinek, qui nous invite à commencer par le « pourquoi », se trouve-t-elle dans le chapitre « Pourquoi il faut écrire l'introduction à la fin » ?
Parce que votre élan pour prendre la parole, la raison réelle qui vous a conduit à le faire n'est peut-être pas celle que vous vous racontez de prime abord. Connaître son « pourquoi », c'est teinter tout son talk de cet élan. Une fois la cible et la trajectoire définies, alors vous pouvez identifier l'élément moteur initial réel et en travailler la formulation.
Souvenez-vous aussi que ce que vous avez à dire (donc votre « pourquoi ») est souvent ce que vous ne voulez pas dire*.
Cerner le « pourquoi » dans votre travail préparatoire vous reconnecte à vos motivations profondes et vous rend plus présent.
Laissez une chance à votre prise de parole de vous emmener là où vous voulez vraiment aller plutôt que là où vous pensez qu'elle devrait aller. Si elle vous embarque malgré vous, elle ne pourra que plus facilement embarquer un auditoire.

Le début d'un talk n'est pas le début d'une histoire

Un conte de fées commence par une accroche universelle : « Il était une fois ». C'est cette séquence de mots qui répond à la question « Pourquoi Écouterais-Je ? » (PEJ).
Pour rappel de ce qui a été présenté au chapitre 4, « Le Temps », une prise de parole (pour un talk de 14 minutes environ) a besoin de la structure suivante :

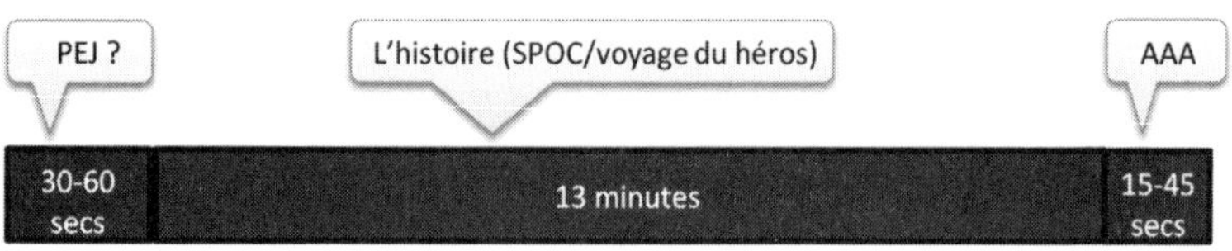

* Voir chapitre 1, « Le Cadeau », p. 23.

Par définition, un PEJ qui fonctionne, c'est un PEJ qui donne envie d'écouter la suite, d'écouter l'histoire. De même que « Il était une fois… » n'est pas le début de l'histoire, le PEJ n'est pas le début du voyage du héros de votre idée, projet ou entreprise. Il est l'accroche qui amène l'auditoire à continuer de vous écouter un peu plus. C'est là que vous allez faire la mise en tension d'une situation pour donner envie d'écouter la suite.
Pour rappel, n'oubliez pas que votre PEJ doit viser non pas le dénouement de l'histoire pour le personnage principal, mais l'AAA (Appel À l'Action) pour le public. C'est la raison pour laquelle vous ne pouvez écrire votre PEJ que lorsque tout le reste de la structure est posé, parce que vous savez exactement quelle est votre cible.

Le début d'un talk est parfois le début d'une histoire

À toute règle ses exceptions. La précédente n'y déroge pas.
Parfois l'histoire est tellement forte, tellement incarnée pour vous, que la dire vous emmène déjà dans la scène, et vous y emmenez le public par l'intensité de votre incarnation. L'entraînement avec un public choisi vous permet d'identifier cela, de voir si le public préfère que vous commenciez directement par l'histoire. Cela demande des talents de conteurs ou de l'enthousiasme.

> *Dans son talk sur la créativité, le journaliste Tim Harford nous raconte d'emblée l'histoire de Vera Brandes, jeune Allemande de 17 ans qui, en janvier 1975, se trouve dans la salle de l'opéra de Cologne en train de présenter le piano à Keith Jarreth, pour le concert d'improvisation qu'elle a organisé pour lui (www.qavad.fr/TimHarford). En une minute, nous sommes dans cette salle avec elle, avec elle face à son angoisse devant la déception du musicien quand il essaie le piano. Il n'y a pas eu d'autre PEJ qu'une histoire et un talent de conteur.*

Anjuli Pandit commence son talk à TEDxRéunion avec ses mots : « En octobre 2012, mon monde a changé : ça faisait un an que j'étais une étudiante étrangère à Paris, complètement anonyme. » (www.qavad.fr/AnjuliPandit). Elle est pleine de joie et d'entrain, démarre bille en tête par son histoire, son enthousiasme contagieux captive. Stricto sensu, *sa première phrase est à la fois un PEJ et un début d'histoire. Parfois c'est possible.*

10

Slides ou pas slides ?

Le secret d'ennuyer est celui de tout dire.
Voltaire

Lorsqu'on fait une prise de parole en entreprise, on a souvent le réflexe de partir de PowerPoint pour écrire sa présentation. Or cela influence très fortement la manière de la concevoir : devant nous s'affiche un slide vide avec un gros « Cliquez pour ajouter un titre », et pensons alors (un peu par défaut, il est vrai) à mettre un titre. Alors que ce n'est pas le propos et que les titres sont superflus à l'oral.

La présentation et les slides qui la composent ne SONT PAS votre prise de parole.

Ils ne sont pas non plus vos supports (au sens de béquilles) sur lesquels vous allez vous appuyer pour vous rappeler votre texte. Ils sont encore moins votre texte, la liste complète des éléments auxquels vous faites référence ou, pire encore, tout ce que vous avez voulu mettre dans votre discours oral, mais que vous n'avez pas eu le temps de dire (vous le placez alors dans vos slides).

Ce qui apparaît à l'écran est là pour donner un élément de profondeur supplémentaire, ajouter du relief. Voire pour dire quelque chose en réponse ou en écho à votre parole. Pas pour prendre la parole à votre place.

Bouddha n'avait pas de slides...

... et cela ne l'a pas empêché de rencontrer un certain succès.

De même que Martin Luther King, Gandhi, Mandela, Simone Veil, Dolores Ibarruri ou Aristote, en leurs temps respectifs.

N'avaient-ils pas de support visuel pour autant ? Si, ils avaient leur corps.

Ils avaient leurs mouvements, leurs mains, leurs regards, leurs expressions. Et tout cela emplissait les yeux des spectateurs d'informations qui complétaient, qui appuyaient leur propos.

Vous avez presque toujours intérêt à penser votre prise de parole sans slide. Parce que cela parlera plus de vous, de ce que vous mettez,

vous, dans la prise de parole. Quand on annonce qu'on va se marier, qu'on a un cancer ou qu'on a décroché le job de ses rêves, on le fait sans PowerPoint, pourtant l'effet n'est pas moindre.
C'est précisément de cela qu'il s'agit : les slides sont des effets sur votre parole. En tant que tels, ils doivent être ajustés à ce dont vous avez besoin, à ce que vous voulez transmettre et que le public reçoive.

Isabelle Filliozat est psychothérapeute et auteure, une référence en France sur la parentalité positive, concept qu'elle prône et défend depuis plus de trente ans. À ce titre, elle intervient dans de nombreuses conférences et anime des formations sur le sujet. Lors de la préparation de son talk pour TEDxVaugirardRoad 2015 (www.qavad.fr/IsabelleFilliozat), elle arrive avec ses slides habituels, utilisés lors de ses conférences qui durent entre 1 h 30 et 2 heures. Pour le talk, l'exercice consiste à parler 15 minutes, format beaucoup plus court que son habitude. En plus il s'agit ici d'une conférence et pas du tout d'une formation académique. Le but est de transmettre au public un « truc », une astuce, qui peut servir à tout un chacun face à un enfant sous stress .

Avant de nous partager cette astuce, Isabelle Filliozat raconte comment fonctionne le stress, pour que l'auditeur en connaisse les mécanismes de mise en marche et afin de faciliter ensuite la compréhension des mécanismes de retour au calme. Les slides traitent ce sujet, montrent des images du cerveau, de l'amygdale et plusieurs autres schémas de ce genre. Dans une formation, ces schémas sont très utiles, car ils permettent de « voir » les éléments en jeu et de poser des questions sur les différentes parties du cerveau et leurs interactions. Mais pour l'exercice du talk, le but est certes de donner aux auditeurs l'information sur le mécanisme, mais surtout de leur faire retenir les fondements réels et scientifiques de l'astuce donnée afin qu'ils aient envie de l'utiliser.

Avec ces éléments en tête, nous commençons à épurer les slides, puis vient un moment où Isabelle prend conscience que les informations importantes sont transmises par son propos ou par ses gestes : la localisation de l'amygdale dans le cerveau peut être montrée avec ses mains, par exemple. L'essentiel est de transmettre une manière

d'aborder une personne sous stress plutôt que montrer une coupe du cerveau. Nous avons donc enlevé tous les slides.
Au final, le propos est clair et compréhensible, il a permis à ce talk d'être très largement vu et partagé.

Ce ne sont pas les slides qui font qu'une prise de parole fonctionne. Sur les cinq talks les plus regardés au monde, deux n'ont aucun support visuel* et l'un d'eux a seulement un paper board sur lequel l'intervenant dessine trois cercles**.
Quand vous préparez une prise de parole, et ce quelle que soit la demande ou vision des organisateurs, demandez-vous toujours si vous avez réellement besoin de slides pour partager ce que vous avez à dire.

Un soutien facultatif de votre propos

À quoi sert le slide alors ? À renforcer votre propos. Pas à vous faire concurrence.
Si vos slides sont pleins de texte, les auditeurs vont les lire au lieu de vous écouter. Et ils lisent de toutes les façons beaucoup plus vite que vous ne parlez. En outre, la partie du cerveau qui lit est la même que celle qui écoute ; c'est celle du langage qui transforme les éléments perçus (sons ou signes) en éléments signifiants, qui ont un sens. Si cette partie est occupée à une tâche (lire), elle ne peut pas faire une autre tâche en même temps (écouter).
Donc, ne permettez pas à vos slides de prendre la parole à votre place.
Donnez-leur la parole quand VOUS le souhaitez, quand leur donner la parole raconte quelque chose qui alimente votre propos ou sa compréhension par le public. En suivant votre rythme, votre

* Il s'agit des talks de sir Ken Robinson sur l'éducation (www.qavad.fr/KenRobinson, n° 1, 51 millions de vues) et de Brené Brown sur la puissance de la vulnérabilité (http://www.qavad.fr/BreneBrown, n° 4, 34 millions de vues).
** Le talk de Simon Sinek qui explique comment les leaders inspirent à passer à l'action (www.qavad.fr/SimonSinek, n° 3, 36 millions de vues).

débit de parole, vos intonations, vos respirations, votre manière d'insérer et de poser des silences.

> *Chercheuse, Sandrine Roudaut vient parler en 2015, à TEDxVaugirardRoad, sur l'utopie (www.qavad.fr/SandrineRoudaut). Elle travaille depuis des années sur ce sujet, a rassemblé une masse importante d'informations. Elle a toutes les données, tout le matériel, tous les éléments pour alimenter des slides : des citations courtes qui peuvent bien rendre sur grand écran, des coupures de presse, des données chiffrées pour faire de beaux graphiques, des photos de villes polluées ou d'entreprises qui ont mis en place l'utopie, des références à Martin Luther King. Il y a largement de quoi faire des slides qui marquent.*
>
> *Mais le style, le rythme de Sandrine Roudaut n'est pas celui-ci. Son rythme est de nous emmener dans une manière de voir le monde, dans son regard sur ces images que nous connaissons déjà presque tous. Elle nous raconte l'histoire de sa pensée en même temps qu'elle la (re)vit. Alors elle nous embarque dans sa roue.*
>
> *Au lieu de nous montrer une image de ville sous un ciel gris et de dire que les enfants de cette ville n'ont jamais vu autre chose, elle le raconte, chargée de son indignation. Au lieu de montrer Martin Luther King ou Rosa Parks et d'évoquer leur radicalité sur la fin de la discrimination raciale, elle parle de la situation que ces figures ont soutenue : l'un et l'autre n'appelaient pas à une « transition discriminationiste » où on aurait pu continuer à discriminer un jour sur deux, mais à la cessation de toute discrimination.*
>
> *Au lieu de nous montrer des images, l'oratrice nous a raconté des situations, les a fait vivre sous nos yeux, nous mettant presque dans la scène. Avec des slides, son talk aurait probablement eu moins d'impact sur le public.*

Un slide ne doit jamais combler un vide. Il doit raconter un bout d'histoire autrement, emplir l'espace d'une autre manière. Il peut aussi donner une profondeur, une couleur, une saveur, voire une dimension supplémentaire. Et c'est là l'une des clés de son emploi : vous devez savoir pourquoi vous utilisez ce visuel, cette image.

Est-ce que le propos est mieux soutenu quand il est illustré ainsi ? Dit autrement : est-ce qu'il manque quelque chose (en termes de rythme, de profondeur, de contenu) si le visuel n'est pas là. Si rien ne manque, alors soit les slides ne sont pas nécessaires, soit ils ne sont pas utilisés à leur bonne envergure. Si le talk perd en intensité et en impact lorsque les visuels ne sont pas là, c'est qu'ils ont alors toute leur place.

Marie Magnin est journaliste et photographe. Je l'ai contactée pour TEDxVaugirardRoad après avoir vu ses photos. Son regard sur le monde me touchait, donnait à voir autre chose que ce que l'on voit habituellement. Dans son talk de juin 2016, elle raconte à travers ses photos les personnes qui les ont initiées, le contexte, leur vie, et en dit un peu plus sur l'histoire qu'elles retracent (www.qavad.fr/MarieMagnin). Au moment où elle prend la parole, la « Jungle » existe depuis de nombreux mois à Calais, lieu où se retrouvent des réfugiés en attente de passage vers l'Angleterre ou de jours meilleurs. Elle partage sa découverte des réfugiés à un pâté de maisons de chez elle, puis son parcours dans la « Jungle », peuplé des rencontres qu'elle y a faites.

Comme elle est photographe, elle dispose de nombreuses images fortes et chargées de sens. Pour faire sa sélection, elle se concentre sur l'histoire de chaque, sur ce qu'elle veut dire, sur ce qu'elle nous permet de voir d'un coup d'œil et que nous aurions du mal à visualiser de manière aussi pleine et directe sans un support visuel. C'est ainsi qu'elle choisit la photo d'un homme qui nous regarde droit dans les yeux, alors qu'elle parle de son départ pour un autre centre. C'est ainsi qu'elle parle d'un homme bras levé pour nous apprendre qu'il était banquier et activiste, qu'il a fui son pays parce que sa vie était menacée. C'est ainsi qu'elle nous montre la photo d'Everest, enfant d'une dizaine d'années qui vient de Kirkouk, en Irak. Il a le regard de l'enfance mêlé de lucidité sur l'environnement dans lequel il se trouve. Sans sa veste Helly Hansen, on pourrait croire à un gamin de la rue. Si Marie Magnin ne nous l'avait pas dit, nous n'aurions pas su qu'il parle un anglais parfait.

Les photos nous emmènent ailleurs, d'un coup. Elles complètent ces images mentales que nous élaborons à son écoute avec des images réelles qui apportent une compréhension plus large. Elles complètent nos représentations intérieures et parcellaires du regard de la photographe et de ses questionnements, questionnements que ces photos appellent à leur tour dans notre esprit d'auditeurs.

Le rythme de parole est un peu en dessous de la normale, les photos apparaissent à chaque fois pour dire quelque chose de précis. Alors que le talk dure à peine 11 minutes, il est d'une intensité particulière. Il a créé dans la salle des silences « pleins », marques de l'écoute attentive et dense de ces moments.

Comme toujours, nous sommes partis de l'histoire à raconter. Elle est plus importante que les photos. Bien sûr, il y a eu le travail de sélection des photos, mais il n'a pas tant été guidé par la qualité de la photo (esthétique ou percutante) que par l'histoire que Marie voulait raconter, la réflexion que Marie voulait partager ce soir-là, invitant la nôtre à s'élaborer à son tour.

Une troisième écriture

Quand on appréhende le travail de talk en termes de type d'écriture, on peut y voir trois niveaux :

idée -> histoire -> slides

L'idée est au cœur du talk. Elle est mise en lumière, amenée ou expliquée par l'histoire. Les slides viennent en dernier, car ils ne sont qu'une aide et doivent le rester. Certes, ils peuvent être très présents, mais ils ne sont pas le cœur du propos.

La parole est un acte sonore.

Son écriture et son rythme tournent autour du son, afin qu'elle soit fluide à l'oreille. Tout ce qui précède, dans ce livre, est d'ailleurs orienté vers cela.

Les slides, eux, sont visuels, ils utilisent un autre canal sensoriel, avec un autre mode de fonctionnement, une autre temporalité. Ils suivent une autre grammaire.

Sauf exception, c'est toujours l'audio qui prime dans une prise de parole. Les visuels, même s'ils ont leur propre grammaire, viennent en support de l'histoire racontée en audio. Ce qui amène à une règle simple, pour vérifier si les slides sont bons :

Si vos slides n'ont pas besoin de vous pour être compris, alors ils ne sont pas ceux dont vous avez besoin sur scène.

Bien sûr, des slides autoportés (qui se suffisent à eux-mêmes) peuvent être utiles si vous voulez partager votre discours avec d'autres personnes que le public. Pour ceux que vous utilisez sur scène, il faudrait presque qu'ils ne puissent pas être compris sans votre parole.

Derek Sivers a fait un talk très intéressant de moins de 3 minutes (www.qavad.fr/DerekSivers2). Voici des dessins reprenant ses slides. À les voir, rien d'évident n'apparaît. On y voit des plans de ville, puis une sorte de chambre dans la glace, un apothicaire asiatique, un groupe africain et enfin une carte du monde à l'envers… Quel est le rapport entre ces images ? Quelle histoire les lie ?

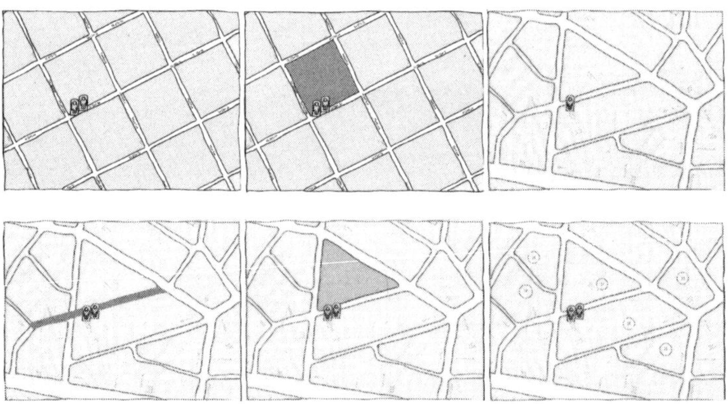

En regardant son talk, on est embarqués dans une logique simple que les images seules ne suffisent pas à nous révéler.
Quelle est l'histoire? Dans ce talk, Derek Sivers illustre de plusieurs manières la façon de voir les choses, en commençant par quelque chose qui nous paraît à tous très simple: l'adresse d'un lieu. Un Japonais aux États-Unis demande à un passant le nom du pâté de maisons en face de lui et l'Américain lui répond: «Les pâtés de maisons n'ont pas de nom, ce sont les rues qui ont des noms. Les pâtés de maison sont uniquement les espaces entre les rues.»
Puis Derek Sivers narre une scène identique au Japon. L'Américain qui demande à un passant le nom de la rue s'entend répondre: «Les rues n'ont pas de nom, ce sont les pâtés de maisons qui ont des noms. Les rues sont juste les espaces entre les pâtés de maisons.» Pour chacun des passants interrogés, ce qu'ils disent est une évidence. Mais les évidences sont inversées dans les deux histoires. Aller de l'autre côté de la Terre nous permet de nous rendre compte que ce qui est évident pour nous ne l'est pas forcément ailleurs, que c'est parfois tout l'inverse qui est évident ailleurs. Ainsi, les médecins chinois sont payés parce que leurs patients sont en bonne santé, pas parce qu'ils sont malades. Et dans la musique d'Afrique de l'Ouest, le premier temps n'est pas le début de la phrase musicale

mais la fin. Quant à la carte du monde à l'envers, elle n'en est pas moins vraie.

L'idée est simple : ce que chacun vit comme une évidence ne l'est pas et il existe probablement un endroit dans le monde où le contraire est vécu comme une évidence.

Les slides ne suffisent pas à comprendre le sujet du talk. Il faut l'écouter pour en suivre le fil logique, le comprendre et accueillir l'idée. Les slides apportent une illustration supplémentaire. Mais en aucun cas ils ne sont suffisants pour percevoir l'idée ou l'histoire de manière claire.

Il existe bien sûr des talks où la situation est un peu plus nuancée : en regardant l'ensemble des slides et l'histoire qu'ils racontent, vous allez pouvoir, par ce que raconte leur ordre, abduire* une histoire, un discours. Pour autant, ce discours peut très bien se révéler très différent selon l'ordre et la manière dont vous regardez ces images.

Le but avec un slide, ce n'est pas de lui donner la parole, mais qu'il vous la donne. Et idéalement dans un tempo qui fait que l'un répond à l'autre. Comme un coanimateur fait des relances lors d'une chronique radio.

Dans sa chronique musicale « Pop and Co » sur France Inter, Rebecca Manzoni illustre très bien cette manière de faire : elle écrit son texte et celui de l'animateur de l'émission dans laquelle elle intervient (www.qavad.fr/popandco). Le lancement est fait par l'animateur, puis elle parle, puis la musique joue, puis elle parle à nouveau, puis c'est l'animateur, etc. Cela donne du rythme, permet des changements de voix, d'intonations, met du relief.

---

* L'abduction est ce qu'on appelle la déduction dans le langage courant. *Stricto sensu*, Sherlock Holmes fait des abductions, c'est-à-dire qu'il tire la conclusion la plus vraisemblable possible à partir des éléments visibles permettant de parvenir à une conclusion qui concorde avec les observations.

Que ce soit dans la phase d'élaboration des slides ou lors de leur vérification, à la fin, il est très utile de se poser régulièrement cette question : voulez-vous que les auditeurs se souviennent du PowerPoint ou de l'histoire que vous leur avez racontée ?
Cette question vous permettra plus facilement d'ajuster la qualité de vos slides et leur place dans votre prise de parole.

Main droite, main gauche

Ces changements d'orateurs le temps d'une relance suivent souvent un autre principe appelé parfois « main droite, main gauche ». C'est aussi le principe du « *good cop, bad cop* » dans les films policiers : un policier qui fait le gentil et un autre le méchant. Comme ça, le spectateur sait qui est qui et quel type de réactions il peut attendre de chaque personnage. Dans les chroniques de Rebecca Manzoni, l'animateur fait souvent des rappels de contexte qui permettent de situer le morceau dans une époque, un style ou une tradition musicale. La chroniqueuse raconte l'histoire de la chanson, l'animateur en donne des éléments contextuels – un peu comme des niveaux de zoom dont la complémentarité permet de mieux saisir de quoi il s'agit, de mettre la lumière sur les subtilités.
Main droite main gauche, c'est un peu la même chose. Une main fait un geste, l'autre un autre geste. Dans le cas typique du piano, la main gauche joue l'accompagnement, la main droite la mélodie. Les deux forment le morceau et n'ont pas les mêmes rôles, les éléments attendus ne sont pas les mêmes.
Dans votre prise de parole, vos mots, votre texte, la manière dont vous en parlez sont votre ligne mélodique, votre main droite. Les visuels que vous proposez, c'est-à-dire votre personne, vos gestes et les slides, sont votre main gauche.
La mélodie doit toujours primer, et l'accompagnement soutenir la mélodie. Continuons sur cette métaphore : même si une partie main droite est jouée seule à un moment, ou si la basse fait un solo dans une formation pop ou funk, tout cela reste au service du morceau complet. Et ce quelle que soit l'intensité de la présence de l'accompagnement.

Dans son talk de 3 minutes « Comment démarrer un mouvement », Derek Sivers parle pendant qu'une vidéo est diffusée derrière lui. Son talk est une sorte de commentaire en temps réel de cette vidéo visible en permanence par les spectateurs (www.qavad.fr/Derek-Sivers). Le montage du talk alterne des plans aux valeurs simples :

– Vidéo : on voit la vidéo plein écran.

– Plan large : on voit la vidéo en haut à gauche de l'écran et le speaker en bas à droite.

– Autres : on voit différents plans sans voir la vidéo :

- *plans contre : à contrechamp, où l'on voit le speaker de dos et le public ;*
- *gros plans.*

Quand on regarde la répartition de tous ces plans, c'est très clairement ceux où la vidéo est présente qui priment.

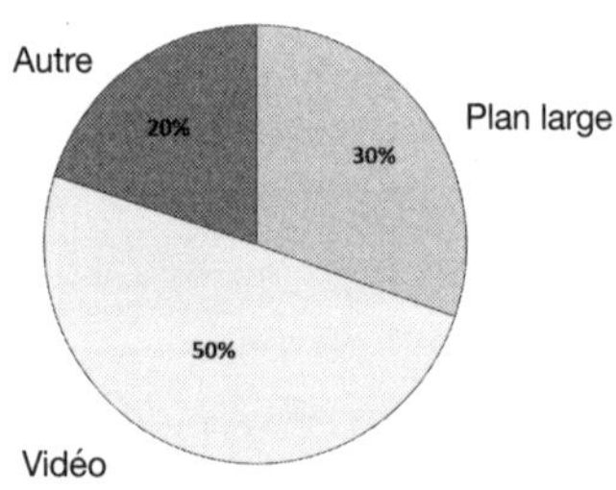

Timing	Type de plan	Durée
00:12	Plan large	00:10
00:22	Vidéo	00:20
00:42	Plan large	00:10
00:52	Plan de dos pour voir le public	00:10
01:02	Vidéo	00:25
01:27	Plan large	00:08
01:35	Vidéo	00:17
01:52	gros plan	00:03
01:55	Plan large	00:10
02:05	Vidéo	00:05
02:10	Gros plan (avec son vidéo)	00:12
02:22	Plan de dos pour voir le public	00:06
02:28	Plan large	00:09
02:37	Vidéo	00:10
02:47	Plan large qui zoome jusqu'à ne plus voir l'écran	

Pour autant, ce n'est pas la vidéo qui définit le contenu. Sa prégnance est telle qu'elle impose le rythme de la narration (et c'est assez unique parmi les plus de 2 500 TEDTalks en ligne). Pour autant, c'est toujours l'orateur que l'on écoute, toujours sa mélodie qui prime, et lui qui nous fait lire cette vidéo et la comprendre, bien plus que la vidéo elle-même.

Caler les slides et les mots

Qu'on le veuille ou non, les slides et les mots dansent ensemble sur une ligne de temps. Vos mots seront dits à un certain moment, les slides apparaîtront à un autre. Parce que tout cela est contenu dans le temps, gardez en tête d'orchestrer cette danse, qui ne peut pas ne pas advenir. Les mots peuvent déclencher des images ou les images déclencher des mots, ou encore être le contexte des mots. Quel que soit le repère (déclencheur) que vous utilisez pour passer au slide suivant, travaillez ce calage afin qu'il serve votre propos.

Une intervenante arrive sur scène, elle parle de son parcours et dit ces quelques mots :
« J'ai alors 28 ans, j'habite à New York, j'ai une start-up, des clients, des investisseurs, des employés… J'ai suivi la voie royale : la très grande école, l'Amérique, l'entreprenariat, New York, la bulle Internet. Et puis j'assiste à ça… »

Le plus souvent, les choses sont présentées dans l'ordre inverse : l'orateur montre d'abord l'image qui permet de savoir où il en est, et à partir de là il dit la séquence prévue. Mais cela n'a pas du tout le même impact. Imaginez le déroulé suivant :

« J'ai alors 28 ans, j'habite à New York, j'ai une start-up, des clients, des investisseurs, des employés… J'ai suivi la voie royale : la très grande école, l'Amérique, l'entreprenariat, New York, la bulle Internet. Et puis j'assiste à ça… »

L'effet de la phrase « Et puis j'assiste à ça… » n'est pas du tout le même dans cette seconde version. Car le cerveau des auditeurs est « branché » dès le début sur une image de destruction. Alors, quand l'oratrice parle de ses débuts d'entrepreneure et de sa réussite, l'image est tellement forte qu'elle prend toute la place. Aucun auditeur n'a plus l'espace de se représenter une aventure professionnelle presque dorée qui précède le 11-Septembre. L'effet ne marche pas, la sidération vécue par l'oratrice n'est pas retransmise et le propos en devient bien plus faible.

Les images sont à penser comme pour une bande-annonce, un reportage ou un film. Elles doivent arriver au bon moment. Elles sont un coup de projecteur sur ce que vous voulez dire à un moment précis, d'où la nécessité qu'elles arrivent au bon moment. Sinon, vous risquez de mettre un coup de projecteur dans le vide ou sur le mauvais item.

Pour travailler cela, vous pouvez surligner dans votre texte le mot sur lequel vous voulez faire apparaître le slide. Cela vous permet d'avoir un mot déclencheur, ou mot-click : vous cliquez sur la télécommande au moment où vous dites ce mot.

Les slides sur une prise de parole d'une heure et plus

Si vous votre prise de parole dépasse les 20 minutes d'un talk, les slides peuvent être un peu plus intéressants pour rythmer le propos. Ils peuvent aider à apporter de la variation et éviter que tout repose exclusivement sur votre personne. Mais s'ils sont pensés comme une béquille, cela ne fonctionnera pas mieux : plutôt que d'utiliser les slides comme des cache-misère, vous avez toujours intérêt à avoir un propos complet et intéressant, et le renforcer, l'alimenter, le rythmer par des slides.

Quelques repères pour faire ses slides

Pour clore ce chapitre, voici quelques repères supplémentaires sur ce qui, à mon sens, permet d'avoir un slide au service de votre prise de parole. En gardant toujours présent à l'esprit que le slide doit vous donner la parole ou l'augmenter.

Un slide = une idée

Une phrase contenant une seule idée est immédiatement compréhensible. Il en est de même pour une image. Une image pouvant

être lue de plusieurs manières différentes, il est important que celle que vous choisissez offre une lecture directe.
Si la même image offre plusieurs lectures possibles selon ce qu'on regarde, faites plusieurs slides qui montrent pour chacun le point à regarder.

Dans le talk de Derek Sivers mentionné plus haut, ces quatre slides sont la même image avec à chaque fois une mise en exergue de l'élément à regarder.

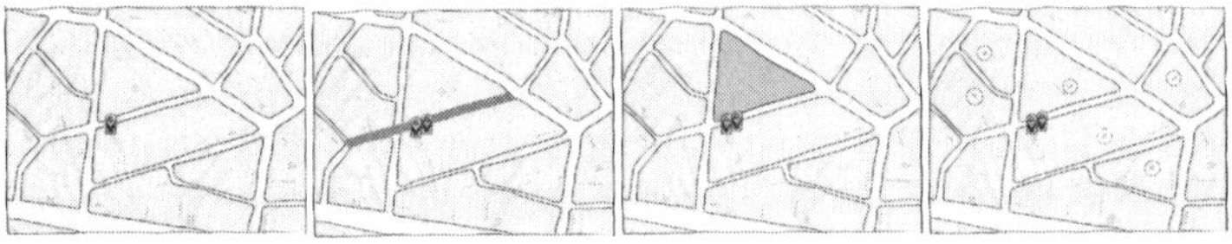

Utiliser les images plein écran

Une image est là pour prendre toute la place à l'écran. Elle n'a pas besoin de légende ou d'explication, parce que ces éléments sont donnés par votre prise de parole.

Dans son talk sur le biomimétisme, Kalina Raskin montre des photos d'organismes vivants, de morceaux de falaise, de champs, toujours avec des images plein écran (www.qavad.fr/Kalina-Raskin).

Plus les photos sont belles et plein cadre, plus les spectateurs en prennent plein les yeux, et plus ce que vous dites donnera du relief et du sens à une image qui, sinon, ne resterait qu'esthétique. Des diatomées, petites algues à la carapace sculptée, deviennent ainsi une source d'inspiration pour faire du verre à température ambiante.

Ne pas mettre de titre sur l'image

Imaginez les slides précédents avec des titres : ils fonctionneraient nettement moins bien. Laissez les yeux des spectateurs faire leur travail et donnez les titres dans votre prise de parole (gardez le manche au lieu de le donner aux slides).

Être le plus visuel possible

Pour un graphique, beaucoup de personnes ont tendance à vouloir respecter les consignes de leurs cours de géographie et à rédiger une légende claire, donner des mesures bien lisibles, etc. Or un graphique sur un slide est fait pour être lu en un clin d'œil, selon le regard et l'angle de lecture que vous lui donnez en tant qu'orateur. Faites un graphique qui illustre directement votre propos.

> *Dans son talk (www.qavad.fr/MattCutts), Matt Cuts parle d'un concours où il faut écrire un roman de 50 000 mots en 30 jours. La solution qu'il a trouvée a été très simple : écrire 1 667 mots par jour tous les jours durant cette période. Pendant qu'il dit cela, apparaît sur l'écran le graphique qui suit, où l'on voit très nettement la quantité globale de mots augmenter au fur et à mesure (quant à l'échelle, on la devine plus qu'on ne la voit).*

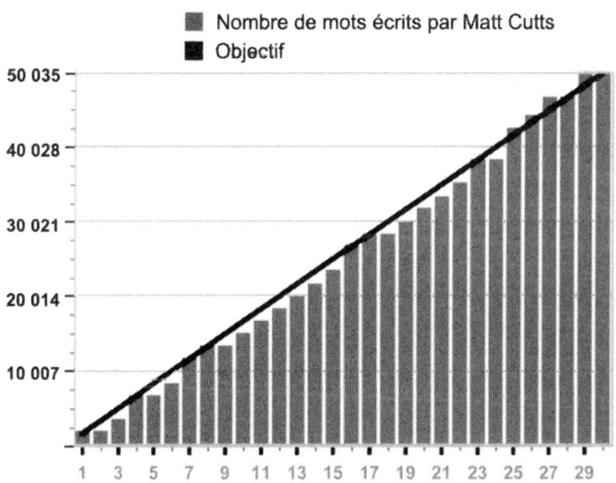

Utiliser le moins de mots possible

Il est aussi possible de mettre des phrases à l'écran. Pour être vues plus que pour être lues. Lire et écouter ne pouvant se faire simultanément, le but est d'offrir à votre parole un appui visuel, en insistant sur l'importance du point évoqué.
Plus la phrase sera courte, plus elle marquera. En outre, plus elle sera courte, plus elle pourra être écrite en gros, donc être lisible par tous sans pour autant envahir l'écran.

Amy Cuddy, dans son talk (www.qavad.fr/AmyCuddy), affiche parfois quelques phrases. Les slides les plus efficaces sont ceux où il y a le moins de mots, car ils focalisent l'attention. Le fait de n'avoir qu'une phrase la rend parfaitement lisible, même au fond de la salle.

Insérer des slides noirs

Il y aura probablement des moments où vous aurez terminé une partie avec une image avant de passer à une autre partie pour laquelle vous n'avez pas de visuel. Plutôt que de continuer sur la même image (qui n'a plus de raison d'être là) ou de faire apparaître trop tôt la suivante (ce qui raterait son effet), vous pouvez insérer un slide complètement noir.

Le public voyant l'image disparaître à l'écran va naturellement reporter toute son attention sur vous. Cela permettra à l'image suivante, s'il y en a une, d'arriver à propos.

Ne pas utiliser de transitions visuelles

Ou alors uniquement celles qui facilitent la lecture.
Les logiciels de présentation PowerPoint, Keynote ou Prezi contiennent tous les trois des transitions visuelles variées. La tentation est grande de les utiliser. Mais dans l'immense majorité des cas, ces transitions ne servent pas le propos. À quoi bon faire une animation compliquée en damiers ou en rideau pour passer d'un sujet à un autre ?
Dans un film, il y a essentiellement trois types de transitions, utilisés dans 99 % de cas. Ce sont ceux à utiliser pour vos slides.

- Pas de transition (*cut* en langage cinématographique) : l'image suivante apparaît directement quand on appuie sur la télécommande.
- Fondu enchaîné (*cross-fade*) : la première image s'estompe pour disparaître en même temps que l'image suivante apparaît.
- Fondu au noir (*fade to black*) : la première image disparaît progressivement pour laisser un écran noir durant une durée très courte, puis l'image suivante apparaît progressivement jusqu'à être totalement visible.

Les deux premières transitions sont largement suffisantes pour 90 % des présentations.

Et si je veux des animations plus complexes, car cela sert vraiment mon propos ?

Si vous avez en tête des animations particulières, si vous savez les envisager, vous savez aussi probablement déjà comment les réaliser. Les fonctions d'animation de Prezi ou la fonction Morphose de PowerPoint offrent de belles options qui demandent de la technicité afin de bien être utilisées, et elles peuvent donner beaucoup de fluidité à des supports visuels. Mais elles ne doivent rester que des effets au service de ce que vous avez à dire. Leur but est de mettre en scène visuellement les liens logiques que vous placez entre les images.

Si vos présentations servent à cela, alors elles sont utiles.

11

La légitimité du speaker

La légitimité du succès d'un restaurant,
ça reste quand même quotidiennement
ce que l'on sert dans l'assiette.
Alain Ducasse

La personne qui prend la parole en public est mise en scène et tout est fait pour signifier que c'est cette personne-là qui doit parler. On pourrait presque dire qu'elle est légitime pour parler, puisqu'elle parle. On pourrait aussi se dire que si le speaker a besoin de parler de sa légitimité, cela ressemblerait à de la justification.

Pourtant, si le public se demande en début d'intervention « Pourquoi Écouterais-Je* ? », il se demande aussi tout le temps que dure la prise de parole « Pourquoi le croirais-je ? ».

La nécessité de la légitimité du speaker

L'orateur prend position, donne à voir un point de vue, avance un propos. Or le texte prononcé est dit par un individu particulier et, comme « on ne peut pas ne pas communiquer** », cet individu qui parle teinte l'écoute, oriente la compréhension et l'interprétation du propos. Et par là même l'adhésion éventuelle à son propos.

> *Hormis pour un effet comique, la personne qui vient vous parler des méfaits de l'alcool d'une manière très didactique, voire un peu moralisatrice, alors qu'elle est en état d'ébriété n'est pas vraiment perçue comme légitime. C'est d'ailleurs la base du sketch de Bourvil « L'eau ferrugineuse », où un délégué de la ligue anti-alcoolique passablement éméché promeut l'eau minérale (www.qavad.fr/Bourvil).*

---

* C'est le PEJ dont nous avons parlé au chapitre 3, « Écrire », p. 83.

** Cet axiome de la communication est le premier d'une série de cinq formalisée par Paul Watzlawick, de l'école de Palo Alto. Ces cinq axiomes sont nécessaires afin d'avoir un processus de communication entre deux personnes. Quand il dit « On ne peut pas ne pas communiquer », cela veut dire : « Même ne rien dire, c'est dire qu'on ne dit rien ». Donc tout est communication, tout le temps.

De fait, le propos vire à la promotion de l'alcool en dressant un portrait triste de l'eau minérale. En forçant un peu le trait, le sketch pourrait même avoir tendance à ridiculiser les adeptes de cette boisson !

Qu'il se pose consciemment ou non la question, le public va toujours chercher en quoi l'intervenant est légitime.

- Soit il ne va pas trouver d'éléments de réponse ; dans ce cas, tout ce qui aura été dit sera réfuté.
- Soit il trouve une raison de considérer l'intervenant comme légitime et il sera d'accord avec lui au regard de la légitimité trouvée. Globalement, il aura pour l'intervenant une appréciation favorable, qui peut être de natures variées :

– affection : il aime bien le personnage ;
– attirance : la personne telle qu'il la voit lui plaît, ce qui peut être une attitude, une apparence, des habits, un ton de voix, etc. ;
– estime : position sociale, position hiérarchique, niveau d'expertise ;
– évaluation : la manière dont la personne lui parle de ce sujet montre qu'elle le maîtrise (d'autant plus si elle arrive à en parler de manière simple sans être simpliste).

La question qui se pose alors est la suivante : comment poser sa légitimité dans la prise de parole pour faire que le propos défendu le soit de la bonne manière.

En 2014, pour le lancement de la campagne « He for She » des Nations unies pour l'égalité des sexes, c'est une jeune et belle actrice qui monte à la tribune. Emma Watson est connue de millions de personnes pour avoir joué Hermione dans la saga Harry Potter *et elle est devenue une personnalité du monde de la mode. Sur de nombreuses photographies, elle porte des robes ou des jupes courtes qui mettent en valeur ses jambes, pour des photos qui « marchent bien ». Mais Emma Watson ne débarque pas à l'ONU pour être*

une ambassadrice de charme de « He for She ». À ce moment-là, elle ne s'affiche pas comme une femme très séduisante qui vient demander aux hommes de mieux considérer les femmes, de mieux se comporter envers elles. Il aurait été incohérent de passer par de la séduction pour lancer un tel appel alors qu'il s'agit de sensibiliser sur un problème éthique de fond.
Quand on regarde son intervention sur la chaîne YouTube des Nations unies, on peut voir que sa légitimité est posée avant même qu'elle ait prononcé son premier mot (www.qavad.fr/EmmaWatson).
La personne qui la présente rappelle (et donne l'information pour le public qui ne le savait pas) qu'elle est déjà engagée depuis des années dans l'éducation des jeunes femmes, qu'à ce titre elle s'est rendue au Bengladesh ou en Zambie, et qu'elle rentre tout juste de sa première mission pour l'ONU Femmes en Uruguay.
Tout cela dit que cette cause est la sienne depuis longtemps : ce n'est pas un « coup » mais un parcours, un engagement continu.
Puis la caméra zoome sur l'actrice et, qu'on le veuille ou non, on voit sa tenue, qui la « positionne » tout de suite. Elle porte une robe aux teintes sages, même si c'est sans doute une pièce de haute couture, avec jupe qui arrive sous le genou. La jeune femme est maquillée, mais ses cheveux sont attachés.
Emma Watson pose sa légitimité en tant que jeune femme concernée depuis longtemps par le sujet dont elle est venue parée, expose avec intelligence un problème réel, avec des mots qu'elle habite non pas comme une icône de mode sexy, mais comme une femme libre qui appelle les hommes à soutenir cette action.

Trouver le lieu de sa légitimité

Le noyau, le cœur d'une prise de parole est le cadeau qu'elle offre. Dans une conférence TED ou TEDx, on dit que c'est l'idée qui est centrale. Et les deux sont vrais.
La tendance courante est de chercher des personnes intéressantes, le sujet venant en second. La question à se poser est la suivante : en quoi la personne qui parle est légitime pour parler de cette idée

précise. Ce qui implique de savoir en quoi le regard particulier de cette personne sera reconnu comme pertinent par l'auditoire auquel la prise de parole est destinée.

Si une personne a été identifiée pour prendre la parole, c'est qu'elle est *a priori* perçue comme pertinente pour cela par les organisateurs. Que ce soit parce qu'elle est manager, leader, experte, innovante, référente ou toute autre qualité.

Pour autant, lors de la prise de parole, c'est le discours qui importe, la manière dont il est porté. En définitive, la validité du propos retenu par le public tient énormément à la légitimité dans laquelle le speaker se sera placé.

Par exemple, le P.-D.G. d'une entreprise de cigarettes pourra difficilement être considéré comme légitime pour parler de l'hygiène de vie à adopter si on veut éviter un cancer. Et un policier condamné pour avoir tué des malfrats car il trouvait la justice trop lente sera difficilement audible sur le thème d'un système judiciaire plus juste.

Toute information reçue par l'auditoire ne peut pas ne pas être teintée du filtre « légitimité ». Dit autrement, à chaque instant l'auditoire se pose la question : « Quelle est la validité de cette information ? »

La prise de parole doit répondre à ces questions en moyenne dans la première moitié de l'intervention. Cela pose la base sur laquelle s'appuyer pour aller plus loin. Aussi bien pour l'orateur que pour le public, qui accepte alors plus facilement de suivre le discours dans des réflexions auxquelles il n'avait pas pensé.

Au fil de sa carrière, la pédiatre Catherine Gueguen a reçu des milliers d'enfants et a pu observer que certains étaient heureux et d'autres non, que certains environnements familiaux favorisaient l'épanouissement, d'autres pas. Elle a commencé à travailler avec *la Communication NonViolente*, puis a découvert les neurosciences affectives, qui mettent en lumière des fonctionnements du cerveau. La découverte d'un certain nombre de mécanismes (car il s'agit aussi de mécanique cérébrale) lui a permis de découvrir la pertinence mesurée par la science d'approches comme la CNV et qu'il était possible d'agir pour une enfance heureuse. Elle en a d'ailleurs tiré un livre**. Ella a à cœur que les enfants soient heureux, donc de donner des clés pour que cela se produise. C'est une femme de conviction et d'engagement. On pourrait pourtant douter de sa légitimité, puisqu'elle n'est spécialisée ni en sciences de l'éducation, ni en pédagogie, ni en psychologie, ni en sociologie. D'autant qu'elle intervenait dans un événement dédié à l'éducation.*

Un des aspects de la préparation a été de répondre à ces interrogations et d'en parler dès la première minute (www.qavad.fr/CatherineGueguen). Pour dire à la fois la conviction de l'oratrice et sa légitimité sur le sujet.

Ses premiers mots ont été :

« Je suis pédiatre, et je me suis toujours demandé : "Comment faire pour que les enfants s'épanouissent ? Pour qu'ils soient heureux de vivre ? Sociables ? Entreprenants ?"

Un jour j'ai tiré un fil, et j'ai découvert les dernières recherches sur le cerveau émotionnel de l'enfant. Ces recherches nous disent comment faire pour les relations que les adultes ont avec leurs enfants. Et comment ces relations transforment en profondeur le cerveau de l'enfant, et agissent sur ce qu'ils sont, et vont devenir. Ces connaissances m'ont réellement scotchée lorsque je les ai découvertes, et c'est pour ça que j'ai eu envie de les partager. »

Entre le début et la fin de cette séquence, l'intervenante commence avec « pédiatre » et finit avec « entreprenant », et le rapport entre

---

* La Communication NonViolente (ou CNV) est une approche de communication formalisée par Marshall Rosenberg. Son livre *Les mots sont des fenêtres (ou bien ce sont des murs)* (La Découverte) est une bonne introduction à la CNV.

** Catherine Gueguen, *Pour une enfance heureuse. Repenser l'éducation à la lumière des dernières découvertes sur le cerveau*, Robert Laffont, 2014.

les deux n'est pas évident. La suite est éclairante grâce à ces deux éléments :
– d'une part, l'intervenante est médecin, donc compétente pour comprendre les analyses scientifiques sur le cerveau et leurs implications médicales, voire comportementales, puisqu'elle suit les enfants sur le terrain ;
– d'autre part, son implication sur le sujet se manifeste par la manière dont elle pose les questions, par ses préoccupations pour le devenir des enfants, par le ton de sa voix et son engagement quand elle parle.
Dès l'introduction, elle a fait le lien entre la médecine pédiatrique (qu'on pourrait considérer comme une connaissance mécanique du corps de l'enfant) et la vocation du bien-être des enfants, qui peut s'exprimer de plusieurs façons : pédiatrie, bien sûr, et aussi éducation. Toute son intervention va dans le sens de ce mouvement.
Le public reste libre d'être d'accord ou non avec le propos, en tous les cas, la légitimité de l'intervenante est posée et permet au public de suivre son propos en la considérant légitime.

Poser la légitimité dans le talk

Dans l'exemple précédent, le titre de pédiatre est un raccourci pour décrire les compétences de l'oratrice. Cela fonctionne, car le titre est connu de tous, mais certains sont incompréhensibles pour ceux qui ne connaissent pas leur domaine d'application. Hormis les personnes du secteur, qui sait ce que sont les CFO, TSTA, certifiés MBTI ou responsable LCB-FT* ? J'en passe et des meilleurs…
Quand le titre n'est pas un raccourci utilisable, vous allez expliquer les compétences, et plus précisément les compétences pertinentes

* CFO pour *Chief Financial Officer*, soit le directeur financier du groupe ; TSTA pour *Teaching and Supervising Transactionnal Analyst*, soit analyste transactionnel superviseur et formateur ; « certifié MBTI » désigne la personne habilitée à faire passer le test de personnalité professionnel *Myers Briggs Type Indicator* ; le responsable LCB-FT est la personne en charge de la bonne application de la réglementation Lutte contre le blanchiment de Capitaux/Financement du terrorisme.

par rapport au propos tenu. Même quand ces compétences ont un titre, un chapeau ou un nom, vous avez presque toujours intérêt à raconter d'abord ce qu'elles sont et recouvrent, et ensuite seulement à utiliser leur nom dans un second temps. Ce faisant, vous teintez cette étiquette de votre lecture, vous lui donnez votre personnalité et permettez au public de la voir avec votre regard.

Lorsque Caroline Valent me contacte, elle m'est recommandée par un conférencier bien au fait du format TEDx. Il a été marqué par Caroline et son propos, propos qu'il n'a entendu nulle part ailleurs. Selon lui, il y a quelque chose de nouveau, et d'incarné, dans la manière dont elle parle de l'alimentation (www.qavad.fr/CarolineValent). Lors de notre premier échange, nous avons une discussion à bâtons rompus. Je découvre son sujet, son histoire, tout en ayant en tête cette question : « en quoi est-elle légitime sur son sujet ? », car elle n'est ni médecin ni nutritionniste ou naturopathe.

J'apprends que sa vie a changé du tout au tout depuis qu'elle a modifié son alimentation, sur les conseils d'un médecin. Depuis, elle porte une attention particulière à son assiette de manière autonome, tout étant en contact régulier avec le monde médical. Ce qui a changé sa vie peut profiter à d'autres, et certains dans son entourage commencent à lui demander régulièrement des avis, car ils voient les bénéfices de sa nouvelle manière de manger. En outre, l'approche de Caroline est très différente de celle proposée par l'industrie agroalimentaire.

En quoi est-elle légitime ? La réponse est dans sa manière d'appréhender son parcours et ses échanges avec les médecins.

De fait, sa santé physique est passée de très mauvaise à apte à la compétition sportive, activité qui lui était formellement interdite auparavant. En l'écoutant, je me rends compte qu'elle est ce qu'on appelle une « patiente experte », c'est-à-dire experte de sa pathologie et des effets produits par les changements qu'elle opère (ici le changement d'alimentation). Lorsque j'en parle à Caroline, elle confirme la validité du « titre », et même son emploi dans la

mesure où elle travaille avec des médecins pour explorer et mieux comprendre les effets de tel ou tel aliment sur son organisme.
En quoi est-ce si important? Elle n'est pas médecin, mais son expérience relève de la santé, sujet très important pour chacun de nous et, de plus, très encadré en France. Et les médecins travaillent avec Caroline Valent. Ces échanges nourrissent d'ailleurs leurs réflexions, car c'est une chance d'avoir une patiente qui s'investit de cette manière dans la compréhension et l'exploration de sa pathologie.
Pour autant, le terme «patient expert» est peu connu et ne permettra pas au public de se représenter les interactions médecins-patients. Le but premier de la narration est que le public se représente une scène plutôt qu'il en connaisse les étiquettes et la mécanique: nous avons donc mis l'accent sur dépeindre et illustrer ce que voulait concrètement dire ce terme plutôt que d'en donner une définition académique.
Caroline Valent a vécu un changement de vie grâce à l'alimentation, chance qu'elle veut offrir à tous. Sa légitimité est celle du terrain, encadrée par des médecins qui confirment le bien-fondé de sa démarche.

Trois axes de légitimité parmi d'autres

À force de creuser avec chaque speaker la question «En quoi êtes-vous légitime?», quelques axes de réflexion intéressants se sont dégagés. Travailler avec ces trois axes revient un peu à travailler avec les six dessins qui ouvrent ce livre et l'accompagnent: il ne s'agit pas de remplir tous les critères au maximum, mais d'alimenter chacun des axes de la manière la plus appropriée au speaker, au public et au contexte.
Le but de la prise de parole n'est pas de démontrer la légitimité de l'intervenant, mais de partager le cadeau qu'il veut faire au moyen d'éléments qui le rendent légitime sur le sujet.
Si la légitimité de titre peut sembler suffisante dans certains cadres, elle ne dispense pas, à mon sens, de nourrir la légitimité du discours.

Être P.-D.G., professeur, dirigeant, responsable politique ou expert labellisé ne rend pas nécessairement plus pertinent sur tous les sujets. Ces titres donnent de fait davantage le droit de parler, mais cela ne change pas fondamentalement le besoin de l'auditoire, qui est de savoir en quoi l'orateur est légitime. Pour paraphraser la citation de Ducasse en exergue de ce chapitre, ce ne sont pas les étoiles dans le *Michelin* qui assurent la légitimité du restaurant lors de la dégustation des plats, mais bien le contenu de l'assiette.

Voici trois axes de légitimité à alimenter dans votre prise de parole.

Légitimité de conviction

L'auditoire a besoin que l'orateur croie en ce qu'il dit. De même que « on ne vend pas ce qu'on n'achète pas soi-même », si on n'est pas emporté par le propos qu'on porte, il sera nettement plus difficile d'emporter le public.

Légitimité de compétence

En quoi l'orateur est compétent sur le sujet développé ? À la fois en termes de compréhension de l'existant, des enjeux, des éléments techniques spécifiques au sujet, et en termes de capacité à manipuler ces éléments, de niveau de compétence.

L'expression de cette compétence se traduira principalement par le type de questions posées par le speaker durant son talk et les angles d'approche qu'il aura choisis. Il s'agit aussi, bien sûr, de nommer votre métier, votre formation, votre pratique (ce qui montrera que vous avez acquis une compétence).

Un journaliste scientifique n'est pas un chercheur, pourtant il parle de sujets scientifiques. Pour traiter ces sujets, il va les raconter, raconter leur histoire, et non pas faire la démonstration scientifique de leur validité.

*Légitimité de comportement**

Celle-ci est nourrie par les comportements physique, émotionnel et intellectuel de l'orateur, ainsi que par son histoire. Elle est nourrie de la cohérence, visible ou racontée, entre tous les comportements. Sont-ils « raccords », sont-ils en phase ? Par défaut, les auditeurs ne se posent pas la question, mais, comme tout être humain, une partie de leur esprit reste en veille pour savoir s'il n'y a pas « un loup » caché, une incohérence qui révélerait une duperie, voire une fraude. Voici quelques pistes observables :

Le comportement physique observé

Les mouvements du corps sont-ils en accord avec ce que dit la personne ?

> *Éviter de dire « Je suis totalement excité » alors qu'on est totalement statique et morne. Ou l'inverse. Éviter de dire « J'ai peur » avec un sourire confiant.*

Le comportement émotionnel observé

L'orateur est-il en phase avec ses émotions, parle-t-il bien d'une émotion tout en exprimant la même émotion (à sa manière spécifique bien sûr) ?

> *Certains seront timides, d'autres flamboyants, d'autres plus monocordes, mais chacun à sa manière aura l'accent de son élan intérieur.*

* Envisagée sous le prisme des trois piliers de la rhétorique selon Aristote, le logos, le pathos et l'ethos d'Aristote, la légitimité de comportement ou d'action (avant et pendant la prise de parole) est très proche de l'ethos.

Le comportement intellectuel observé

Est-ce que la façon de penser de l'orateur, sa vision du monde, a une logique lisible et compréhensible ?
L'orateur donne-t-il bien le cheminement de pensée qui permet au public de comprendre (au moins intellectuellement) le passage du début à la fin du talk ?

> *Cela passe par identifier clairement les éléments en jeu (par exemple, bien différencier l'objectif et le moyen pour y arriver). Éviter aussi des changements radicaux de position sans explication de motivation (par exemple, passer de pro-peine de mort à anti-peine de mort). Etc.*

Le comportement relaté par rapport aux actions réalisées

Les spectateurs voient l'orateur s'exprimer d'une certaine manière, et s'il parle d'expériences passées (personnelles ou professionnelles), leur esprit va vérifier si le comportement du passé est cohérent avec celui du présent. Si les comportements sont différents, alors la prise de parole doit mettre en lumière ce qui a amené ce changement.

Le comportement perçu par soi et les autres

Le speaker parle de quelque chose qu'il voit de telle ou telle manière, mais toute autre personne que lui verra cette même chose autrement*.

> *Voici un cas de management classique en entreprise : une personne insiste sur l'importance des collaborateurs et de la place faite à l'humain, propos qu'elle illustre de situations où elle a fait preuve de leadership (car elle avait, selon elle, bien géré ses collabora-*

* C'est d'ailleurs une des raisons pour lesquelles travailler avec un ou plusieurs tiers est salvateur, car les autres (du moins pas tous les autres) n'ont pas les mêmes biais que nous, ce qui leur permet de voir ce que nous ne voyons plus.

teurs). Mais toute autre personne qu'elle-même risque d'entendre cet exemple comme un acte d'autoritarisme. Donc toujours vérifier.

Si on devait résumer en un mot cette légitimité de comportement, ce serait celui – un peu savant – de congruence. Il résume en trois syllabes la cohérence de pensée, de sentiments et de comportements. En quelque sorte, il répond à cette question : « Est-ce que tous les comportements racontent la même histoire ? »

Quand Kevin Briggs monte sur la scène de TED en 2014, on voit arriver un homme autour de la cinquantaine, habillé en pantalon beige, portant un T-shirt rouge sous une polaire grise au col ouvert. Il est costaud, ses cheveux rasés de près suggèrent que ce n'est pas un hippie, ce qu'il confirme dès ses premiers mots en disant qu'il vient de prendre sa retraite de la police des autoroutes de Californie, après vingt-trois ans de service (www.qavad.fr/KevinBriggs). Son rôle était de patrouiller sur la partie sud du Golden Gate (le célèbre pont rouge de la baie de San Francisco), une partie particulièrement prisée des personnes qui veulent se suicider. L'ancien officier a eu à gérer des centaines de personnes prêtes à sauter du parapet. Il a passé des heures à discuter avec elles, alors qu'il n'était pas formé pour ça. Ayant côtoyé le suicide sur le terrain pendant des années, il est venu en parler sur cette scène, alors que ce n'est pas son métier. En quoi est-il légitime ? Il en avait la fonction certes, mais a-t-il bien fait son boulot ?

À travers la façon dont il s'exprime, le choix des exemples racontés, la manière dont il nous invite à penser, l'émotion qui le saisit quand il parle d'un jeune homme puis d'un autre qui étaient sur le parapet, à travers sa conviction, à travers tout ce que nous voyons de son comportement sur scène et de ce qu'il nous raconte de sa manière de faire face à ces situations, nous le reconnaissons dans sa légitimité à parler du suicide et à dire comment agir. Cette légitimité vient de son comportement, de sa posture, de la manière dont il a parlé à ces personnes en immense souffrance.

Jamais il ne les condamne pour leur tentative ou pour leur acte, alors que le suicide cause énormément de peine. Il écoute et donne au public des clés sur la façon d'aborder le sujet, d'agir face à une telle personne. La légitimité construite en quelques minutes permet au public d'écouter et de prendre des conseils. Dans les derniers 10 % de son talk, lorsqu'il dit que, sur toutes les personnes prêtes à se lancer du pont avec qui il a parlé, « seules deux ont sauté », « deux de trop » enchaîne-t-il tout de suite, personne dans la salle n'est étonné d'un tel niveau de réussite, ni qu'il trouve que ce soit deux suicides de trop.
Le speaker a bâti en quelques minutes une légitimité qui nous permet de le croire, donc de profiter de son cadeau : des outils et des points d'entrée pour parler aux personnes qui pensent au suicide ou sont prêtes à passer à l'acte.

Le piège à éviter

Cette cohérence visible joue pour beaucoup dans la légitimité perçue par le public et on pourrait avoir la tentation de construire un discours bien ficelé, en cachant les incohérences gênantes. On pourrait se dire : « Voilà, c'est pro, c'est calé, ça roule et ça marche mieux ». Mais cette option fonctionne rarement dans la réalité. Même si le texte ainsi modifié peut « marcher » sur le papier, vous risquez de ne pas atteindre les auditeurs en profondeur, parce que la démarche relève d'une manipulation et qu'il manquera au propos les trois sincérités* (notamment l'incarnation).

Quand quelqu'un parle des bénéfices du végétarisme et qu'il adopte pour cela une position radicale en disant qu'il ne faut plus jamais manger d'animaux, alors qu'il lui arrive de manger un peu de viande, il y a incohérence, et le propos n'est pas complètement habité. L'orateur ne sera pas totalement « Ensemble » avec toutes

* Voir « Les 3 sincérités » au chapitre 6, « Ensemble », p. 200.

les parties de lui. La légitimité de conviction et de comportement (même si ce dernier n'est pas évoqué dans la prise de parole) va faire défaut, ou au moins ne pas être au niveau où l'auditoire les attend.*

Comment faire pour être cohérent sans faire semblant ? Voici deux pistes souvent utiles.

1. Explorer l'incohérence

Plus précisément, identifier l'endroit où il semble y avoir une incohérence et voir comment celle-ci nourrit une autre cohérence, sans doute plus solide chez vous (et probablement plus incarnée). Parce que tel comportement qui est incohérent par rapport à votre propos obéit en fait à une logique. Peut-être pas idéale, mais c'est une logique humaine dans laquelle les auditeurs peuvent se reconnaître et, surtout, à partir de laquelle ils peuvent modéliser une manière d'agir à leur tour.

Le journaliste américain Graham Hill est très engagé dans les questions environnementales et l'état du monde depuis de nombreuses années. Ses premiers mots sur la scène de TED 2010 sont ceux-ci : « Sachant ce que je sais, pourquoi je ne suis pas végétarien ? » (www.yuvad.fr/GrahamHill). Il connait l'impact sur l'environnement de ce comportement alimentaire, la manière dont les animaux sont nourris et abattus, ainsi que quantité d'autres informations. Pourtant il n'est pas végétarien, et cela l'étonne.
On pourrait voir dans cette déclaration un aveu de « faiblesse » par rapport à ses convictions, ses comportements et son engagement. Donc mettre en doute sa légitimité à parler d'un tel sujet.
Ce qu'il en fait conduit pourtant exactement à la situation inverse. En commençant par exposer ce fait, sa difficulté de ne plus manger de viande dans un pays où cet aliment est un marqueur culinaire

* Voir tout le chapitre 6, « Ensemble », p. 187.

et social fort, il parle à la fois de sa propre réalité et de celle où se trouvent nombre de personnes dans la salle.
Oui, il est sur scène parce qu'il est convaincu que le végétarisme est une bonne option, mais sans prôner le radicalisme. Cette position autre lui donne plus de légitimité à nos yeux de spectateurs. Il ne se positionne pas en tant qu'expert mais en tant qu'individu.
Le cadeau additionnel de cette démarche est qu'elle amène l'orateur à proposer une solution à la fois inattendue et pragmatique : « Manger de la viande est à la fois une source de pollution, une source de souffrance pour les animaux, et une source de plaisir gustatif pour nous. Alors si nous devenions végétariens pendant la semaine ? Et le week-end on mange ce qu'on veut ? »
Parce qu'il a énoncé ses difficultés, ses ambivalences, Graham Hill n'a pas perdu en légitimité, il en a gagné, et ce en l'espace des 4 minutes qu'a duré le talk. Il a déplacé le socle de sa légitimité de sa seule conviction (pourtant forte chez lui, mais qui n'aurait pas été incarnée totalement) à la réalisation (réduire sa consommation de viande sans bouder son plaisir). Par cette démarche, il nous invite à nous positionner, non plus par obligation, mais par exploration d'une nouvelle proposition, voire par adhésion à celle-ci.

Clarifier les liens ou niveaux logiques

Quand un discours est perçu comme incohérent, c'est généralement parce qu'il dit plusieurs choses en même temps qui ne sont pas du même ordre ou de même nature, ou qui ne répondent pas aux constructions logiques habituelles. Il est alors nécessaire de clarifier les liens établis par la personne qui s'exprime, surtout si elle ne les explicite pas elle-même. Parce qu'il y a forcément une logique (du moins pour elle). Mais sans doute pas au niveau où les mots le laissent entendre. D'où la nécessité de clarifier.

Imaginez quelqu'un qui dit : « C'est horrible, il y a un plan de licenciements annoncé et je ne sais pas si je suis dedans, en plus je

n'ai plus assez d'essence dans la voiture et je ne retrouve plus mes écouteurs de téléphone!»
En faisant une analyse purement logique, nous pouvons penser que l'orateur mélange des sujets qui n'ont rien à voir. D'autant qu'il peut faire le plein s'il veut ou se racheter des écouteurs. Mais il n'a pas posé les choses comme cela.
En essayant de voir comment clarifier les liens logiques, cela nous amène à constater le stress de la personne qui parle, stress généré sans doute par le contexte professionnel. Tout élément supplémentaire ajoute davantage de stress, ce qui devient difficilement gérable.
Une des représentations possibles des éléments en jeu pourrait être celle-ci:

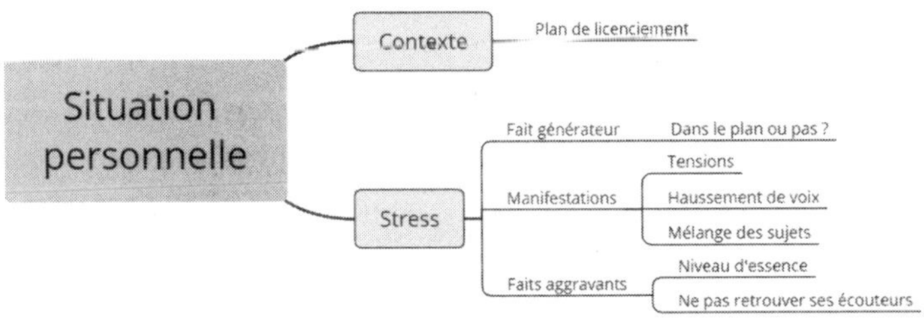

Le but n'est pas de faire un tel schéma à chaque fois qu'un propos n'est pas clair. Il est de montrer, par une représentation visuelle, comment tout cela est logique, malgré une expression mélangée.
Une fois la carte faite, il est alors possible d'exprimer la même chose tout en étant plus cohérent (ce qui est le propos de cette section).
Cela pourrait donner:
«Au boulot il y a un plan de licenciements en cours, et je ne sais pas si je suis dedans, ce qui me stresse énormément. Cette incertitude me tend, je hausse la voix, et toute contrariété aggrave mon état. J'en deviens aussi stressé pour le boulot, le niveau d'essence de la voiture ou la perte de mes écouteurs.»
Et là tout redevient logique et cohérent de manière explicite.

Cette démarche de clarification permet de faire le tri entre des données souvent présentées « à plat ». Et ce tri permet de retrouver votre hiérarchie, la logique de toutes ces données. Ensuite vient le temps de choisir les mots pour le dire.
Ce travail de préparation augmente la lisibilité de cette hiérarchie et des liens entre les données présentées, contribuant par cette clarté à nourrir la légitimité du speaker.

Quand je rencontre pour la première fois Stéphanie Gibaud pour la préparation de son talk à TEDxClermont 2016, elle arrive avec un texte sur lequel elle a déjà avancé. Son histoire est assez incroyable (www.qavad.fr/StephanieGibaud). Alors qu'elle était responsable marketing et communication chez UBS depuis neuf ans, elle découvre des pratiques frauduleuses de la banque et lance l'alerte. Les événements s'enchaînent et elle est en contact avec des représentants de l'État français, et après de multiples rebondissements elle est licenciée. Plus tard, alors qu'en tant que lanceuse d'alerte son anonymat devrait être protégé, son nom est révélé à la presse et elle se retrouve sans revenus ni possibilité de retrouver du travail. C'est une femme de convictions (raison pour laquelle elle a lancé l'alerte), et en même temps elle est tendue à la perspective de faire une conférence TEDx qui sera ensuite diffusée sur Internet.
Nous échangeons à bâtons rompus sur son parcours, sa situation actuelle, les défaillances de la loi française, les projets de loi à venir, ses difficultés au quotidien, son engagement, son indignation de ne pas avoir été protégée, sa colère d'être aujourd'hui en situation précaire parce qu'elle a été honnête et qu'elle a rendu service à l'État français, son indignation sur les rouages financiers du pouvoir, etc. La matière est passionnante, comme la personne, et il y a bien trop d'éléments pour faire passer UNE idée, car il y en a plusieurs.
Nous travaillons alors sur le choix de l'idée centrale autour de laquelle organiser sa prise de parole, sur le cadeau fait au public. Après plusieurs itérations, nous arrivons à peu près à ceci : la sécurité de chacun dépend de la responsabilité partagée de pouvoir lancer l'alerte. De quoi s'agit-il ? Du même mécanisme que celui

utilisé pour signaler les incendies ou les accidents de train, qui devrait exister de la même manière pour les lanceurs d'alerte en entreprise (afin que le lanceur ne soit plus stigmatisé).

À partir de ce point, nous organisons le reste. La structure devient alors beaucoup plus simple :

– L'alarme incendie fonctionne parce que chacun peut lancer l'alerte et il ne sera pas puni pour cela, mais remercié.

– Cela participe à notre sécurité à tous.

– J'ai lancé l'alerte et n'ai pas été remerciée ou félicitée, j'en ai subi des dommages.

– Histoire chez UBS, du travail conjoint avec le ministère des Finances et du manque de protection, puis du licenciement par UBS.

– Récit des conséquences sur sa vie professionnelle et son quotidien.

– Mise en lumière, à travers son exemple, des problèmes du vide juridique autour du statut de lanceur d'alerte et de l'application de ce statut.

– Appel à l'action afin que chacun de nous puisse soutenir ce statut qui protège ceux qui œuvrent pour le bien commun.

Bien sûr, Stéphanie Gibaud dira dans ce talk les éléments fondamentaux pour elle. Ils trouveront leur place au sein d'une trame logique qui permet au public de saisir les différents niveaux d'information, car ils sont clairement identifiés : parallèle avec l'alarme incendie, récit des faits, analyse et ressentis. La cohérence du parcours est mise en évidence.

L'oratrice voulait aborder les lois en cours sur le statut de lanceur d'alerte, mais ce sujet n'a pas été intégré, car il était en dehors du cadeau, du noyau qui donne sa cohérence à cette prise de parole.

Nous nous sommes attelés à rester aux niveaux où l'oratrice était légitime et même inattaquable sur le sujet dont elle parlait. Cela a eu deux effets : restant centrée sur le cœur de son histoire, elle nourrissait sa légitimité de speaker auprès du public et elle était à la fois plus au cœur des trois sincérités.

12

L'entraînement

Les progrès viennent à ceux qui s'entraînent encore et encore.
Morihei Uesheba*

* Morihei Ueshiba est le fondateur de l'aïkido, dont la vie est relatée dans le livre *L'Art de la Paix*.

En janvier 2012, quand j'ai regardé toutes les vidéos, tous les articles, toutes les interviews publiées par les équipes TED sur la manière de réaliser une conférence TEDx, j'ai été tout de suite marqué par l'importance donnée aux répétitions avant de monter sur scène. Aux répétitions au sens théâtral, *rehearsal* en anglais, terme qui désigne à la fois l'entraînement et la répétition de ce qui sera dit sur scène.

Comme souvent, l'expérience a ensuite confirmé les bénéfices. Les répétitions, l'entraînement s'avèrent indispensables pour réduire tout parasitage dans l'expression de ce que vous avez à dire à ce moment-là, à cet auditoire-là.

Rendre le parcours familier

Le travail de préparation d'un talk a pour but de défricher le terrain de votre propos, d'ajuster la direction, la progression, les phrases et les mots. Après avoir travaillé les six dessins, la formalisation à laquelle vous arrivez est probablement différente de ce que vous auriez fait auparavant, voire nouvelle, et suit un autre parcours de pensée, de narration, sans doute plus précis. Ce contenu est nouveau, ces enchaînements aussi, et ils ne sont pas encore familiers et ne coulent pas encore de source.

Comme une paire de chaussures qu'on vient d'acheter et qu'il faut « faire » à ses pieds, une voiture qu'il faut « prendre en main », vous allez devoir prendre en main votre prise de parole.

Afin de rendre ce nouveau parcours familier, de bien le connaître pour pouvoir, à la fin, être capable de le faire quasiment les yeux fermés, comme un skieur professionnel.

Répéter votre talk plusieurs fois rend le chemin emprunté connu, familier même. Connaître cet itinéraire, pouvoir le suivre tranquillement vous permet d'être en contact avec le public, de l'écouter, de réagir à ce qu'il dit, de garder de la fluidité et capacité d'adaptation.

Marianne Piketty, violoniste de renom, est très engagée dans la pratique de la musique et son enseignement, dans la création et le partage avec tous les publics. Elle vit la musique avec une fougue et une densité particulières, la musique habite sa vie. Lors de la préparation de son talk pour TEDxVaugirardRoad 2014, elle travaille à rassembler ses pensées, le message qu'elle veut offrir, ses convictions, ses idées de toujours ou plus récentes. Elle œuvre à les articuler de telle manière que sa pensée nous soit compréhensible, son expérience sensible, son chemin un peu le nôtre.

Marianne a fait émerger le propos qu'elle voulait partager avec ce public à Bobino, qui ne connaît que peu (voire pas du tout) la musique classique.

Le travail en amont a permis de rassembler non pas toute une vie, mais une pensée et un sentiment élaborés au fur et à mesure des années, puis de l'organiser en une prise de parole de 18 minutes. Si les éléments manipulés sont familiers, leur articulation ne l'était pas encore. Marianne s'est donc entraînée pour apprendre le « geste » de cette prise de parole particulière et trouver la fluidité.

Le 12 juin, quand elle monte sur la scène (www.qavad.fr/MariannePiketty), le parcours de sa prise de parole lui est devenu familier, fluide, tranquille. Sans chercher son chemin, puisqu'elle connaît l'itinéraire, elle parle et installe les auditeurs dans la tranquillité de ceux qui écoutent quelqu'un qui sait où il va. Elle emmène le public dans sa manière de voir le monde, nous faisant découvrir des dimensions de la musique que nous ne soupçonnions pas et de ses effets sur les êtres humains d'une puissance ou d'une sensibilité que nous n'imaginions pas le plus souvent.

Le parcours familier est réalisé sans heurt. Cette simplicité est le résultat de la préparation. Elle permet à l'orateur de ne pas se perdre en hésitations, aux auditeurs de ne pas être parasités par l'effort de l'intervenant pour retrouver son cheminement. Le public peut alors être tout à l'écoute de l'orateur et de son propos.

Authenticité ≠ improvisation

Cela peut sembler contre-intuitif, et pourtant…

Rendre le parcours familier n'enlève rien à votre capacité à vous émerveiller de sa beauté. Un moyen pour conserver cette capacité consiste à porter votre attention sur le fait de réellement revivre l'histoire (être dans l'histoire) au moment où vous la racontez.

Improviser avec talent oblige à penser à ce que l'on dit, à être totalement présent à ce que l'on dit. Mais qu'est-ce qui empêche de faire la même chose lorsqu'on suit un chemin logique ou narratif déjà connu ?

C'est cette exigence d'être présent à ce que l'on dit qui en fait l'authenticité. Plus précisément, d'être pleinement présent, c'est-à-dire cognitivement, émotionnellement et corporellement. Concrètement, lorsque vous racontez une scène, ne soyez pas en train de dérouler un texte préparé, mais plongez-vous dans la scène. Voyez-la, ressentez-la, vivez-la et, dans le même temps (tout en restant dedans), racontez-la pour les autres. L'immersion dans l'histoire que vous racontez est la marque de votre authenticité. Parce que vous vous mettez dans la situation. Les plus grands comiques et acteurs utilisent cette approche : leurs textes sont précis, leurs silences parfois calés à la demi-seconde près, pourtant ils embarquent les spectateurs. À chaque fois ils se plongent dans la scène, dans l'émotion dont ils parlent. Alors ils sont authentiques et nous emmènent.

En juin 2012, TEDGlobal a lieu à Édimbourg en Écosse. C'est la première fois que j'assiste à une conférence TED et j'en prends plein les yeux et les oreilles. Parmi la centaine de talks, l'un d'eux me marque particulièrement, car il conjugue un sujet qui me parle, traité de manière originale, et un incident invisible sur la vidéo en ligne.

Jane McGonigal est une game designer : son métier consiste à inventer des mécanismes, des modes de fonctionnement pour les jeux vidéo. Quand elle commence, elle nous annonce que, grâce à son talk, chacun de nous (y compris vous quand vous le verrez) vivra 7,5 minutes de vie supplémentaire (www.qavad.fr/JaneMcGonigal).

Elle parle alors des millions d'heures passées chaque semaine dans le monde à jouer aux jeux vidéo et de la remarque que lui a fait un chauffeur de taxi alors qu'elle se rendait à une conférence de développeurs de jeux vidéo. Cet homme lui a dit: «Je déteste les jeux vidéo. C'est perdre du temps de vie. Imaginez-vous arriver à la fin de votre vie et regretter tout ce temps passé.»

La question était sérieuse et Jane McGonigal l'a prise comme telle. Elle a alors regardé quels étaient les cinq principaux regrets des personnes sur leur lit de mort. Après les avoir passés en revue, elle a demandé à la salle si, en tant que game designer, elle était légitime pour parler de ces sujets, et elle a alors parlé du trauma crânien qu'elle avait subi quelques années auparavant.

Soigner ce trauma exigeait un repos complet du cerveau: pas de lecture, d'écriture, de jeux vidéo, de travail ni d'e-mails, interdiction de courir, de prendre de l'alcool ou de la caféine... La somme de ces interdits lui a donné des pensées suicidaires. Même si c'est un trait commun pour un tiers des personnes ayant vécu un trauma crânien de ce type, cela n'en est pas moins douloureux.

Quand je suis dans la salle en train d'écouter l'oratrice en parler, comme tout le monde autour de moi, je suis «embarqué» dans son récit. Elle est dans sa chambre d'hôpital depuis 34 jours, elle ne peut rien faire et supplie alors sa sœur de l'aider... À ce moment précis, le noir se fait dans la salle. Nous sommes tous sous le coup de l'émotion. Trois, puis quatre secondes se passent, la salle est à l'écoute, en attente muette et douce de la suite. On atteint cinq, puis six secondes de silence, l'oratrice est sur la scène à peine éclairée par les seules lueurs des sorties de secours... Il se passe environ 8 secondes et, sur le côté de la scène, Bruno Giussani, qui anime cette session, commence à bouger. Plus de 12 secondes après que Jane McGonigal a cessé de parler, il monte sur scène et annonce (en criant sans micro) aux quelque 1 000 spectateurs qu'il y a eu une coupure de courant sur tout le pâté de maisons. Nous allons donc faire une pause en attendant le retour de l'électricité. Nous

sommes tous encore dans l'ambiance du talk et le retour à la réalité est un peu brusque.
Le soir même, l'oratrice reprend le talk afin d'en partager avec le public la deuxième partie et de l'enregistrer. Elle résume les étapes précédentes en passant ses slides, se replongeant peu à peu dans son récit. Sur les deux derniers, elle est quasiment en train de refaire le talk, plongée elle-même dans sa chambre d'hôpital et nous y replongeant avec elle. Elle continue et embarque de nouveau toute la salle. Elle est dans son histoire, dans son authenticité, et nous aussi.
L'histoire pourrait s'arrêter là, et l'exemple serait déjà très parlant. Mais il y a eu encore autre chose. Le lendemain matin, Bruno Giussani nous apprend que l'enregistrement de la première partie a été endommagé par la coupure de courant et qu'il faut donc refaire la prise. La salle rigole, chacun de nous essaie de ne pas surréagir, puisque que nous connaissons le talk, mais nous n'avons pas à réfléchir longtemps ; au bout de quelques minutes, Jane McGonigal est de nouveau dans son histoire, avec toute son authenticité, et nous avec.

La vidéo du talk en ligne contient de fait deux enregistrements : le début est la troisième prise et la fin la deuxième prise. Le nombre de prises illustre que le talk n'est pas improvisé, et que ceci ne l'empêche en aucun cas d'être authentique.
J'irais même plus loin : c'est parce que le talk est préparé que l'intervenante a pu retrouver à chaque fois son authenticité. Elle connaissait le cheminement logique et intellectuel de son talk, elle en connaissait aussi le chemin émotionnel, et a donc pu guider et accompagner l'auditoire à chaque fois.

Un entraînement physique

Dans la vie courante, il est assez rare que nous montions sur une scène ou sur une estrade pour prendre la parole devant un public à qui nous voulons faire passer un message, un propos, avec cette intensité et cette spécificité dont il est question dans ce livre.

De même qu'il y a besoin de s'échauffer la voix et les lèvres*, il y a besoin de s'habituer à tenir physiquement debout tout en parlant de manière fluide. Le but est d'arriver à une prise de parole confortable pour vous, ce qui tient ici surtout au fait d'avoir rendu familière cette manière de parler debout.

Même si, par notre profession ou nos loisirs, nous montons parfois sur scène pour animer une formation, faire du théâtre, voire prononcer des discours, ce sera un peu différent pour cette prise de parole où vous avez mis un peu voire beaucoup de vous-même. Si vous êtes en plus dans un format TEDx de 20 minutes ou moins, cela veut dire que, physiquement, vous allez devoir être présent avec intensité durant tout ce temps. Sur une animation d'une journée ou pour un cours d'une heure, vous pouvez être plus léger par moments, ce qui vous permet de respirer. Mais plus le temps de votre prise de parole est court, plus votre présence physique doit être dense.

Le moyen d'être fluide est de s'entraîner en amont, de dire votre talk debout et à voix haute comme vous le ferez le jour J.

Tous les sportifs le savent : ils s'entraînent dans les conditions les plus proches possible de celles de la compétition. La piste de 100 m sur laquelle ils courent fait exactement la même longueur que la piste olympique et son revêtement s'en rapproche également le plus possible. C'est parce qu'ils se seront énormément familiarisés avec cet environnement technique qu'ils seront plus à l'aise le jour J, alors qu'il y aura en plus la présence du public, l'ambiance, l'enjeu. Dans un environnement étranger, une partie de notre énergie est consacrée à appréhender ou maîtriser cet environnement.

Si les sportifs peuvent avoir intérêt à faire abstraction de ce qui les entoure, c'est une posture beaucoup plus problématique dans une prise de parole en public. D'autant plus si le public change à chaque fois. Alors, comment faire ?

S'entraîner à parler debout avec intensité permet de se familiariser avec la position et cette manière de parler. Cela vous donne des repères sur des sensations, une posture que vous ne découvrirez pas

* Voir chapitre 6, « Ensemble », p. 184.

au moment de prendre la parole pour de vrai. Cela vous permet de concentrer toute votre attention sur le propos et la relation au public. La qualité de présence* est alors toute autre.

Pour TEDxVaugirardRoad 2014, avec ma coorganisatrice, nous contactons Philippe Ribière, un sportif de haut niveau, parce que son parcours nous a touchés. Quelques interviews font ressortir une personnalité haute en couleur et engagée. Cet athlète handicapé a créé plusieurs événements sportifs autour de l'escalade, tant pour les handicapés que pour des personnes valides avec handicap artificiel. Il n'a pas l'habitude de faire des conférences, mais il a l'habitude de s'entraîner dur. Quand il monte sur scène, il s'est entrainé à ce rythme particulier qu'est celui de la prise de parole (www.qavad.fr/PhilippeRibiere). Seul, en sessions de groupe et individuelles. Parce qu'il s'est aussi familiarisé avec cet exercice physique, avec ce rythme, il est présent tout au long du talk, présent à ce qu'il dit et au public. Sa présence est pleine, il est à l'aise sur scène alors que ce n'est pas son espace. Il l'a rendu sien par le travail.

« En garder sous la pédale ? »

De temps en temps, j'entends des intervenants dire qu'ils ne donnent pas tout à l'entraînement afin d'en « garder sous la pédale » pour le jour J. Autant je trouve que cela peut avoir du sens pour la répétition effectuée le jour même, autant je pense que c'est une impasse pour celles qui précèdent.
Selon un entraîneur d'athlètes de haut niveau interviewé à la télévision, les sportifs devraient se donner à 100 % tout au long des mois de préparation, et non pas à 90 % pour « garder de la réserve » et donner les derniers 10 % lors de la compétition. Certes, des études statistiques ont mis en lumière que les performances des athlètes

* Voir « Les trois sincérités », chapitre 6, « Ensemble », p. 187.

peuvent être 10 % à 20 % supérieures en compétition, comparées à celles réalisées lors de l'entraînement. Mais ce n'est pas une raison pour ne pas se donner à fond à l'entraînement. Toujours selon cet entraîneur, la condition *sine qua non* pour bénéficier de cet « effet compétition » est de s'être donné à 100 % tout au long de la préparation. On ne passe à 110 % ou 120 % que si on était à 100 % avant. Pas si on était en dessous.

Il se passe la même chose pour la prise de parole en public. S'entraîner en « en gardant sous la pédale », c'est s'entraîner à être en dessous, s'habituer insidieusement à cette position, à cette moindre intensité, donc augmenter à chaque entraînement la probabilité de refaire exactement la même chose. Donc de rester en dessous.

Qu'ils soient conférenciers professionnels, professeurs ou habitués à faire des discours, la grande majorité des personnes que j'ai vu vouloir garder de l'énergie faisait le pari que, sur la scène, ils seraient galvanisés et deviendraient bons et percutants à ce moment-là. Un pari qui revient à donner une Ferrari à un jeune conducteur qui aime beaucoup les voitures et qui a à cœur de bien conduire ; il ne sait pas encore bien passer les vitesses, maîtriser la trajectoire quand il appuie sur l'accélérateur et que la voiture part à fond, freiner quand c'est nécessaire, tourner de la bonne manière, etc.

Certes, il y a un effet « jour J ». Pour autant, compter dessus est délétère pour le speaker et pour la qualité de son talk. Le plus souvent, ce sont des intervenants de haut niveau qui me disent : « Je comprends maintenant cette histoire d'entraînement à 100 %. » Mais une fois que leur talk n'a pas été au niveau qu'ils auraient souhaité ! Cela peut être évité avec un peu d'entraînement.

S'entraîner à 100 % d'intensité, c'est permettre de ne pas tout découvrir le jour J, et de servir au mieux son propos.

Par cœur ou pas par cœur ?

Quand on découvre les conférences TED et TEDx, on se dit souvent que les speakers sont formidables, qu'ils ont tous une aisance incroyable sur scène. J'entends aussi des personnes dire qu'elles sont

impressionnées de voir des orateurs arriver sur scène sans notes et improviser une conférence avec une telle aisance.
Si vous avez lu ce livre, vous aurez compris qu'un tel exercice n'est absolument pas improvisé. Le texte est-il connu mot à mot ? Cela dépend de chacun et je suis pour ma part opposé *a priori* à la mémorisation d'un texte mot à mot pour le ressortir à l'identique le jour J. Pourquoi ? Parce que le but d'une prise de parole est de faire un cadeau à chacun des spectateurs, pas d'avoir tout bon en récitation. L'écriture n'est qu'un moyen de travailler, d'affiner l'expression du cadeau, elle n'a pas pour but de remplacer cet élan. Certes, la tête est utile, voire indispensable, pour trouver et retravailler les formulations. Toutefois, elle n'est pas forcément celle à qui nous allons laisser la parole sur scène.
Certaines formulations sont importantes à garder et à dire telles quelles, car elles sont ciselées et disent tout ce qui est nécessaire. À d'autres moments, le respect du texte écrit et travaillé est facultatif, du moment que les étapes du talk sont suivies.
Comment arbitrer ? Comment savoir si vous sonnez juste ou non ? Seules les personnes qui vous écoutent quand vous vous entraînez peuvent vous dire si votre prise de parole « sonne » comme une récitation ou résonne chez elles.
Si la tête aide le cœur à trouver les mots, c'est toujours mieux quand c'est le cœur qui les dit.

Pour l'édition 2016 de TEDxVaugirardRoad, nous travaillons avec un aréopage d'intervenants varié, aussi bien dans leurs caractères, leurs sujets ou leur propos (www.qavad.fr/TEDxVR2016). On trouve toutes les nuances, entre ceux qui veulent apprendre par cœur et ceux qui refusent catégoriquement toute démarche de ce type. Au fil des séances, le travail de chacun consiste à identifier les endroits où connaître une phrase par cœur peut aider ou risque au contraire de prendre le pas sur le message. En séance de travail de groupe, quatre semaines avant le jour J, chacun vient faire son talk devant les autres. Certains sont presque calés, d'autres pas encore arrivés au bout de l'écriture. Parmi les indicateurs à regarder minutieusement ce jour-là : sentir si le

propos passe quand le speaker est devant un public d'une douzaine de personnes, voir si l'émotion passe, ou si l'effort de dire le texte domine ; voir aussi ce qui émerge d'inattendu de ce moment pour éventuellement l'intégrer à la prise de parole.
Les speakers trouvent les repères dont ils ont besoin en observant leurs propres ajustements et ceux des autres. Certains qui ne voulaient pas apprendre par cœur peuvent évaluer si le talk « marche » mieux en citant exactement telle ou telle phrase. Et ceux qui voulaient tout apprendre peuvent observer si le public entend une récitation ou un partage.

S'il y a un choix à faire, favorisez toujours la manière où transparaissent, pour les auditeurs, votre implication et votre élan. Laissez-vous surprendre par les réactions du public et ses retours lors de vos entraînements. À certains moments de votre prise de parole, il sera juste et approprié de respecter les mots écrits, à d'autres de vous laisser aller à votre élan, sans mots prédéfinis.
Et gardez toujours à l'esprit de porter une attention particulière à la première et à la dernière minute : elles ont besoin d'être fluides et habitées au maximum. Il ne s'agit pas de réciter, mais d'être fluide, ce qui implique de connaître parfaitement les enchaînements.

13

Quelques fondamentaux de la présentation sur scène

La mise en scène est une naissance.
Louis Jouvet

Se mettre en scène c'est, au sens premier du terme, aller sur une scène. Qu'on en ait conscience ou pas, qu'on le travaille ou non, il s'agit là d'un espace particulier, dont les codes et les règles sont plus ou moins explicites. Se mettre en scène, c'est donner naissance à ce que vous avez préparé, c'est donner à voir au monde cette parole à laquelle vous avez consacré du temps et que vous vous êtes entraîné à dire. Lui donner corps, à travers vous et la scène. Il est donc nécessaire d'en connaître quelques ressorts pour les habiter à votre manière.

Ça commence avant de parler

Selon une croyance très largement répandue, une prise de parole commence par la première phrase, parfois dès les premiers mots. Elle commence en réalité bien avant. Pour vous, elle commence quand vous acceptez de travailler dessus et de la préparer, bien sûr. Pour le public, elle débute dès qu'il vous identifie comme la prochaine personne à parler. En conséquence, c'est au moment où vous êtes identifié que doit commencer votre concentration, donc avant votre première phrase.

La prise de parole commence sur votre chaise, juste avant qu'on vous appelle pour monter sur scène.

Quand vous entrez dans cet espace particulier qu'est la scène, il ne s'agit pas seulement de déplacer votre tête pour l'amener sur le plateau au moyen de votre corps. Il s'agit d'être dans votre sujet et de faire ce qui est attendu. Si le public ne vous connaît pas, il vous identifie par le sujet dont vous allez parler. S'il vous connaît, il ne vous connaît pas nécessairement sur ce sujet porté sur une scène. Quelle que soit la configuration, gardez en tête d'être dans votre sujet, selon l'angle spécifique avec lequel vous l'avez traité, pour l'offrir aux auditeurs.

Cette incarnation* permet à votre prise de parole de prendre corps, parce que vous-même êtes habité et concentré sur ce que vous avez à dire.

Qu'avez-vous à faire ? Rien. Sinon être concentré pleinement sur le sujet que vous partagez avec le public ; cela augmentera mécaniquement votre attention. Au tennis, pour mieux rattraper un service, si le receveur pense « balle » au moment où l'adversaire envoie sa balle en l'air, l'attention au mouvement de la balle est bien meilleure. Sur scène, c'est pareil. Si vous pensez à votre sujet, votre corps et votre attitude seront en phase avec ce moment, et vous pourrez en retour mieux regarder le public et l'écouter dans ses silences.

> *Octobre 2014, TEDGlobal se déroule cette année-là à Rio. Nous sommes le jeudi après-midi et nous avons déjà vu plus de 70 talks en quatre jours, dont certains ont déjà commencé à avoir un succès mondial. Par habitude, nous savons que la session à venir est une des meilleures et qu'elle offre la perspective de belles découvertes. Les talks s'enchaînent et nous découvrons de belles idées qui nous émerveillent les neurones et parfois le cœur.*
>
> *Puis arrive sur scène un homme d'une cinquantaine d'années, épaules larges, dégarni, la démarche posée. Il a un bel aplomb. Il n'a pas commencé à parler, mais déjà sa présence a fait son effet dans la salle. Il n'a pas dit mot, mais déjà nous avons la sensation quasi physique que son talk apportera quelque chose de différent.*
>
> *Les premiers mots confirment cette première impression :* « *Les mardis et jeudis, j'apprends à mourir.* »
>
> *L'homme est un entrepreneur qui a mis en place une organisation d'entreprise tournée vers la sagesse plutôt que le profit. Depuis vingt ans, ses entreprises sont florissantes et réalisent de beaux profits, tout en assurant le bonheur de leurs employés et en garantissant la liberté de chacun (www.qavad.fr/RicardoSemler). Le contenu est impressionnant et emmène l'auditoire ailleurs.*

* Voir « Les trois sincérités », chapitre 6, « Ensemble », p. 187.

Comme l'avait fait sa présence, bien avant qu'il ne prononce son premier mot.

Dès que le public vous voit et identifie que vous allez parler, vous êtes de fait en train de faire votre talk. Les premiers mots que vous prononcez ne sont que le prolongement du mouvement commencé sur votre chaise.

Les trois premières secondes

Vous êtes monté sur scène ou à l'endroit où vous allez parler (devant un bureau, un pupitre, sur une scène ou ailleurs). Que faire ? La tentation peut être forte de partir bille en tête et de « balancer » ses premiers mots.

Vous vous en doutez : il est préférable de faire exactement le contraire.

En situation, cela semble totalement contre-intuitif,, et pourtant les interventions en public où l'orateur donne l'impression de maîtriser son sujet sont celles où il est le plus tranquille au début. Où il prend raisonnablement son temps.

Ces trois premières secondes sur scène sont le temps dont vous avez besoin pour familiariser votre corps à l'espace autour de vous, à ces personnes aux visages connus ou inconnus qui vous regardent. Au lieu de vous jeter à corps perdu dans votre talk (à corps perdu pour vous, donc pour le public aussi), habitez cet espace à « corps présent ».

Pour ce faire, je vous recommande un exercice tout simple partagé par Muriel Mayette à TEDxParis 2013, lors d'un talk sur l'oralité (www.qavad.fr/MurielMayette). Comédienne, metteure en scène et administratrice générale de la Comédie-Française, Muriel Mayette enseigne également au Conservatoire national supérieur d'art dramatique.

OUTIL

Quand vous arrivez sur scène à l'emplacement prévu, avant de commencer à parler, prenez le temps de sentir le sol sous vos pieds, de sentir vos pieds qui touchent le sol. Si vous êtes stressé, mettez votre stress dans vos jambes, comme si elles étaient des tubes que vous remplissez avec cette tension.

Avantage d'une telle pratique : plus vous stressez, plus vos pieds seront lourds et plus vous serez ancré sur scène. Votre corps sera stable et vous ne bougerez que si cela a du sens dans votre talk.

Autre pratique très utile : respirer. Cela peut sembler bête, pourtant nous oublions régulièrement de bien respirer sous l'effet du stress. Voici un protocole simple qui marche bien.

OUTIL

- Arriver sur scène et se poser à l'emplacement prévu.
- Éventuellement, faire descendre le stress dans ses jambes.
- En même temps : inspirer tranquillement (pas lentement, juste posément) ; expirer tranquillement aussi, tout en regardant le public (si ce n'est déjà fait) ; lui dire bonjour intérieurement ; inspirer tranquillement et commencer à parler.

Tout ceci met le corps dans une disposition où il est plus tranquille et où il vous donne du souffle, vous permet de respirer et porte votre voix jusqu'au public.
Il est possible que, intérieurement, vous trouviez ce temps extrêmement long. Le public quant à lui vous voit être posé et prendre tranquillement possession de l'espace. Qu'il y ait devant vous 5 ou 5 000 personnes, cela fonctionne tout aussi bien.
À partir de l'ancrage avec vos pieds, vous avez les fondations solides pour être en relation avec le public. Cette relation mise en place posément, avec la respiration, permet de mettre cette dernière à un rythme serein pour l'orateur et le public.

Parler et bouger ?

La prise de parole sur scène fait penser à la scène, donc au théâtre. Dans cet art, les acteurs ont la mission de donner vie au texte, de lui donner de l'allant, de le rendre intéressant, captivant, pas uniquement de le dire, de le réciter, de le parler. Beaucoup de gens s'imaginent de ce fait qu'il faut bouger quand on parle pour que ce soit vivant.

Et d'aucuns d'avancer, de reculer, de chercher à mettre du mouvement et ne pas rester au même endroit sur la scène. Or suivre une personne qui bouge sur une scène focalise une partie de notre attention sur ce mouvement ; mécaniquement, nous avons ainsi moins d'attention disponible pour écouter.

Dans la vie courante, quand une personne dit quelque chose d'important pour elle, auquel elle croit profondément, elle a plutôt tendance à ne pas bouger ; toute son attention est portée sur ce qu'elle dit. Celle de son interlocuteur peut alors se focaliser pleinement sur ses paroles.

Il y a une sorte de règle simple à garder à l'esprit et qui constitue une bonne base de travail : soit vous parlez, soit vous bougez, mais ne faites pas les deux en même temps.

Directeur de l'Institut des futurs souhaitables, prospectiviste de métier et historien de formation, Mathieu Baudin a une belle plume. Il a donc écrit un texte plein d'élan pour ces futurs possibles qui sont plus souhaitables que d'autres. Son enthousiasme est communicatif. Habitué aux interventions plus longues, il est assez mobile sur une scène. Son TEDx Talk est prévu pour durer moins de 8 minutes (www.qavad.fr/MathieuBaudin). Or plus une intervention est courte, plus elle demande une présence intense de l'orateur, et plus il est contre-productif de bouger dans tous les sens pour occuper l'espace. C'était encore plus vrai avec Mathieu Baudin, du fait de la densité de ce qu'il voulait partager avec le public.

Quand il s'entraîne pour son TEDx Talk, Mathieu Baudin garde en tête cette règle de parler sans bouger. En même temps, l'élan qui l'anime intérieurement l'anime aussi physiquement et son corps bouge naturellement. Quand il enchaîne d'un sujet à l'autre ou fait une transition, son corps fait parfois aussi une transition de lieu. Quand il change de sujet, il se tait et bouge pour changer de place.

La règle de «parler OU bouger» n'a pas réduit l'intervenant à rester statique, car l'homme ne l'est pas. Elle l'a contenu dans la manière d'habiter la scène, offrant aux spectateurs le maximum d'attention pour écouter son contenu et, surtout, l'intégrer.

Imaginez le même contenu, livré en aussi peu de temps par quelqu'un qui bouge en permanence et dans tous les sens. Les enjeux et les ouvertures évoqués dans ce talk seraient alors beaucoup plus difficiles à retenir. Et ce serait dommage.

Pour reprendre un des éléments partagés par Muriel Mayette dans son talk, le mouvement fait intégralement partie de la prise de parole. Rester au même endroit est un mouvement spécifique, il n'en est pas moins un mouvement. Comme le public ne peut pas ne pas le voir, il va nécessairement entrer dans votre narration. Si vous avez un doute sur le mouvement à adopter, choisissez d'en faire un peu moins, restez un peu en dessous de celui que vous voulez réaliser.

Une exception cependant: dans la phase d'entraînement, si vos auditeurs vous disent qu'ils retiennent et intègrent mieux votre propos grâce à vos mouvements, identifiez ceux qui les aident afin de les garder pour votre prise de parole et éliminez les autres.

Afin de vivre l'effort que fait le public pour suivre votre mouvement, vous pouvez aussi pratiquer l'exercice du miroir en pied: il s'agit de répéter votre prise de parole devant un miroir où vous vous voyez complètement, tout en vous regardant dans les yeux. Vous allez ainsi plus facilement vous rendre compte que, pour vraiment captiver le regard et rester les yeux dans les yeux pendant un mouvement, vous devez ralentir votre déplacement. Si vous regardez quelqu'un les yeux dans les yeux et sentez que vous bougez peu mais que le regard continue d'être attentif, alors peut-être que bouger n'est pas si important.

La gestuelle

En général, il est préférable de ne pas trop vous en préoccuper et de rester tout à votre propos. Lorsque nous sommes réellement présents à ce que nous disons, les gestes viennent souvent naturellement, même si nous ne nous trouvons pas très expressifs.

Il n'y a pas vraiment de gestes « indispensables ». Il y a les gestes que vous avez envie de faire parce qu'ils ont aussi des choses à dire à leur manière, illustrent ou soutiennent votre parole. S'il est préférable de ne pas trop bouger le corps tout entier lors d'une captation, les gestes de bras, eux, peuvent être plus nombreux. Les mouvements des mains ou des bras apportent beaucoup de rythme et d'expression à votre prise de parole.

Pour identifier ce qui passe bien visuellement et dans le contact avec le public, faites deux ou trois essais devant votre entourage avec des positions de main initiales différentes – ceci à un stade du travail où vous pouvez dérouler raisonnablement votre talk. Le but est de faire ce qui vous va et permet au public d'être avec vous. Ne faites surtout pas ce que vous pensez qu'il « faudrait faire » si cela est une torture pour vous. Si vous vous forcez, le public va ressentir votre effort ou le côté artificiel de ces mouvements plutôt que l'effet que vous auriez voulu produire. Et surtout, comme vous, il sera moins à l'écoute de vos mots.

Si vous avez une télécommande, c'est un outil pratique : tenir un objet dans ses mains donne en effet une sorte de contenance. Si vous avez un micro main, prenez le temps de l'imaginer comme le pont vers votre public plutôt qu'un outil ou une barrière qui vous protège. C'est parce que vous serez en lien avec le public que vous aurez son écoute : ne laissez pas un outil s'immiscer entre vous.

Si vous ne savez vraiment pas quoi faire de vos mains, vous pouvez les placer entre la boucle de ceinture et le plexus, jointes ou libres. Cette position favorise leur mobilité.

D'un point de vue purement physique, plus vos mains seront dans une position initiale où il est facile de les faire bouger, plus elles s'animeront naturellement quand vous parlerez. Parce que cela demande peu d'efforts. Si les mains sont jointes au niveau du bas-ventre, outre que ce n'est pas très esthétique, cela vous enlève de la mobilité : lever les mains requiert alors de sortir de cette position stable (ce n'est pas impossible, mais n'oubliez pas que tout le reste du corps est concentré sur la prise de parole). Il en est de même pour des positions stables mais bloquantes – et visuellement pas des plus heureuses : mains derrière le dos ou dans les poches, bras croisés, etc. Si les mains sont à hauteur de nombril, cette position n'étant pas trop stable, elles se mettront plus facilement à bouger.

Si vous ne deviez retenir qu'une seule chose de tout ce chapitre, c'est celle-ci : dites ce que vous pensez et pensez ce que vous dites. Alors l'expression gestuelle suivra.

> *Patrick Viveret, bientôt 70 ans, parle en public depuis toujours ou presque. Philosophe, écrivain, cofondateur des « Dialogues en humanité », il prend souvent la parole de manière posée sur des durée qui excèdent largement les 18 minutes maximum d'une conférence TEDx.*
>
> *Lorsqu'il monte sur la scène de TEDxVaugirardRoad 2017, il vient partager un double constat : notre manière d'envisager le bonheur est désolante, de même que la place que la société de consommation lui laisse (www.qavad.fr/PatrickViveret).*
>
> *Le matin même, pendant sa dernière répétition, ses gestes étaient très limités, ses mains jointes bougeant devant lui peu ou à peine, ce qui n'était pas gênant au vu de l'intensité de sa présence.*
>
> *Le soir, quand il est monté sur scène, nous l'avons vu poser sa présence avec calme et densité. Durant 2 minutes, ses mains sont restées jointes au niveau de sa boucle de ceinture, ne s'élevant sans se disjoindre que deux fois. De plus en plus présent à ce qu'il disait et au public – qui le lui rendait bien par sa qualité d'écoute –, ses mains se sont déliées une fois, puis deux, avant de revenir à leur position d'équilibre. Montant progressivement en intensité, disant ce qu'il pensait et pensant ce qu'il disait, l'orateur s'est animé de plus en plus et, à partir de 3 minutes 40, ses mains se sont animées pour ne plus jamais redescendre durant les 15 minutes qu'a duré ce talk.*

Ce qui s'est passé n'a pas été construit, ni prévu, ni même abordé dans le travail en amont avec Patrick Viveret. C'est sa présence à ce qu'il disait et au public qui a amené ses mains à s'animer et à appuyer naturellement son propos.

Des spécificités de la captation vidéo

La manière dont nous voyons les personnes quand elles sont physiquement devant nous, même si nous les voyons de loin, est différente de la manière dont nous les voyons sur un écran. Nous ne sommes pas dans la même position, d'autant que nous regardons de plus en plus les vidéos sur un smartphone ou une tablette, donc en surplomb, contrairement à ce qui se passe avec une télévision ou un écran à hauteur de regard. De plus, l'image a par nature un cadrage qui raconte lui aussi quelque chose, selon une grammaire particulière. Enfin, on dit souvent que la caméra grossit et vieillit. Parfois, c'est à se demander pourquoi diantre faire une captation !

La réponse est dans le cadeau : pour permettre à celles et ceux qui ont vu l'intervention en vrai de la revoir, et à celles et ceux qui n'étaient pas présents de pouvoir l'apprécier et écouter ce que vous avez à leur dire.

Il y a peu d'intérêt à entrer ici dans les considérations techniques d'une réalisation audiovisuelle. Ce qui vous intéresse en tant qu'orateur, c'est de savoir quoi faire. La réponse est simple : soyez le plus possible en contact avec le public. Captez quelques regards attentifs, voire bienveillants, et regardez directement dans les yeux. Soyez entièrement présent à ce que vous dites, dites ce que vous pensez et pensez ce que vous dites à cette personne. C'est cette qualité de présence qui est photogénique et vidéogénique. C'est parce qu'il y aura cette intensité que la salle sera marquée par votre propos, et la vidéo pourra alors saisir une partie de cette qualité de moment et la transmettre à son tour aux personnes qui la regarderont.

Être en lien avec les auditeurs présents offre un double cadeau : ils vous écoutent autrement, vous vous mettez à les écouter, et cette prise de parole devient un échange qui marque la vidéo et lui donne une autre intensité.

> *En 2014, la psychologue Jeanne Siaud-Facchin partage une histoire qui l'a marquée (www.qavad.fr/JeanneSiaudFacchin) sur la scène de TEDxVaugirardRoad. C'est celle de Mathieu, enfant de 8 ans qu'elle reçoit en urgence parce que son père, à qui il a dit bonsoir normalement la veille au soir, est mort dans la nuit d'une rupture d'anévrisme. L'enfant sanglote, hoquette, il n'arrive pas à respirer. Il est devant elle et elle se dit alors que tout ce qu'elle a appris pour théoriquement gérer la souffrance, à ce moment-là, face à ce garçon, ne lui sert à rien. Elle raconte son désarroi, partage son émotion avec le public, regarde certaines personnes pour partager avec eux l'intensité de ce moment.*
> *Ce sont les moments du talk où il y a le plus de silence, le plus de regards aussi. Alors qu'on pourrait croire que ces moments sont les plus « vides », les plus longs en vidéo, car il ne se passe rien et qu'on n'entend pas le souffle de la salle, ce sont en fait des moments pleins.*
> *Parce qu'ils sont pleins de cet échange silencieux et de regards avec le public, de cette densité de présence et d'écoute réciproque.*
> *Ces moments de creux en deviennent des moments habités, tant pour le public présent ce soir-là que pour les spectateurs de la vidéo.*

Enfin, voici un autre point auquel veiller : tout ce qui a été dit sur le mouvement dans les pages précédentes reste valable en vidéo. Lorsque vous vous entraînez, si vous vous rendez compte que vous avez le choix entre être trop mobile ou trop statique, alors arbitrez en fonction de la présence (ou absence) d'une captation. Dans les situations où la vidéo est au moins aussi importante, voire plus importante, que la prise de parole sur scène, choisissez d'être plutôt trop statique. La vidéo ayant un cadre, vous avez à être dans ce cadre à l'image ; si vous bougez tout le temps, les caméras auront du mal à vous suivre. Vous faites un déplacement et la caméra essaie de vous suivre, vous en faites un autre et la caméra, encore sur votre mouvement précédent, a un temps de retard, qu'elle tente de rattraper, etc. Tout cela génère une « cacophonie visuelle » dans la vidéo. Ce parasitage peut sembler anodin, pourtant il a beaucoup d'effet. Notre attention est tellement occupée à suivre ces mouvements que nous avons moins de disponibilité pour écouter le propos, qui est pourtant le cœur et le sens de ce talk.

*J'ai évoqué plus haut l'incroyable présence de Ricardo Semler lorsqu'il est arrivé sur la scène de TEDGlobal 2014 (www.qavad.fr/RicardoSemler). Quand il a commencé à parler, il a commencé à bouger, à faire des pas en avant, en arrière, sur le côté. Bref, une vraie danse de Saint-Guy**. J'ai râlé intérieurement en me disant que cela allait gâcher la vidéo. Mais la présence scénique de l'homme était telle que cette impression s'est effacée dans les deux minutes qui ont suivi. Quand la vidéo a été mise en ligne, je suis allé la visionner tout de suite et j'ai pu constater que ces mouvements parasitaient malheureusement la qualité du talk. Les caméras essayent de suivre l'intervenant, parfois elles arrivent à garder le même cadrage mais il bouge beaucoup dedans, et tout cela rend l'ensemble inconfortable à regarder.*

J'imagine que les internautes ne s'en aperçoivent pas forcément, mais le problème n'en est pas moins réel : au bout d'une minute de vidéo, on n'a pas eu une seule image de l'orateur statique. La caméra va dans un sens et lui dans l'autre, et la netteté de l'image s'en ressent (alors qu'il y avait sept caméras sur place !). Cette première minute, qui devrait être agréable et donner envie de regarder la suite, incite plutôt à arrêter la vidéo, alors que le contenu du talk est excellent.

Le même talk dit par un orateur un peu trop statique aurait très probablement généré nettement plus de vues, il aurait été regardé jusqu'au bout, apprécié pour son propos, donc plus largement partagé.

---

* On appelle ainsi les petits pas dans tous les sens que font certains orateurs sur scène (à l'origine, ce terme désigne les mouvements d'agitation faits par les épileptiques).

14

Quelques outils

Tous les mots sont des outils. Ni plus ni moins.
Des outils de communication. Comme les voitures.
Des outils techniques, des outils utiles.
Quelle idée de les adorer comme des dieux !
Erik Orsenna

Oui, les outils sont utiles. Ils ne doivent pas, pour autant, prendre le pas sur ce que vous avez à dire.

Leur but est d'aider à l'expression du cadeau que vous voulez offrir au public et non la guider. Poser une question à l'auditoire est un outil, mais il n'y a pas de règle qui dit : « Il faut poser une question à l'auditoire pour qu'une prise de parole soit réussie. » Tel outil pourra vous aider une fois, mais pas la suivante. C'est en vous adaptant au contexte particulier d'une prise de parole précise, à ce que vous sentez et analysez, que votre propos gagnera en pertinence, et pourra donc être entendu.

Les outils techniques pour une prise de parole sont nombreux et nous en avons déjà évoqués certains dans ce livre. Les plus courants font depuis longtemps l'objet de nombreuses publications, je ne m'y attarderai donc pas. Les pages qui suivent mettent l'accent sur quelques outils plus ou moins connus, en lien avec les dessins qui forment le fil conducteur de la première partie.

Pour le choix d'un outil, le seul critère à prendre en compte, c'est de savoir s'il vous aide. Si la réponse est non, oubliez-le. Si la réponse est oui, profitez-en.

Les images comme facteur de proximité avec un sujet

Dans une interview donnée à l'occasion des vingt ans du premier *Star Wars*, George Lucas confiait son attention à un détail auquel peu de cinéastes de science-fiction prêtent attention. En substance, il disait que, pour qu'un film fonctionne, il était nécessaire que tout ce qui apparaît dans le film soit déjà connu visuellement du spectateur. Ainsi, les sabres laser de son film ressemblaient à des néons de couleurs différentes utilisés comme des épées, élément que tout le monde connaît. De la même manière, lors d'une scène dans un poste de commandement rebelle, un soldat arrive pour faire signer quelque chose, et ce qui est montré est une sorte de bloc-notes sans papier pour lequel il faut un crayon. Nous sommes au début des années 1980 et la biométrie n'est pas encore répandue : « signer » avec ses empreintes digitales ou en montrant son iris n'aurait pas été compris par le public. Le soldat arrive avec un parapheur d'une forme plus moderne tout en restant lisible et compréhensible pour l'époque. Cette démarche suivie pour tous les éléments du film a permis à tous les publics de comprendre *Star Wars*, facilitant très largement le succès du film.

Cette lisibilité immédiate permet de créer une proximité entre le public et le sujet ou l'univers traité. Ce qui était étranger peut devenir familier grâce à des images connues. On peut faire la même chose dans un talk. C'est même souvent le moyen le plus rapide pour faire comprendre quelque chose. Il y a bien sûr l'exemple du cheveu coupé en 5 000 qui rend concret un nombre*.

Le procédé consiste à prendre une image qui représente ce dont vous parlez ou en est une application concrète. Le but est que chacun dans le public ait une relation directe, voire personnelle, avec votre sujet. Que chacun ait une représentation immédiate de ce dont il est question. Ces représentations ou images n'existent pas ? À vous de les inventer. Leur absence est d'ailleurs une chance, parce que alors vous deviendrez la personne qui a rendu concret et tangible un concept abstrait ou trop éloigné du public.

> *Quayle Hodek travaille sur un projet d'énergies renouvelables. Il a à cœur de les rendre accessibles au plus grand nombre, y compris aux personnes les plus défavorisées, dans les pays où les infrastructures énergétiques sont les plus rares. Le projet est ambitieux et peut sembler irréaliste. C'est une des raisons de sa présence sur la scène de TEDxMaui (www.qavad.fr/QuayleHodek). À travers son talk, il partage avec le public le fonctionnement des énergies renouvelables et nous donne des repères sur leurs aspects matériels et concrets.*

* Voir le talk de Wendy Freedman au chapitre 2, « L'Histoire », p. 105.

Nous avons tous vu des éoliennes, au moins en photo, mais connaissons-nous réellement leur taille ou leur poids ? L'orateur nous rend les éoliennes compréhensibles en termes physiques. Au lieu de nous donner des chiffres, il établit des comparaisons qui marquent notre imagination. La description d'une éolienne devient :
– son envergure dépasse celle d'un Boeing 747 ;
– sa hauteur dépasse celle de la statue de la Liberté ;
– ses pales sont plus longues que deux semi-remorques,
– et pourtant deux personnes suffisent pour la soulever.
Cette présentation a pris peu de temps et a fait appel, sans effort de notre part, à des images que notre esprit saisit tout de suite. En outre, comme il s'agit d'éléments familiers, ces images établissent une proximité nouvelle avec le sujet du talk.

Ce procédé a un autre avantage : l'intervenant qui offre un accès direct permettant au public de se représenter facilement un sujet sera perçu comme un expert sur cette question, car capable de nous la rendre intelligible et sensible. Ce qui va renforcer grandement sa légitimité aux yeux du public.

Les métaphores

Conteurs, sages et enseignants utilisent les métaphores depuis des millénaires. Celles-ci ont de nombreux avantages, dont celui de bâtir un pont entre l'abstrait et le concret, de donner à voir un concept dans une représentation sensorielle que l'on saisit immédiatement. Le procédé le plus courant est le suivant : vous parlez d'une situation en termes abstraits et, pour préciser, définir ou rendre votre propos perceptible à votre auditoire, vous utilisez une image. Ce dont vous parlez devient alors directement compréhensible.

Une scientifique travaille sur une nouvelle approche pour traiter une maladie grâce à un dispositif biochimique. Le parterre devant lequel elle doit s'exprimer est composé pour un tiers de scientifiques et pour le reste de personnes n'ayant pas nécessairement de connaissances scientifiques. Son projet représente une nouvelle voie théra-

peutique possible et prometteuse. Or elle n'a que 3 minutes pour le présenter, soit 180 secondes pour faire comprendre une avancée technique pointue à des néophytes.

Lors du travail de préparation, elle commence à me parler en détail du dispositif qu'elle propose. Je l'écoute pour saisir les rouages de sa découverte, en quoi c'est quelque chose de différent de ce qui est proposé habituellement, pourquoi cela marche maintenant et pourquoi personne n'y a songé plus tôt. Bref, j'essaye de comprendre le mécanisme pour l'aider à le décrire simplement.

La spécificité de son dispositif est de s'attaquer aux agents de la maladie non pas avec un spectre large, comme on le fait habituellement, mais de manière très ciblée. Dit autrement, au lieu d'introduire dans le corps un agent qui va agir sur toutes les cellules avec lesquelles il va être en contact, sans pour autant être efficace, on introduit dans le corps une sorte de porteur (chargé de l'agent curatif spécifique) qui cible les seules cellules malades.

Le principe se comprend bien, et en même temps il est long à expliquer. Nous cherchons un accélérateur pour en rendre compte – une métaphore. C'est là que vient l'idée du GPS. Cet appareil connu de tous permet de se rendre à une destination même si le chemin nous est inconnu. Surtout, nous en avons tous une représentation visuelle. La métaphore est trouvée. La formulation est donc devenue : « La nouveauté du dispositif est de doter les protéines qui soignent d'un GPS : une autre protéine, neutre celle-ci, agit comme un porteur qui livre le principe actif directement sur le type de cellules visé. »

L'image générée dans tous les esprits permet de faire comprendre à tous et en un clin d'œil le fonctionnement du dispositif.

La métaphore a un effet très rapide, car elle suscite tout de suite une représentation sensorielle. Nos habitudes de communications en sont truffées.

L'expression qui précède est d'ailleurs une métaphore : il n'y a pas de truffe dans ce texte. Techniquement, cette métaphore est dite « morte » parce qu'elle n'évoque pas directement d'image ou de sensation corporelle que vous auriez perçue (vous ne vous êtes pas mis à voir des truffes ou à en chercher dans ce texte). Quand on parle de « rebondir professionnellement », notre parcours professionnel n'est pas un objet physique doté de capacités élastiques qui lui permettent de rebondir. Pourtant on comprend tout de suite.

Quand vous travaillez votre talk, il est préférable d'utiliser, aux moments cruciaux, des métaphores « vivantes » qui appellent réellement des représentations sensorielles dans l'esprit des auditeurs. La métaphore a un pouvoir figuratif fort et permet de créer tout de suite une scène dans notre esprit. Si je vous demande de penser à un ballon, tout de suite vous allez pouvoir vous représenter un ballon. Si je vous demande de penser à la liberté, cela n'évoque pas instantanément de scène. Vous pouvez certes en construire une ou en retrouver une, mais l'accès n'est pas immédiat*.

Une métaphore, il faut que ça « claque » tout de suite ! De façon visuelle, auditive, voire kinesthésique (sensation du mouvement du corps), olfactive (odeurs) ou gustative (saveurs).

Testez les métaphores de votre prise de parole, et voyez si elles évoquent tout de suite une sensation ou une compréhension nouvelle. Si c'est le cas, c'est qu'elles sont opérantes !

Les recadrages

Le mot vient de la photographie où il signifie : « redéfinir le cadrage de la photo ». La photographie ne change pas, seule la manière de découper la photo change.

Le recadrage, dans un talk, est à prendre au sens métaphorique : l'objet considéré ne change pas, seul le cadre, ou la perspective, l'angle de vue par lequel on le regarde, change. Dans tous les cas, la perception générée est alors tout autre. Ce qui semble peu de chose quand on l'écrit est en fait très fort quand on le voit. Et souvent,

* Il est d'ailleurs intéressant de constater que l'effet de la métaphore est très rapide : il intervient sensoriellement et émotionnellement AVANT que cela arrive à la conscience (zone corticale de l'intellect).

dans une prise de parole, on va vouloir produire le même effet de changement de perception d'un problème ou d'une situation.

Changement de cadre

Commençons par le recadrage photo *stricto sensu* : l'angle de vue est conservé et seul le cadrage de l'image est modifié.

Dans l'image ci-dessus, le sujet est légèrement décentré pour respecter les règles de composition photographique, avec le centre du sujet au tiers de l'image. Si on change le cadrage, on change la place du personnage dans l'image, donc sa perception. Cela donne une perspective très différente. À gauche, le personnage est plus inquiétant, plus mystérieux, car on ne le voit pas en entier… À wdroite, il est tout petit par rapport à l'espace de la photo, il peut sembler perdu dans une immensité, voire un peu ridicule.

De même qu'un changement de cadrage peut changer radicalement la perception d'une photo, opérer un recadrage sur un sujet ou une question aura les mêmes effets.

Les philosophes, les poètes ou les artistes abordent souvent une question d'une manière différente de celle habituellement pratiquée : ils changent de cadrage ou de perspective, parfois les deux. Les philosophies stoïcienne et hédoniste regardent la même « vie » et elles en offrent une approche radicalement opposée de la vie, permettant d'ouvrir des horizons de réflexion différents et tous passionnants. Les impressionnistes comme les cubistes ont changé la manière de peindre le réel et ces deux visions nous apportent quelque chose. Ce sont à chaque fois des recadrages, des changements de perspective qui nous sont offerts. Et ce procédé convient aussi à bon nombre de sujets qui méritent une prise de parole.

> *Jeroen Koolhaas et Dre Urhahn sont venus pour la première fois à Rio en 2004 pour tourner un documentaire sur la vie dans les favelas. Ils découvrent alors comment celles-ci sont nées : c'étaient d'abord des communautés informelles, issues de l'exode rural qui a poussé les plus démunis à rejoindre les centres urbains pour trouver un travail, puis ces groupements sont progressivement devenus des villes dans la ville, construites par leurs habitants de leurs propres mains, sans plan d'ensemble ni règles d'urbanisme. Ces lieux sont aussi touchés par d'importants problèmes de criminalité, de violence et de drogue. Le dernier jour du tournage, alors qu'ils prennent un verre sur une terrasse, ils remarquent que seules certaines maisons sont enduites et peintes, tout le reste a un aspect inachevé.*
>
> *Ils ont alors l'idée de faire une grande peinture, une œuvre d'art sur une maison. Pour faire court, ils choisissent une maison, trouvent des volontaires pour les aider et peignent leur première maison. Succès local dont rendent compte les journaux. Ces favelas, lieux de crime et de pauvreté, peuvent être un endroit où il y a de l'art, où des maisons sont finies, ou des gens extérieurs aux favelas viennent bénévolement pour peindre des maisons et participer à*

ce gigantesque ouvrage: repeindre toute la colline (www.qavad.fr/HaasHahn).
Ces deux jeunes hommes ont regardé autrement les favelas, ont changé à leur tour le regard d'une ou deux personnes, puis en cascade celui de plusieurs centaines de personnes. Ils ont recadré notre manière de voir les favelas et les populations qui y vivent, recadré aussi notre regard sur ce qu'il est possible d'y faire. À travers leur histoire, ils font un recadrage de notre manière de voir le monde, ce qui ouvre de nouvelles possibilités pour chacun.

Considérons maintenant un recadrage par changement de perspective ou d'angle de vue.

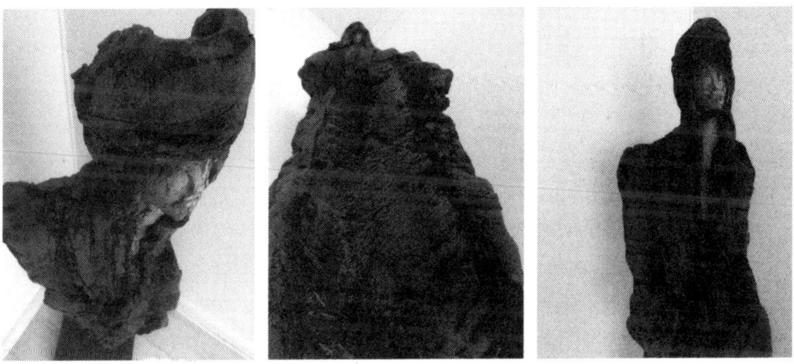

Ces trois photos représentent la même statue*, vue du dessus, de face et par en dessous. Si la statue reste reconnaissable, notre perception n'en est pas moins changée. La perspective donne à voir les choses autrement. Les talks font souvent des changements de perspective de cet ordre.

En 2017, Sara Menker nous parle, sur la scène de TEDGlobal, de la crise alimentaire à venir (www.qavad.fr/SaraMenker). Comment nourrir 9 milliards d'habitants? Pour répondre à cette question, on a l'habitude de donner la quantité de nour-

* Œuvre de Michel Wohlfahrt, *via* La Galerie du Don.

riture nécessaire en tonnes. Parce que c'est pratique, parce que tout le monde comprend. Or cette vision oblitère d'autres aspects. En réalité, nous n'avons pas besoin de kilos de nourriture, nous avons besoin des calories qu'elle nous fournit. Si nous regardons l'évolution du monde à l'aune de la consommation de calories, la situation devient tout autre. Cette perspective révèle que la crise alimentaire peut arriver dans les dix années prochaines années.
Le changement de perspective montre ce qui pouvait être invisible et amène le public à voir le monde autrement.

Très souvent, une prise de parole contient au moins un recadrage, un changement de perspective. Toutes celles qui nous marquent en contiennent un. C'est d'ailleurs pour cela qu'elles nous marquent. Parce qu'elles nous sortent d'une perspective qui limite notre regard, nous offrant un changement qui donne de l'élan.
Martin Luther King n'a pas fait un discours sur l'Amérique qui maltraite ses Noirs, il a fait *I have a dream*. Le sujet reste le même, mais l'élan est tout autre.
Dans toute bonne prise de parole il y a un avant et un après. Une manière de voir avant et une autre manière de voir après. Il est souvent (toujours ?) intéressant d'envisager une prise de parole sous cet angle en se demandant ce que les auditeurs vont voir différemment entre le début et la fin du talk. Et en quoi cette nouvelle vision alimente le cadeau que vous leur faites.

La proxémie des mots

Parfois, pendant la phase de conception et de travail sur une prise de parole, les mots nous manquent, ou ne sont pas exactement ceux que nous voulons, ou ne sonnent pas tout à fait juste, ou donnent l'impression qu'ils pourraient être un peu plus accordés à ce que nous souhaitons exprimer.
Les mots sont des outils, des codes chargés de sens : sens exact du mot quand il n'en a qu'un et sens des multiples autres nuances, et sens auxquels il est relié. Pour saisir l'univers de sens dans lequel se trouve un mot, il existe différentes approches. L'étymologie donne accès à ses racines. Les synonymes présentent des équivalents, frères ou cousins du mot, des branches associées.
La proxémie mesure quant à elle la distance entre un mot et d'autres mots du même registre, même s'ils ne sont pas synonymes. Comme il y a des distances, cela peut être représenté visuellement, et peut donner des idées ou des pistes de réflexion. Une fois de plus, il ne s'agit pas de faire un usage systématique de cet outil, mais d'examiner en quoi il vous aide ou alimente votre réflexion.

Un dirigeant que j'accompagnais devait prendre la parole en interne pour annoncer une réorganisation motivée par un changement de contexte concurrentiel. Cette réorganisation ne prévoyait pas de licenciements mais impliquait des réaffectations de personnel, avec des postes nouveaux pour certains salariés.
En travaillant avec lui, il s'est avéré que finalement le métier de chacun restait le même : la plupart des gens allaient faire la même chose qu'avant, seule la manière de faire allait changer. Pour ce dirigeant, c'était très clair dans sa tête et tout découlait de cette approche. Si cela fonctionnait d'un point de vue conceptuel, l'articulation devenait beaucoup moins évidente quand on passait à un plan concret. Il manquait des ponts entre le concept et sa mise en application pratique. Les synonymes ayant eu leur limite, nous sommes allés voir du côté de la proxémie, grâce à un outil en ligne gratuit : www.qavad.fr/proxemie. On saisit un mot et on obtient une représentation 3D où l'on peut voir le mot source et d'autres

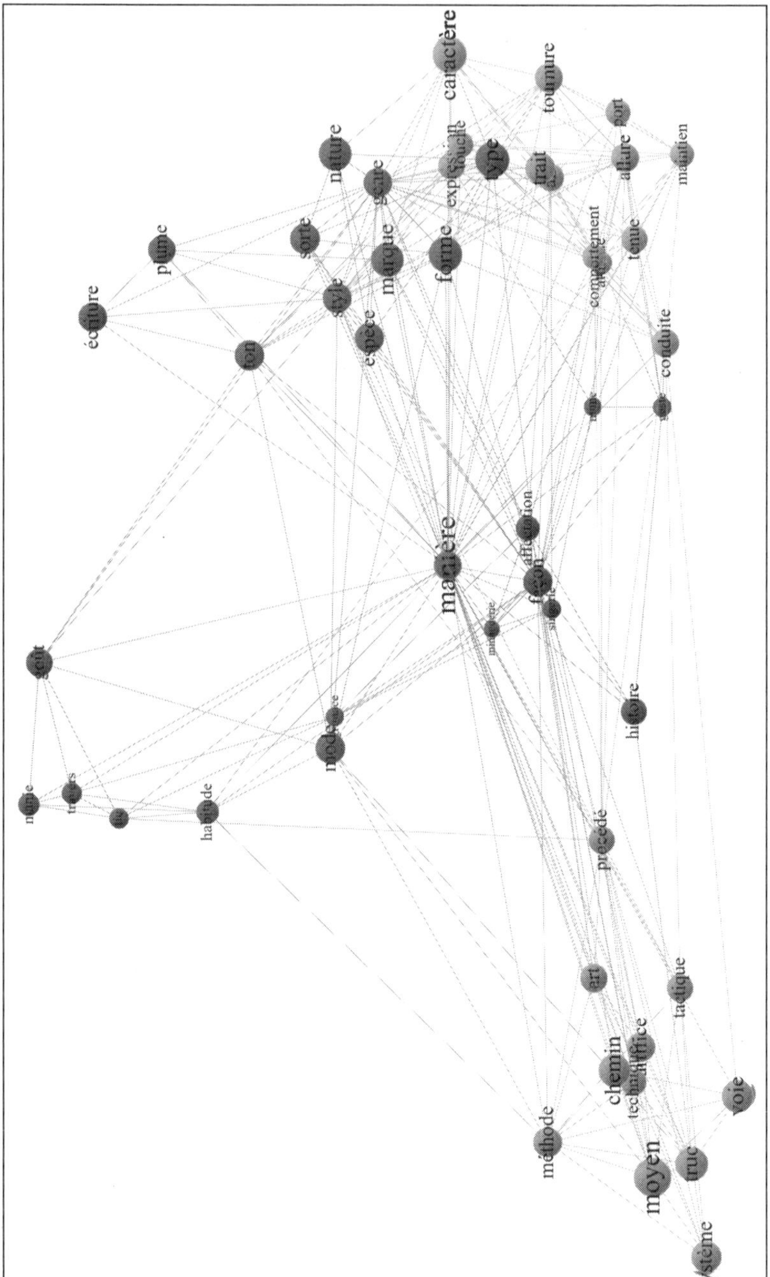
caractère
tournure
nature
expression
type
trait
allure
maintien
genre
sorte
plume
marque
forme
comportement
tenue
écriture
style
espèce
ton
conduite
manière
façon
affectation
écrit
histoire
mode
habitude
procédé
art
tactique
artifice
chemin
technique
voie
méthode
moyen
truc
système

mots auxquels il est relié. Nous avons tapé le mot « manière », ce qui a donné la représentation page ci-contre.
Quand on zoome et qu'on navigue dans cette représentation, on voit les autres mots auxquels il est relié :

ton	*tournure*
élan	*forme/expression/nature*
attitude	*façon*
comportement	*méthode/moyen*
conduite	*procédé/technique*
allure	*chemin/voie*

Ces mots qui gravitent autour du mot « manière » nous montrent les univers auxquels il est rattaché.
Tous ces mots ont aidé l'intervenant à sortir d'une logique des seuls synonymes directs, nourrissant sa réflexion et son texte d'autres mots qui n'étaient pas nécessairement synonymes. La grande quantité et la variété de mots présentés ont amené à choisir lesquels utiliser, à identifier ceux qui étaient adaptés à la situation. Ce procédé qui le forçait à faire un choix de mots appropriés a eu la vertu de l'obliger à préciser sa pensée. Comme les mots sont déjà là, elle devient plus facilement partageable.

Les cartes heuristiques (*mind mapping*)

Notre cerveau a essentiellement deux modes de fonctionnement: un mode séquentiel et analytique, et un mode global, où c'est la perception du tout qui prime*.

Par construction, le langage est composé de mots qui s'enchaînent, permettent à ceux qui les entendent de les comprendre et de reconstituer ensuite un tout cohérent (la phrase). Quelqu'un exprime sa pensée en mots, une autre personne les entend, les comprend et peut ainsi s'approprier la pensée qui a été dite.

Il arrive que la pensée suive cette manière linéaire et séquentielle, et elle peut aussi fonctionner par association d'idées, ce qui donne parfois l'impression qu'elle part dans tous les sens. Même si ce cheminement apparaît comme allant tous azimuts, au moment où on le pense, il est vécu comme tout à fait normal.

La carte heuristique est une tentative pour représenter une pensée nonlinéaire, en donner une «image» globale qui place tous les éléments ensemble sous nos yeux.

Cela peut servir à voir ce qui manque dans une logique globale ou si un élément n'est pas surreprésenté. Cela peut aussi aider à déplacer facilement un élément pour le mettre dans une autre arborescence, à identifier les blocs logiques et à mieux cerner les articulations à mettre en place. Bref, cela peut vous permettre d'avoir une autre grille de lecture, une autre cartographie de votre prise de parole, vous amenant à voir quelque chose qui n'aurait pas été visible sans cette carte.

Cette méthode vient compléter la montée linéaire décrite au chapitre «Montée & Contraste» (voir p. 161). Elle peut débloquer la situation en vous offrant un autre angle, mais elle peut aussi se révéler tout à fait stérile. À vous de voir si elle est vous est utile.

---

* À une certaine époque, on attribuait ces deux modes de fonctionnement au cerveau gauche et au cerveau droit.

Dans l'un de ses talks, Matt Cutts parle à la fois de sucre, de livre, de photographie, d'habitudes, de temps qui passe inexorablement, de vélo, d'informaticien, du Kilimandjaro et de Morgan Spurlock. Posé ainsi, on ne voit pas bien le rapport entre tous ces éléments. Pourtant tout cela se tient et ce lien qui relie tout cela participe largement au succès de ce talk vu 10 millions de fois.
La liste des éléments a été présentée « à plat », de manière linéaire (voir figure 1, p. 356-357).
Avec cette représentation, on peut avoir envie de faire des regroupements. C'est d'ailleurs ce qui se fait souvent dans les exercices de génération d'idées (dont le brainstorming fait partie) et de compréhension de contenu (comme dans le cas d'analyse de données qualitatives par exemple), où tout est lancé à plat : on note tout sur des Post-it, on place tout sur un mur et on voit ensuite s'il y a des regroupements autour de thèmes qui se dessinent, des redites et des assemblages qui s'imposent. Pour le talk de Matt Cutts, on pourrait arriver à la figure 2 (p. 358-359), où cinq items principaux semblent se dégager. À ce stade, la lisibilité a été augmentée et on a commencé à donner du sens.
L'étape suivante consiste à élaborer une mise en forme de cette carte pour en faire le déroulé du talk. Essayez différentes combinaisons et voyez si elles sont fluides et amènent du sens. Dans la figure 3 (p. 358-359), la flèche gris clair indique l'ordre de lecture. Cette représentation suit à peu près l'ordre logique du talk de Matt Cutts.
À la lecture de cette carte, la structure logique du talk apparaît dans toute sa cohérence.

Certains intervenants travaillent avec cet outil pour vérifier que « tout se tient ». Avec une telle représentation, on voit tout de suite si un déroulé « tient ». D'autres l'utilisent comme fiche de mémorisation : ils ont toutes les étapes sous les yeux une représentation mêlant à la fois des éléments logiques et une chronologie. D'autres enfin trouvent la carte heuristique compliquée et ne l'utilisent pas. À vous de voir si elle vous aide et comment. Cette carte, comme tous les éléments de ce chapitre ne sont que des outils, après tout.

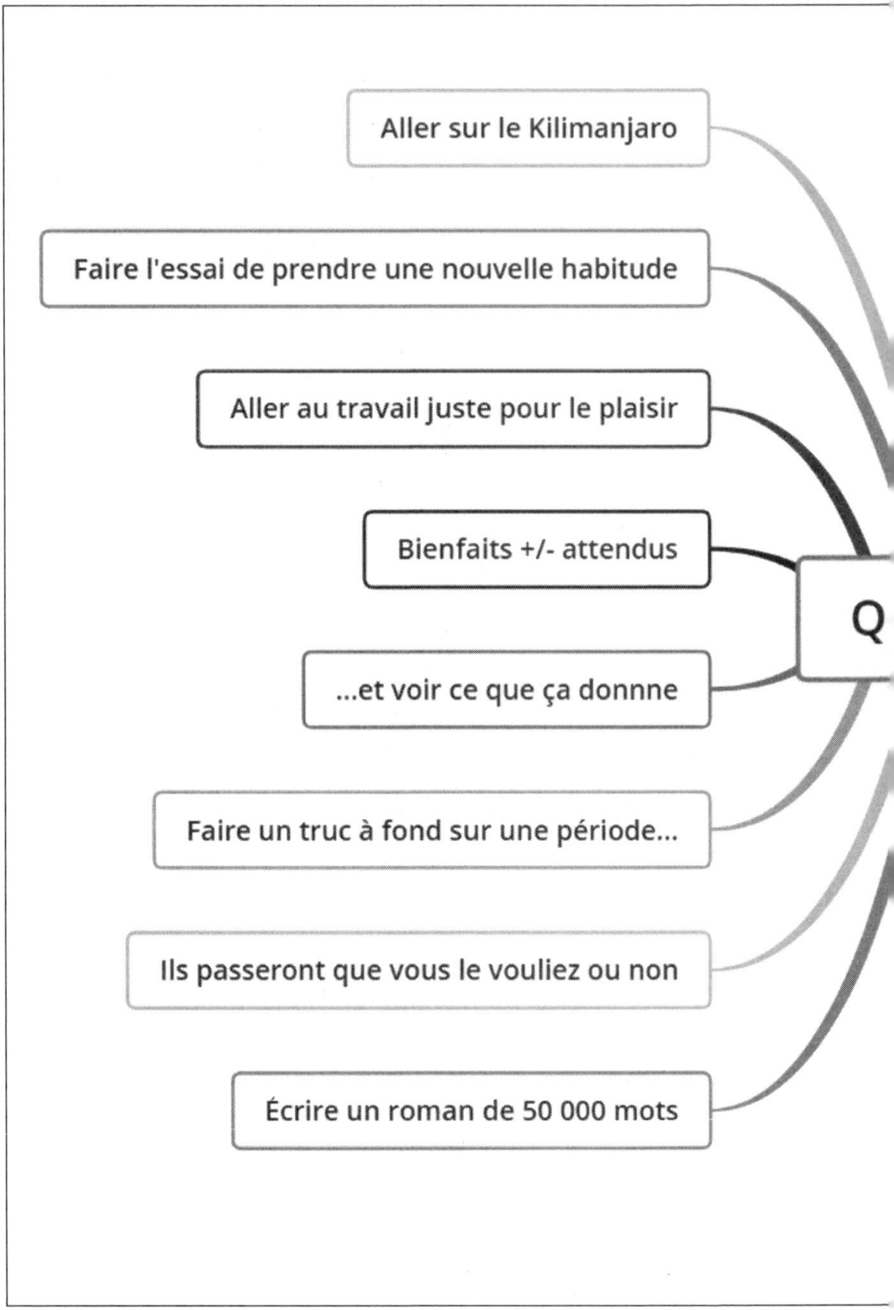
Aller sur le Kilimanjaro
Faire l'essai de prendre une nouvelle habitude
Aller au travail juste pour le plaisir
Bienfaits +/- attendus
Q
...et voir ce que ça donne
Faire un truc à fond sur une période...
Ils passeront que vous le vouliez ou non
Écrire un roman de 50 000 mots

Figure 1

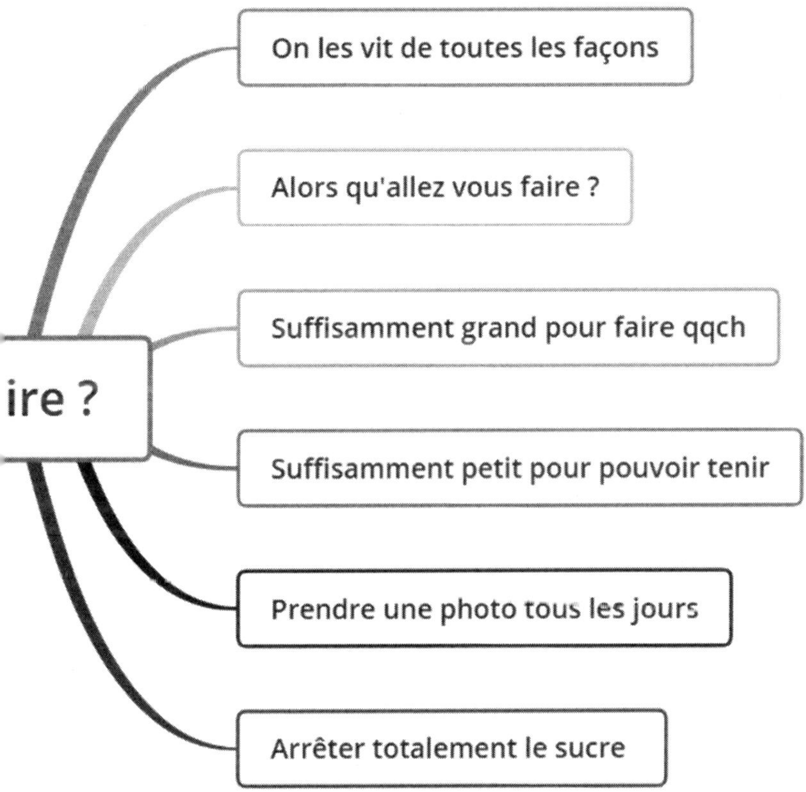
ire ?
On les vit de toutes les façons
Alors qu'allez vous faire ?
Suffisamment grand pour faire qqch
Suffisamment petit pour pouvoir tenir
Prendre une photo tous les jours
Arrêter totalement le sucre

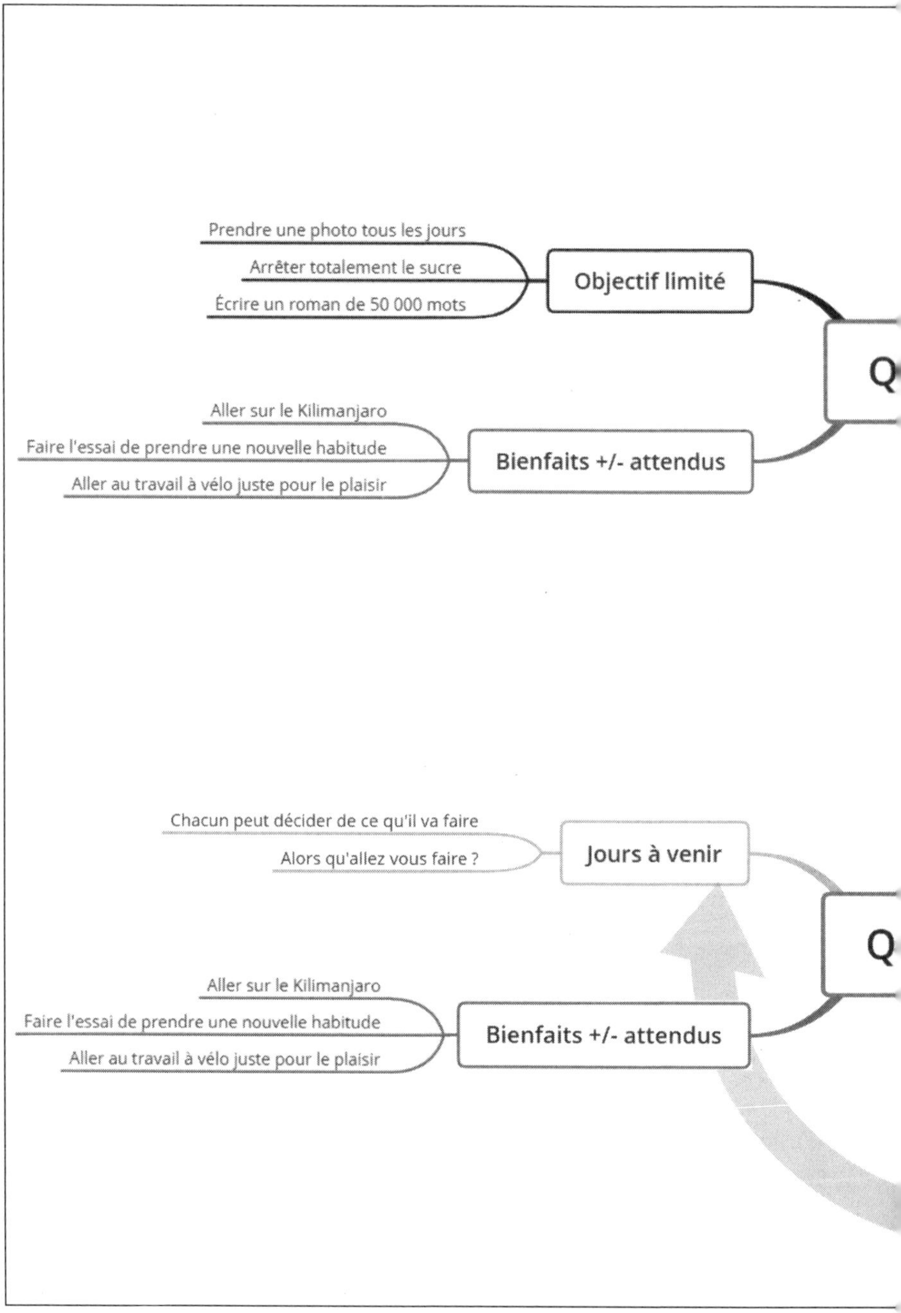
Prendre une photo tous les jours
Arrêter totalement le sucre
Écrire un roman de 50 000 mots
Objectif limité
Aller sur le Kilimanjaro
Faire l'essai de prendre une nouvelle habitude
Aller au travail à vélo juste pour le plaisir
Bienfaits +/- attendus
Chacun peut décider de ce qu'il va faire
Alors qu'allez vous faire ?
Jours à venir
Aller sur le Kilimanjaro
Faire l'essai de prendre une nouvelle habitude
Aller au travail à vélo juste pour le plaisir
Bienfaits +/- attendus

Figure 2

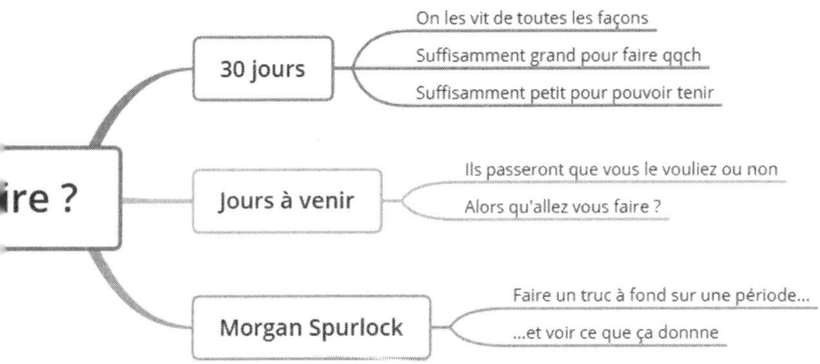

Figure 3

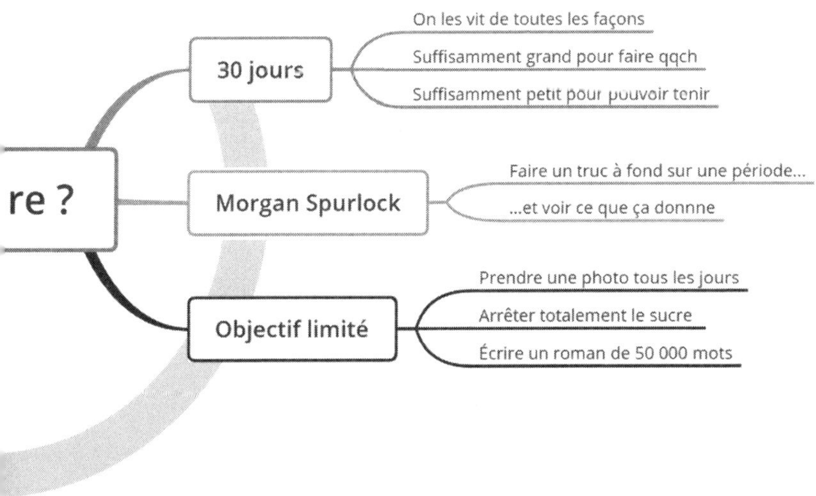

Et maintenant ?

Il ne faut jamais regretter le temps qui a été nécessaire pour bien faire.
Joseph Joubert

Vous voici arrivé au terme de ce livre. Quel qu'ait été votre chemin pour y arriver d'ailleurs. Peut-être avez-vous suivi l'ordre des chapitres, peut-être avez-vous sauté la deuxième partie, peut-être avez-vous lu dans tous les sens, peut-être même commencez-vous votre lecture par ces pages. Tout est possible et pertinent, car « tous les chemins mènent [bien] à Rome ».

Travailler une prise de parole est un acte qui prend du temps. C'est un voyage fait par l'orateur afin d'offrir au public un cadeau longuement préparé. Comme tout voyage, il marque le voyageur bien plus que les observateurs ou les auditeurs, bien plus profondément aussi. Sur la route empruntée avec chacun des speakers, j'ai découvert une manière de prendre la parole qui est avant tout un travail personnel. La forme est travaillée, bien sûr, mais elle n'en est pas l'essence. Je crois que la prise de parole qui marque n'est pas un exercice de forme, mais un exercice d'honnêteté. Envers soi et envers les auditeurs. Il peut être âpre par certains aspects, décourageant par d'autres, et en même temps il nous offre, en tant qu'orateur, l'occasion de nous révéler à nous-même et aux autres. D'offrir aux auditeurs l'aperçu de notre voyage et de ses merveilles, les invitant à entreprendre le leur.

Vous avez, au cours de ces pages et de votre réflexion, avancé sur le chemin de ce que vous avez à dire maintenant, en ce moment. Si vous pensez encore que vous n'avez rien à dire, il est alors très probable que vous ne soyez pas encore au bout du chemin. Si vous pensez qu'il vous reste encore du travail, c'est probablement vrai. Si vous pensez que seuls certains passages de ce livre vous sont utiles, c'est parfait, c'est à vous seul de choisir les outils qui vous aident et vous soutiennent. À vous aussi de choisir ce que vous allez en faire. Certains y ont recours pour préparer des conférences, d'autres pour des présentations projet, d'autres encore pour communiquer avec leurs équipes, d'autres enfin pour animer autrement des formations. Tout est possible. Vous ferez de ce livre ce que bon vous semble, dans toutes les nuances de cette expression.

Parmi les plus belles prises de parole (et ce ne sont pas nécessairement les plus spectaculaires), parmi celles qui marquent, bon nombre proviennent de personnes parfaitement inconnues qui n'avaient jamais fait un tel exercice. Cependant, chacune de ces personnes a parcouru ce chemin de réflexion, d'introspection, de maturation, de travail, de remise en cause, de ténacité aussi.

Quel chemin allez-vous prendre maintenant ? Vous seul le savez, et encore… Il est tellement plein de découvertes qu'il ne saurait être prévisible.

Ce qui est sûr, c'est qu'il vous mène à un endroit de vous où vous êtes plus proche de vos convictions, de vos envies et de l'exercice de vos compétences. À un endroit où vous parlez de votre sujet plus facilement et avec bien plus d'impact, au service de votre prise de parole habitée et construite, sentie et pensée, pour votre prise de parole authentique.

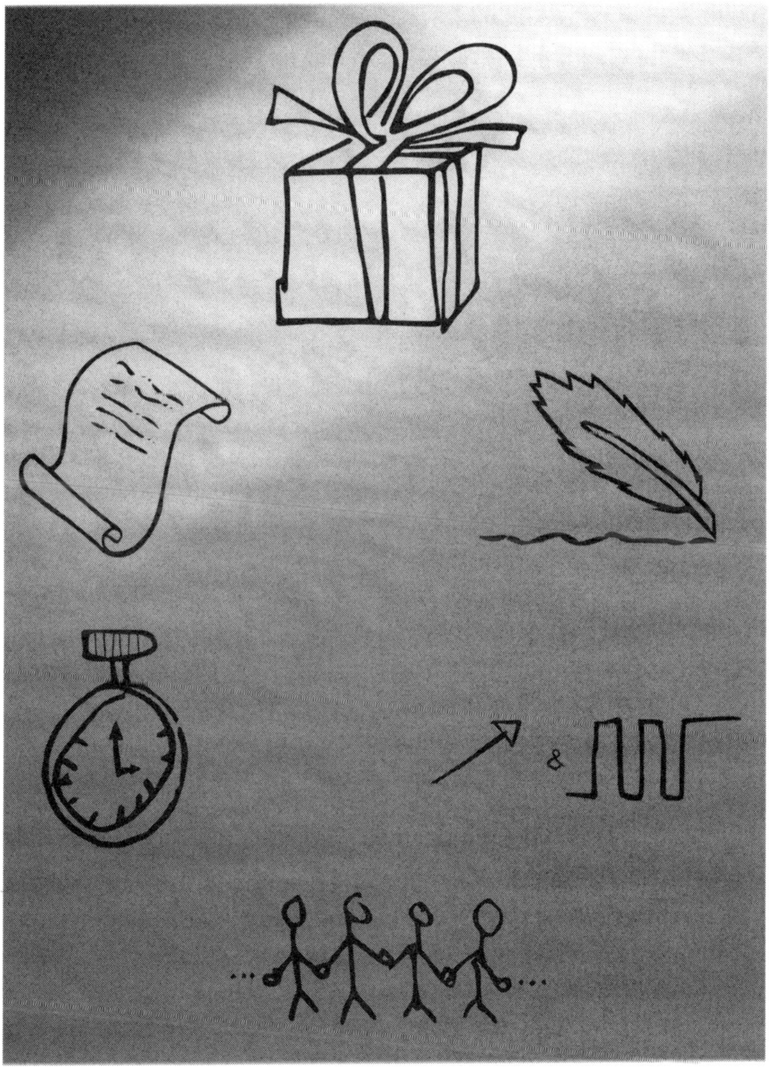

Remerciements

Après son talk sur l'art de la demande, Amanda Palmer a fait un article-fleuve sur sa préparation. L'article s'appelle « il faut un village pour faire un TED Talk ». Je trouvais cela exagéré, et au moment d'écrire ces remerciements, je me rends compte de son exactitude. Il y a bien un village derrière ce livre.

En tout premier lieu, j'adresse un immense merci à Elisabeth Darets, Hélène Gédouin et Agnès Vidalie des éditions Marabout : vous avez su voir le sujet là où je ne le voyais pas (encore). Je rappelle souvent aux organisations et personnes que j'accompagne que « l'œil ne peut pas se voir ». Merci d'avoir vu pour moi ce livre. Je ne pensais pas qu'il puisse exister un jour.

À Marie Oliveau, retrouvée seize ans plus tard par hasard à TED@BCG. Te retrouver a été une surprise joyeuse, et l'accompagnement de ton œil et ta plume pour la relecture de ce manuscrit un cadeau incroyable. À Eric Vautier, Sophie Vergnaud et Agathe Cymer pour vos retours généreux et vos encouragements dès le début. À Elisabeth Boyer des éditions Marabout pour votre méticulosité et votre application. Ce livre ne serait pas ce qu'il est sans vous tous.

À Isabelle Constant, Chine Lanzmann, Patricia Salgon, Nathalie Giraud, Marie Stephenson, Line Scamps, Murielle Manzoni, Agnès Courlier, Clément Rambaud, Anne-Solène Le Bihan, groupe de pairs avec qui nous travaillons et œuvrons depuis des années à faire que nos clients soient plus heureux dans leur vie professionnelle et personnelle. Vous savez à quel point je trouve notre groupe régénérant et « magique », je vous le redis ici.

Avec une mention particulière pour Isabelle, thérapeute de talent, formatrice hors pair, femme de caractère et de convictions, et acolyte de tant de projets en France et aux Etats-Unis. Ce parcours n'aurait pas été le même sans ta phrase sortie instantanément et spontanément dès que je t'ai parlé de l'idée de créer TEDxVaugirardRoad.

Autre mention spéciale pour Chine, coach talentueuse et généreuse : tu étais là pour mon tout premier TEDx en tant que spectateur, pour partager en direct la joie de la validation de ma première licence TEDx, et présente aussi de la naissance du synopsis de ce livre à la dernière contraction libératrice. Il y a des personnes dont le seul fait de savoir qu'elles sont là fait du bien, tu en fais partie.

À Gaëlle Copienne, coach aguerrie en prise de parole et journaliste, pour avoir répondu si spontanément et avec tant de chaleur à un email inquiet que je t'avais laissée en copie par erreur. Ta réponse a été fondatrice. De même que tous nos échanges sur le dépôt de ces 6 dessins qui sont maintenant la fondation de ce livre.

À Chris Anderson et Bruno Giussani, l'un pour avoir fait de TED le merveilleux programme de partage de connaissance qu'il est et permis TEDx, l'autre pour m'avoir inspiré (sans qu'il me connaisse pour autant) par son exigence éditoriale et sÀ volonté de penser le monde plus avant.

À Will Davis, le « gardien » qui valide les licences TEDx. Un soir d'août 2017 il me partageait cette phrase qui lui tient à cœur : « TEDx ce n'est pas un travail, c'est un style de vie ». Je l'imaginais, le vivre est une aventure étonnante.

À Flore Vasseur, auteure et réalisatrice : nos routes se croisent régulièrement depuis vingt ans, ma rencontre avec TED est largement liée à ton article « TEDGlobal : lumière dans la nuit 2011 ? ».

À mes compagnons organisateurs de TEDx en France et à travers le monde, et pour n'en citer que quelques-uns merci à Lionel Faucher (TEDxClermont), Pascal Goyet (TEDxLorient), Jennifer Mathérat-Audan (TEDxPanthéonSorbonne), Yves Mathieu (TEDxRéunion), Fatia Hajat (TEDxLyon), Fabien Boutard (TEDxTours), Ben Sabry (TEDxIHEParis), Béatrice

Duboisset (TEDxChampsElyséesWoman et TEDxCEEducation), Elena Crescia (TEDxSaoPaolo), Katy Yam (TEDxMontréal), Igor Celikovic (TEDxBruseels), Vlad Gozman & Réka Artner (TEDxVienna), Houssem Aoudi (TEDxCarthage) et quelques autres...

À Olivier Maurel, Anne de Béthencourt et l'équipe pour avoir monté TEDxRepubliqueSquare, le tout premier TEDx où j'étais spectateur et où j'ai été embarqué.

À FX Bodin et Emmanuelle Roques pour m'avoir inspiré avec le magnifique TEDxBordeaux 2012, vous avez été une très belle source de bonne humeur et d'inspiration.

À Michel Lévy-Provençal pour avoir le premier organisé un TEDx en France, cela a montré à chacun que c'était possible.

À Caroline Wurth-Carlicchi et Anne Rocher pour avoir cru en TEDxVaugirardRoad et l'avoir fait sortir de son œuf pour aller en 2013 à Bobino. C'était gonflé, mais nous l'avons fait !

À Amélie Bridot, Nadia Ayari, François Jacquemont, Annette Prieur, Sophie Vergnaud, core team bénévole et engagée TEDxVaugirardRoad pendant tout ce temps, pour avoir suivi cette idée un peu folle, œuvré à la mettre en place, avoir tenu et réalisé cet événement au cours des années. À Natalie Lanham-Parker, Cynthia Kari, Malika Elkord et tous les autres membres de l'équipe qui accompagnent cet événement depuis le début. C'est grâce à votre présence que cette conférence a pu autant se développer et toucher autant de monde.

À Pierre Abruzzini pour être un homme vrai et engagé, c'est précieux. C'est grâce à toi, à ton soutien et à toute l'équipe d'Isegoria que les vidéos ont dépassé les trois millions de vues (et quand on s'est rencontrés en 2012, on n'y était pas du tout...).

À tous les spectateurs en salle et sur internet pour votre présence, votre accueil, et la diffusion de ces idées qui méritent d'être partagées. Ces événements TEDx sont faits pour vous, pour nous tous, vous en êtes les destinataires et les inspirateurs.

À Olivier De March pour m'avoir montré qu'avec ténacité on peut arriver à faire ce qui nous branche vraiment, ce qui résonne profondément pour nous. L'exemple de ta détermination a inspiré la mienne.

À Daniel Herbera pour m'avoir fait plonger avec délices dans le voyage du héros et pour ta confiance.

À toutes celles et ceux qui m'ont fait confiance pour préparer et travailler leur talk à TEDxVaugirardRoad, à un autre TEDx, pour leur prise de parole en interne, en externe, ou devant des investisseurs.

Avec une mention spéciale pour les speakers qui se reconnaitront et où nous sommes allés chercher ensemble ce que vous aviez à dire plutôt que ce que vous vouliez dire.

À Irène Bouaziz et Chantal Gaudin pour m'avoir fait découvrir avec délices (et quelques maux de tête !) l'école de Palo Alto qui contribue aujourd'hui beaucoup à ma vision du monde. Il est aussi très probable que certaines notions que j'ai abordées ici vous fassent tiquer par leur approximation théorique ou contresens par rapport au modèle, vous aurez probablement raison.

À Nicolle Collin pour m'avoir initié à l'Analyse Transactionnelle, devenue un cadre de référence théorique central dans mon analyse de système d'entreprise, en prise de parole ou en thérapie.

À mes parents pour m'avoir fait découvrir les mots, leur beauté et leur puissance avec les virtuoses et poètes que sont (entre autres…) Jacques Brel, Raymond Devos ou Graeme Alwright. À Bruno qui a étudié chez les Jésuites et m'a entraîné dans certaines joutes oratoires à chercher le sens précis d'un mot, en français ou en anglais, activité dans laquelle j'ai pu voir grandir mon amour des mots. À Armelle qui m'a fait goûter la délicatesse et l'espièglerie qu'ils peuvent avoir à travers Anne Sylvestre.

À Cyprien, Briac et Aloïs, fils plein de vie, pour leur amour inconditionnel qui me porte chaque jour.

Enfin, mes plus puissants et doux remerciements à toi, Cécile. Nous partageons depuis dix-sept ans une vie étonnante et mouvementée, avec cet élan continu de faire de ces richesses un trésor dans nos vies respectives et celle que nous vivons ensemble. Ce livre est aussi ton œuvre. Merci de tout cœur.

Table des liens

Lien	Page	Source	Langue
qavad.fr/BreneBrown	27	TED	Anglais sous-titré
qavad.fr/markgungor	28	vidéo	Anglais sous-titré
qavad.fr/FlorencePorcel	30	iTunes	Français
qavad.fr/MLK	34	Vidéo	Anglais sous-titré
qavad.fr/amycuddy	39	TEDGlobal 2012	Anglais sous-titré
qavad.fr/ricelias	46	TED 2011	Anglais sous-titré
qavad.fr/Harari	53	TEDGlobal 2015	Anglais sous-titré
qavad.fr/minabissel	55	TEDGlobal 2012	Anglais sous-titré
qavad.fr/SteveJobs	56	Lancement premier iPhone	Anglais
qavad.fr/likeagirl	60	Vidéo	Anglais
qavad.fr/alanaashaikh	63	TEDGlobal 2012	Anglais sous-titré
qavad.fr/MichaelMoore	64	Bande annonce	Anglais sous-titré

Lien	Page	Source	Langue
qavad.fr/ CarolineHuron	65	TEDxCEEducation 2015	Français
qavad.fr/ CarolineHuron	65	TEDxCEEducation 2015	Français
qavad.fr/Portnoi	67	TEDxVaugirardRoad 2013	Français
qavad.fr/ EmmanuelFaber	67	Vidéo	Français, puis anglais
qavad.fr/ TelescopeMagellan	70	TEDGlobal 2014	Anglais sous-titré
qavad.fr/Zipline	72	TEDGlobal 2017	Anglais sous-titré
qavad.fr/JasonFried	76	TEDxMidWest 2010	Anglais sous-titré
qavad.fr/gurib	77	TEDGlobal 2014	Anglais sous-titré
qavad.fr/mentaliste	90	TEDxVaugirardRoad 2015	Français
qavad.fr/AnloPiquet	92	TEDxVaugirardRoad 2016	Français
qavad.fr/Mehrabian	95	Site internet d'A. Merhabian	Anglais
qavad.fr/Mehrabian-science	96	Article scientifique	Français
qavad.fr/AnneAsensio	99	TEDxClermont 2016	Français
qavad.fr/Lewinski	101	TED 2015	Anglais sous-titré
qavad.fr/TimHarford	104	TEDGlobal 2015	Anglais sous-titré
qavad.fr/thurn	109	TED 2011	Anglais sous-titré
qavad.fr/ PoissonRouge	126	Article	Français

Lien	Page	Source	Langue
qavad.fr/addiction	133	TEDGlobal 2015	Anglais sous-titré
qavad.fr/ Voyageduheros	136	TEDxLyon 2015	Français
qavad.fr/danielkish	139	TED 2015	Anglais sous-titré
qavad.fr/EstherPerel	141	TED 2015	Anglais sous-titré
qavad.fr/DerekSivers	143	TED 2010	Anglais sous-titré
qavad.fr/MattCutts	143	TED 2011	Anglais sous-titré
qavad.fr/ StaceyKramer	144	TED 2010	Anglais sous-titré
qavad.fr/introvertis	146	TED 2012	Anglais sous-titré
qavad.fr/koulechov	148	Vidéo	Anglais sous-titré
qavad.fr/RSJ2	158	TED 2009	Anglais sous-titré
qavad.fr/travail	162	TED 2014	Anglais sous-titré
qavad.fr/leilahoteit	166	TED@BCG 2016	Anglais sous-titré
qavad.fr/ManuPrakash	167	TEDGlobal 2012	Anglais sous-titré
qavad.fr/MihoJanvier	167	TEDGlobal 2017	Anglais sous-titré
qavad.fr/reconciliation	168	TEDWomen 2016	Anglais sous-titré
qavad.fr/Polunin	178	Clip musical	Anglais
qavad.fr/dancer	178	Bande annonce	Anglais

Lien	Page	Source	Langue
qavad.fr/hocineyoubi	181	TEDxCEEducation 2015	Français
qavad.fr/JKRowling	182	Vidéo	Anglais sous-titré
qavad.fr/duarte	183	TEDxEast 2010	Anglais sous-titré
qavad.fr/SharonPeperkamp	191	TEDxVaugirardRoad 2013	Français
qavad.fr/JPGoux	197	TEDxVaugirardRoad 2016	Français
qavad.fr/BlueTurn	197	Vidéo de la Terre	Français
qavad.fr/UriHasson	198	TED 2016	Anglais sous-titré
qavad.fr/UriHasson	198	TED 2016	Anglais sous-titré
qavad.fr/crispr	199	TED 2016	Anglais sous-titré
qavad.fr/MaVoix	206	TEDxLaRochelle	Français
qavad.fr/PiaMancini	206	TEDGlobal 2014	Anglais sous-titré
qavad.fr/AlessandraOrofino	206	TEDGlobal 2014	Anglais sous-titré
qavad.fr/DanseYourPhD	207	TEDxBrussels 2011	Anglais
qavad.fr/IsabelleConstant	208	TEDxVaugirardRoad 2012	Français
qavad.fr/FloreVasseur	209	TEDxVaugirardRoad 2017	Français
qavad.fr/apolloRobbins	212	TEDGlobal 2013	Anglais sous-titré
qavad.fr/JulianTreasure	215	TEDGlobal 2014	Anglais sous-titré

Lien	Page	Source	Langue
qavad.fr/JulianTreasureTout	215	TEDGlobal 2014	Anglais sous-titré
qavad.fr/Norman	217	Vidéo YouTube	Français
qavad.fr/RobertWaldinger	227	TEDxBeaconStreet 2015	Anglais sous-titré
qavad.fr/JFCaron	229	TEDxVaugirardRoad 2015	Français
qavad.fr/Nagui	234	Vidéo	Français
qavad.fr/DelphineBuisson	255	TEDxVaugirardRoad 2015	Français
qavad.fr/JacquesArnould	259	TEDxVaugirardRoad 2016	Français
qavad.fr/PascaleAuger	260	TEDxVaugirardRoad 2014	Français
qavad.fr/ElynSaks	267	TEDGlobal 2012	Anglais sous-titré
qavad.fr/CecileRoger	267	TEDxVaugirardRoad 2013	Français
qavad.fr/SimonSinek	268	TEDxPugetSound 2009	Anglais sous-titré
qavad.fr/AnjuliPandit	273	TEDxRéunion 2014	Français
qavad.fr/IsabelleFilliozat	277	TEDxVaugirardRoad 2015	Français
qavad.fr/KenRobinson	278	TED 2006	Anglais sous-titré
qavad.fr/SandrineRoudaut	279	TEDxVaugirardRoad 2015	Français
qavad.fr/MarieMagnin	280	TEDxVaugirardRoad 2016	Français
qavad.fr/DerekSivers2	282	TEDIndia 2009	Anglais sous-titré

Lien	Page	Source	Langue
qavad.fr/popandco	284	Emission Radio	Français
qavad.fr/KalinaRaskin	292	TEDxVaugirardRoad 2016	Français
qavad.fr/Bourvil	298	Vidéo	Français
qavad.fr/EmmaWatson	300	Vidéo	Anglais
qavad.fr/CatherineGueguen	302	TEDxCEEducation 2015	Français
qavad.fr/CarolineValent	304	TEDxVaugirardRoad 2017	Français
qavad.fr/KevinBriggs	309	TED 2104	Anglais sous-titré
qavad.fr/GrahamHill	311	TED 2010	Anglais sous-titré
qavad.fr/StephanieGibaud	314	TEDxClermont 2016	Français
qavad.fr/MariannePiketty	319	TEDxVaugirardRoad 2014	Français
qavad.fr/JaneMcGonigal	321	TEDGlobal 2012	Anglais sous-titré
qavad.fr/PhilippeRibiere	324	TEDxVaugirardRoad 2014	Français
qavad.fr/RicardoSemler	331	TEDGlobal 2014	Anglais sous-titré
qavad.fr/MurielMayette	332	TEDxParisSalon 2013	Français
qavad.fr/MathieuBaudin	334	TEDxParis 2012	Français
qavad.fr/PatrickViveret	337	TEDxVaugirardRoad 2017	Français
qavad.fr/JeanneSiaudFacchin	339	TEDxVaugirardRoad 2014	Français

Lien	Page	Source	Langue
qavad.fr/QuayleHodek	343	TEDxMaui 2013	Anglais
qavad.fr/SaraMenker	349	TEDGlobal 2017	Anglais sous-titré
qavad.fr/HaasHahn	349	TEDGlobal 2014	Anglais sous-titré

Table des matières

I. Le Modèle

II. Dans le détail de la technique

Dans la même collection,
découvrez aussi :

Achevé d'imprimer en août 2018
sur les presses de Grafica Veneta en Espagne,
pour le compte des Editions Marabout
(Hachette Livre),
58 rue Jean Bleuzen, 92178 Vanves Cedex.

Dépôt légal : septembre 2018

2605639/01

978-2-501-13407-1